21世纪普通高等教育规划教材 - 会计系列

财务报表分析

CAIWU BAOBIAO FENXI

朱向萍 付博文 李路平 主 编
张画眉 杨瑞玲 副主编

首都经济贸易大学出版社
Capital University of Economics and Business Press
·北京·

图书在版编目（CIP）数据

财务报表分析/朱向萍，付博文，李路平主编．--北京：首都经济贸易大学出版社，2022.2

ISBN 978-7-5638-3312-2

Ⅰ.①财⋯　Ⅱ.①朱⋯②付⋯③李⋯　Ⅲ.①会计报表-会计分析-高等学校-教材　Ⅳ.①F231.5

中国版本图书馆 CIP 数据核字（2021）第 242320 号

财务报表分析

朱向萍　付博文　李路平　主编
张画眉　杨瑞玲　副主编

责任编辑	晓　红
封面设计	风得信·阿东 FondesyDesign
出版发行	首都经济贸易大学出版社
地　　址	北京市朝阳区红庙（邮编 100026）
电　　话	（010）65976483　65065761　65071505（传真）
网　　址	http://www.sjmcb.cueb.edu.cn
经　　销	全国新华书店
照　　排	北京砚祥志远激光照排技术有限公司
印　　刷	北京九州迅驰传媒文化有限公司
成品尺寸	170 毫米×240 毫米　1/16
字　　数	396 千字
印　　张	20.25
版　　次	2022 年 2 月第 1 版
印　　次	2025 年 1 月第 3 次印刷
书　　号	ISBN 978-7-5638-3312-2
定　　价	45.00 元

图书印装若有质量问题，本社负责调换

版权所有　侵权必究

前　　言

"财务报表分析"是一门理论性与实践性比较强的学科，我们组织了会计学专业和财务管理专业担任"财务报表分析"课程教学的一线教师，编写了这本《财务报表分析》。教师可根据教材内容，结合上市公司公开披露的财务报表等资料进行课程讲授，组织学生讨论、归纳总结等，使学生掌握财务报表分析的原理和方法，达到学有所用、学以致用的目的。

本书介绍财务报表分析的原理和方法，一共包括9章：总论、资产负债表分析、利润表分析、现金流量表分析、企业偿债能力分析、企业盈利能力分析、企业营运能力分析、综合财务分析以及财务分析与财务舞弊。

本书的章节顺序可作为本课程的一般授课顺序，实际教学过程中，也可以根据各院校和学生的实际情况做一定的调整或增删。本课程的学习需要学生在已经学习经济学、经济法、中级会计实务、财务管理等一些先修课程的基础上进行，因此，建议将本门课程安排在如上先修课程之后开设。

本书由云南大学滇池学院朱向萍老师担任主编，负责本书的大纲制定、内容修订和定稿工作。朱向萍、付博文、李路平、张画眉、杨瑞玲、范永福等老师参与了本书各章节的编写。在此，对各位老师的辛勤付出表示衷心的感谢！

在编写过程中，我们参考了财务报表分析方面的相关文献，在此向相关作者表示感谢。同时，我们还得到了云南大学滇池学院会计学院院长张荐华教授的关心和指导，在此一并表示感谢。另外，对首都经济贸易大学出版社孟岩岭老师和薛晓红老师对本书出版的大力支持表示由衷的感谢。

本书适合于高校财经类专业《财务报表分析》课程的本科教学，也可作为社会在职人员的学习参考书。

由于作者水平和时间有限，书中难免有不当之处，敬请专家和同行以及相关读者提出宝贵意见，以期进一步修改和完善。

编者

2021. 11. 15

目　　录

第一章　总　　论 ·· 1
　　第一节　财务报表分析的意义和内容 ································· 1
　　第二节　财务报表分析的程序和方法 ································· 5
　　第三节　上市公司信息披露制度 ·· 21

第二章　资产负债表分析 ··· 26
　　第一节　资产负债表概述 ·· 26
　　第二节　资产负债表比较分析 ··· 34
　　第三节　资产负债表项目分析 ··· 45

第三章　利润表分析 ··· 89
　　第一节　利润表概述 ·· 89
　　第二节　利润表比较分析 ·· 94
　　第三节　利润表项目分析 ··· 101

第四章　现金流量表分析 ··· 137
　　第一节　现金流量表概述 ·· 137
　　第二节　现金流量表比较分析 ······································· 153
　　第三节　现金流量表项目分析 ······································· 163

第五章　企业偿债能力分析 ··· 171
　　第一节　偿债能力概述 ··· 171
　　第二节　短期偿债能力分析 ·· 174
　　第三节　长期偿债能力分析 ·· 183

第六章　企业盈利能力分析 ··· 197
　　第一节　盈利能力概述 ··· 197
　　第二节　销售盈利能力分析 ·· 200
　　第三节　资本盈利能力分析 ·· 206
　　第四节　资产盈利能力分析 ·· 209

第五节　上市公司盈利能力指标分析 …………………………… 213
　　第六节　其他盈利能力比率分析 ………………………………… 218
　　第七节　影响盈利能力的其他项目 ……………………………… 220

第七章　企业营运能力分析 ………………………………………… 226
　　第一节　企业营运能力概述 ……………………………………… 226
　　第二节　流动资产营运能力分析 ………………………………… 229
　　第三节　非流动资产营运能力分析 ……………………………… 237
　　第四节　总资产营运能力分析 …………………………………… 239

第八章　综合财务分析 ……………………………………………… 247
　　第一节　综合财务分析概述 ……………………………………… 247
　　第二节　杜邦分析法 ……………………………………………… 249
　　第三节　沃尔评分法 ……………………………………………… 257

第九章　财务分析与财务舞弊 ……………………………………… 270
　　第一节　财务分析与财务舞弊概述 ……………………………… 270
　　第二节　九好集团财务造假分析 ………………………………… 276
　　第三节　獐子岛财务造假分析 …………………………………… 282
　　第四节　欣泰电气财务造假分析 ………………………………… 299

参考文献 …………………………………………………………… 318

第一章

总　论

> **学习目标**
> 通过学习，掌握财务报表分析的基本理论和方法。主要包括：
> 1. 了解财务报表分析的起源和演变；
> 2. 掌握财务报表分析的意义和内容；
> 3. 理解财务报表分析的程序；
> 4. 掌握财务报表分析的方法；
> 5. 理解上市公司信息披露制度。

第一节　财务报表分析的意义和内容

一、财务报表分析的产生与发展

财务报表是以会计账簿记录为主要依据，以货币为主要计量单位，全面、总括地反映会计主体在一定时期内的财务状况、经营成果和理财过程的总结性书面报告文件。而财务报表分析，是通过对财务报表的分析，将大量的报表数据转换成对决策有用的信息，在对偿债能力、盈利能力、获取现金能力及成长能力评价的基础上，得出对企业决策有用的预测和推论的一种分析方法。

（一）财务报表分析的含义

财务报表分析既是一项财务活动，更是一门独立的学科，是企业财务管理中必不可少的方法和手段。有关财务报表分析的概念，不同的学者有不同的理解和定义。

美国南加州大学教授梅格斯（Water B. Meigs）认为，财务报表分析的本质在于它是搜集与决策有关的各种财务信息并加以分析与解释的一种技术。美国纽约市立大学伯恩斯坦（Leopold A. Bernstein）认为，财务报表分析是一种判断的过程，旨在评估企业现在或过去的财务状况及经营成果，其主要目的在于对企业未来的状况及经营业绩进行最佳预测。台湾政治大学教授洪国赐认为，财务报表分析以审慎选择财务信息为起点，作为探讨的根据；以分析信息为重心，以揭示其相关性；以研究信息的相关性为手段，以评核其结果。

我们认为，财务报表分析是通过对财务报表的分析将大量的报表数据转换成对决策有用的信息，在对偿债能力、盈利能力、获取现金能力及成长能力评价的基础上，得出对企业决策有用的预测和推论的一种分析方法。

(二) 财务报表分析的产生与发展

在国外，早在20世纪初，银行即开始要求其企业客户提供资产负债表，但那时还没有任何对其内容进行数量计量的尝试，当时的财务报表仅仅是指资产负债表。1900年，纽约州银行协会发布了申请贷款的标准表格，包括一部分资产负债表。此后，银行开始应用流动比率、速动比率等比率指标评价企业的信用。1921年，吉尔曼（Gilman）的著作《财务报表分析》出版，标志着财务报表分析将成为一门独立的学科。随着现代财务分析领域的不断拓展，财务报表分析早已不限于初期的银行信贷分析和一般投资分析。全面而系统的资产负债表分析、利润表分析等报表分析成为财务报表分析的重要领域。尤其是随着经营权与所有权的分离，财务报表分析在资本市场、企业重组、绩效评价、企业评估等领域的应用也越来越广泛。

我国有关财务分析的思想出现较早，但真正开展财务分析工作还是在20世纪初。当时中国的一些外国洋行和中国金融资本家开始分析企业的经营效益和偿债能力，但还很少根据会计核算数据进行较全面的分析。新中国成立后，我国学习苏联在经济管理和会计核算方面的做法和经验，相应地，会计报表分析一直是作为企业经济活动的一个重要组成部分。20世纪80年代以后，随着我国经济体制改革的不断深入和对外开放的飞速发展，新会计报表体系的应用促使会计报表分析的目标及内容发生了本质性的变化。随着改革开放特别是企业自主权的扩大，财务分析受到越来越多有识之士的重视，不仅经济活动分析中的财务分析的内容得到了充实，而且财务管理和管理会计等学科中也都相应增加了财务分析的内容。

二、财务报表分析的意义和内容

(一) 财务报表分析的意义

财务报表分析过程中的基本资料来源于企业过去的财务报告及其他相关财务数据。财务工作者使用专业的方法，对企业的财务状况和经营成果进行评价和剖析，以此反映企业在运营过程中的利弊得失，总结经验和教训，寻找经营者的相关规律和发展趋势，从而为改进企业财务管理工作和优化经济决策提供重要财务信息。财务分析的意义主要体现在如下方面：

1. 可以判断企业的财务实力

通过对资产负债表和利润表有关资料进行分析，计算相关指标，可以了解企业的资产结构和负债水平是否合理，从而判断企业的偿债能力、营运能力及获利能力等财务实力，揭示企业在财务状况方面可能存在的问题。

2. 可以评价和考核企业的经营业绩，揭示财务活动存在的问题

通过指标的计算、分析和比较，评价和考核企业的盈利能力和资金周转状况，能够揭示其经营管理各个方面和各个环节的问题，找出差距，得出分析结论。

3. 可以挖掘企业潜力，寻求提高企业经营管理水平和经济效益的途径

企业进行财务分析的目的不仅仅是发现问题，更重要的是分析问题和解决问题。通过财务分析，保持和进一步发挥生产经营管理中成功的经验，对存在的问题提出解决的策略和措施，可以达到扬长避短、提高经营管理水平和经济效益的目的。

4. 可以评价企业的发展趋势

通过各种财务分析，可以判断企业的发展趋势，预测其生产经营的前景及偿债能力，从而为企业领导层进行生产经营决策、投资者进行投资决策和债权人进行信贷决策提供重要的依据，避免因决策错误给企业带来重大损失。

（二）财务报表分析的主体和内容

财务分析信息的需求者通常是经济利益相关者，他们主要包括企业所有者、企业债权人、企业经营决策者和政府等。不同主体出于自身不同的利益考虑，对财务分析信息在详简程度和侧重方面有着各自不同的要求。

1. 股东

股东作为企业的出资人，在资金投出之后，一般情况下不会要求偿还本金，也不会强行要求分配股利或者红利，股东关心其资本的保值可能性大小和增值程度的状况，因此，较为重视企业获利能力指标，主要进行的是企业盈利能力分析。

例如，投资者投资初期投入 100 万元人民币，期望在此次投资中获得 12% 的报酬，而这样比例的报酬需要被投资者用净利润进行分配，分配的前提是有足够的利润或者是一定的销售收入和成本，因此，获利能力的高低由企业获取的利润的高低决定，当然，具体分配中需要考虑到企业自身使用资金的需求和其筹资的成本。

2. 债权人

作为企业的债权人，更加关心的是企业是否具有偿还债务的能力。他们进行财务报表分析的主要内容，是对企业偿债能力的分析。例如，银行在贷款协议中规定的年利率为 6%，分期付息、到期还本，那么，在第一年的资产

负债表日,银行要通过资产负债表中的相关项目进行资金安全性分析和贷款风险分析,以降低或控制产生不良贷款的可能性;如果银行的信贷人员经过分析发现企业有足够的流动资金存在,而且企业本年度的盈利能力很理想,那么就能断定,银行的资金连本带利都能够收回。

3. 企业经营管理者

在两权分离的背景下,企业的经营管理者需要对资金使用的安全性、合理性、收益性等各方面予以保证和加强,因此,他们必须对企业经营、理财的各个方面,包括运营能力、偿债能力、获利能力及发展能力的全部信息予以详尽的了解和掌握,以做到数据在心中,指标做鉴定的状况,所以,他们主要进行各方面综合分析,并关注企业的财务风险和经营风险。

4. 企业相关各方

财务报表分析的主体除了以上三者以外,还有譬如政府职能部门、企业的供货商、企业职工以及潜在的投资方等。政府及其职能部门兼具多重身份,既是宏观经济管理者,又是国有企业的所有者和重要的市场参与者,因此,政府对企业财务分析的关注点因其身份不同而异。实践中,政府机构也是公司财务报表的使用人,包括税务部门、国有企业的管理部门、证券管理机构、会计监管机构和社会保障部门等,它们分析财务报表是为了履行自己的监督管理职责。供货商分析企业的财务报表,大多是希望更多地了解自己债权收回的可能性。企业职工分析财务报表的主要目的是更多地了解企业未来的财务状况,以更好地维护自身的经济利益。潜在的投资方为了获得更加客观的收益,也会对企业的盈利情况进行相关分析。

尽管不同企业的经营状况、经营规模、经营特点不同,作为运用价值形式进行的财务分析,归纳起来,财务报表分析的内容包括偿债能力分析、营运能力分析、获利能力分析、发展能力分析和综合能力分析五个方面。

需要说明的是,财务报表分析作为一项企业的财务活动,只能在发现企业经营活动以及财务活动的问题后,从财务的角度向企业的决策层提出相关建议,而不能解决这些问题。财务报表分析是在正确地理解财务报表整体内容的前提下,将企业财务报表所提供的数据转换成对特定决策有用的信息,把整个报表的数据分成不同部分和指标,并找出有关指标的关系,以达到对企业各方面及总体上的认识。

(三) 财务报表分析的目的

财务报表分析的主要目的是为企业相关各方提供决策相关信息。在具体的分析过程中,发现企业经营活动以及财务活动的问题,并从财务的角度向企业的决策层提出相关建议。其一般目的包括:

1. 评价过去的经营业绩

通过对企业往期的财务报表等历史资料进行分析,评价企业的财务状况及经营成果，包括企业过去的管理水平以及经营业绩。

2. 衡量目前的财务状况

在评价企业过去经营业绩的同时，还可以通过对企业往期的财务报表等历史资料的分析，衡量目前的财务状况，发现企业经营活动以及财务活动中存在的问题，并及时提出改进建议。

3. 预测未来的发展趋势

财务报表分析，不仅要评价企业过去的经营业绩，衡量目前的财务状况，还要科学地规划未来，预测企业未来的发展趋势，提出改进工作的合理化建议与发展方案，为企业经营管理活动提供决策资料。

第二节　财务报表分析的程序和方法

一、财务报表分析的程序

财务报表分析的一般程序包括：阅读注册会计师的审计报告，审查财务报告的完整性，分析财务情况说明书，利用专门方法分析财务报表以及撰写财务分析报告、反馈相关信息。

（一）阅读注册会计师的审计报告

审计报告是指注册会计师根据独立审计准则的要求，在实施了必要的审计程序后出具的用于对被审计单位年度会计报表发表审计意见的书面文件。这里涉及的被审计单位指负责编制和报送会计报表，并接受注册会计师审计的企业和实行企业化管理的事业单位。审计报告是审计工作最终成果的体现，具有法定证明效力。

1. 审计报告的内容

（1）标题。

（2）收件人。

（3）范围段。说明已审计的会计报表的名称及日期期间，明确会计责任和审计责任的归属，以及审计的依据、所实施的审计程序和完成情况。

（4）意见段。说明会计报表的编制是否符合《企业会计准则》和国家其他有关财务会计法规的规定，会计报表在所有重要方面是否恰当地反映了被审计单位资产负债表日的财务状况和所审计期间的经营成果和资金变动情况，会计处理方法是否遵循了一致性原则。

（5）说明段。若注册会计师出具了保留意见、反对意见或拒绝表示意见的审计报告，应当在范围段与意见段之间增加说明段。在说明段中，应当清楚地说明所持意见的理由及对会计报表影响的程度。当注册会计师出具无保留意见的审计报告时,一般不设说明段;如果认为必要,可以在意见段之后,增加对重要事项的说明。

(6)签章、会计师事务所地址和报告日期等基本内容。

(7)报告日期。

2. 审计报告的分类

注册会计师根据审计结果和被审计单位有关问题的处理情况,形成不同的审计意见,出具四种基本类型审计意见的审计报告。注册会计师出具的审计报告有四种类型:无保留意见的审计报告,保留意见的审计报告,反对意见的审计报告,拒绝表示意见的审计报告。审计报告包含着丰富的信息,我们可以从不同类型的审计报告中了解报表的真实性和可靠性、注册会计师对企业会计报表的审计结果以及企业的会计事项是否存在问题。

(1)标准无保留意见的审计报告。标准无保留意见的审计报告是指,注册会计师对被审计单位的会计报表依照中国注册会计师独立审计准则的要求进行审查后确认:被审计单位采用的会计处理方法遵循了会计准则及有关规定;会计报表反映的内容符合被审计单位的实际情况;会计报表内容完整、表述清楚,无重要遗漏;报表项目的分类和编制方法符合规定要求,因而对被审计单位的会计报表无保留地表示满意。无保留意见意味着注册会计师认为会计报表的反映是合法、公允和一贯的,能满足非特定多数利害关系人的共同需要,并对表示的该意见负责。

注册会计师经过审计后,认为被审计单位会计报表的编制符合下述情况时,应出具无保留意见的审计报告:

①会计报表的编制符合《企业会计准则》和国家其他财务会计法规的规定。

②会计报表在所有重要方面恰当地反映了被审计单位的财务状况、经营成果和资金变动情况。

③会计处理方法的选用遵循了一致性原则。

④注册会计师已按照独立审计准则的要求,完成了预定的审计程序,在审计过程中未受阻碍和限制。

⑤不存在影响会计报表的重要的未确定事项。

⑥不存在应调整而被审计单位未予调整的重要事项。

由于会计报表不可能做到完全正确和绝对真实,所以审计报告中不应使用"完全正确""绝对真实"等词汇,也不能使用"大致反映""基本反映"等模糊不清、态度模糊的词汇。

(2)保留意见的审计报告。保留意见是指注册会计师对会计报表的反映有所保留的审计意见。注册会计师经过审计后,认为被审计单位会计报表的反映就其整体而言是恰当的,但存在下述情况之一时,应出具保留意见的审记报告：

①个别重要财务会计事项的处理或个别重要会计报表项目的编制不符合《企业会计准则》和国家其他有关会计法规的规定，而且被审计单位拒绝进行调整；

②因审计范围受到局部限制，无法按照独立审计准则的要求取得应有的审计证据；

③个别会计处理方法的选用不符合一贯性原则；

④存在对会计报表反映有主要影响的个别未确定事项。

上述条件要求注册会计师在遇到可能对被审计单位会计报表产生较大影响的重要事项时，在审计意见中加以保留。上述保留事项可归纳为以下四类：

第一类，未调整事项。即被审计单位的会计处理方法与注册会计师的看法不一致，又不愿进行调整，而且这种不一致所产生的差异能够准确地加以计量。一般来说，注册会计师在审计过程中提出应予调整的项目，被审计单位已经做了处理的，如调整本年度会计报表，或在不便调整时在会计报表的附注中加以反映的，审计报告中就不再保留，只在相应的审计工作底稿中列示。但被审计单位对于注册会计师认为比较重要的审计调整事项不进行调整，注册会计师应将这些对审计意见有较大影响的内容在审计报告中明确指出，并说明其理由，指出这些调整对被审计单位提供的会计报表可能产生的影响。

第二类，审计范围受到局部限制。即注册会计师在审计过程中应实施的审计程序由于审计范围受到局部限制而无法实施，也难以实施必要的替代审计程序，而且无法实施的审计程序对被审计单位会计报表的审计可能会产生影响。

第三类，不符合一致性原则。即被审计单位的个别会计处理方法虽符合《企业会计准则》和国家其他有关财务会计法规的规定，但前后期不一致，而且这种不一致导致的对会计报表反映的影响是可以计量的。

第四类，未确定事项。即被审计单位和注册会计师共同努力都不能预计、确认其对会计报表影响程度的事项。

（3）否定意见的审计报告。否定意见是指与无保留意见相反，认为会计报表不能合法、公允、一贯地反映被审计单位的财务状况、经营成果和现金流量情况。注册会计师经过审计后，认为被审计单位的会计报表存在下述情况之一时，应当出具否定意见的审计报告：

①会计处理方法严重违反了《企业会计准则》和国家其他有关财务会计法规的规定，被审计单位拒绝进行调整。

②会计报表严重歪曲了被审计单位的财务状况、经营成果和现金流动情况，而且被审计单位拒绝进行调整。

（4）无法表示意见的审计报告。无法表示意见是指注册会计师说明其对此审计单位会计报表的合法性、公允性和一贯性无法发表意见。注册会计师在审计过程中，由于审计范围受到委托人、被审计单位或客观环境的严重限制，不能获取必要的审计证据，以致无法对会计报表整体发表审计意见时，应当出具无法表示意见的审计报告。

当出具保留意见、否定意见和无法表示意见的审计报告时，注册会计师应当在注册会计师的责任段之后、审计意见段之前增加说明段，清楚地说明导致所发表意见或无法发表意见的所有原因，并在可能的情况下，指出其对财务报表的影响程度。分析者应将注册会计师关于审计意见涉及的报告期内公司财务状况和经营成果的影响说明进行比较分析，从中找出二者对同一问题的不同看法所在，形成一个较为全面的认识和比较清晰的判断。

从市场经济的发展趋势看，越来越多的上市公司需要注册会计师对其财务报告进行审计，并出具审计报告。因此，了解审计报告的种类、出具条件及具体含义，对理解企业财务报告所包含的信息的质量及进行合理的财务报表分析都具有重要意义。一般认为，注册会计师签发的针对企业年度财务报告出具的审计报告主要具有鉴证、保护和证明三方面的作用，注册会计师签发审计报告，是以独立的第三者身份，对被审计单位财务报表合法性、公允性发表意见。这种意见具有鉴证作用，并且，注册会计师通过审计，可以对被审计单位财务报表出具不同类型审计意见的审计报告，以提高或降低财务报表信息使用者对财务报表的信赖程度，能够在一定程度上对被审计单位的财产、债权人和股东的权益及企业其他利害关系人的利益起到保护作用。审计报告是对注册会计师审计任务完成情况及其结果所做的总结，它可以表明审计工作质量并明确注册会计师的审计责任。

(二) 审查财务报告的完整性

1. 年度财务报告

年度财务报告是指以整个会计年度为基础编制的财务报告。《中华人民共和国公司法》（以下简称《公司法》）第175条规定，公司应当在每一会计年度终了时编制财务会计报告，并依法进行审查验证。为了规范上市公司年度报告的编制及信息披露行为，保护投资者的合法权益，根据《公司法》和《中华人民共和国证券法》（以下简称《证券法》）等法律法规及中国证券监督管理委员会的有关规定，中国证监会于2005年重新修订了《公开发行股票公司信息披露的内容与格式准则第二号（年度报告的内容与格式）》，对公司年度报告中应披露的信息做了更为详细的规定和说明。同时明确指出，该准则的规定是对公司年度报告信息披露的最低要求。公司年度报告中的财务会计报告必须经具有证券、期货相关业务资格的会计师事务所审计，审计报告必须由该所至少两名注册会计师签字。已发行境内上市外资股及其衍生证券并在证券交易所上市的公司,还应进行境外审计(指会计师依据国际审计准则或境外主要募集行为发生地审计准则,对公司按照国际会计准则或境外主要募集行为发生地会计准则调整的财务会计报告进行审计)。

2. 中期财务报告

鉴于投资者、债权人对公开披露的财务报表信息的质量提出了更高的要求,财政部《企业会计准则第32号——中期财务报告》对中期财务报告的编制及原则进行了规范。中期财务报告是指以中期为基础编制的财务报告。"中期",是指短于一个完整的会计年度(自公历1月1日起至12月31日止)的报告期间,它可以是一个月、一个季度或者半年,也可以是其他短于一个会计年度的期间,如1月1日至9月30日的期间等。因此,中期财务报告包括月度财务报告、季度财务报告、半年度财务报告,也包括年初至年中的财务报告。中期财务报告至少应当包括资产负债表、利润表、现金流量表、附注等内容,企业可以根据需要自行决定是否编制和披露所有者权益变动表。中期财务报告在编制时应当和年度财务报告保持一致的会计原则,遵循重要性原则,体现及时性原则。

中期财务报告的数据只是年度财务报告数据的组成部分,应以发展的、动态的眼光来看待相关财务数据,不能仅仅依据静态数据进行决策,因为许多财务活动的会计账务处理是以会计年度作为确认、计量和报告的依据,可能无法在中期报告数据中体现出来。

(三) 分析财务情况说明书

财务情况说明书是企业对自身的财务状况和经营成果做出的自我评价。通过阅读会计报表和会计报表附注,可对企业的基本情况有比较全面和具体的了解,但是还有一些信息不能充分获取。财务情况说明书就是为了更全面地说明有关财务状况而编制的。它不是阅读和分析财务会计报告的基础,而是阅读和分析财务会计报告后所做出的总结。

财务情况说明书一般应包括的内容有:企业生产经营的基本情况,利润实现和分配情况,资金增减和周转情况,对企业财务状况、经营成果和现金流量有重大影响的其他事项。

阅读会计报表和会计报表附注后,应仔细阅读财务情况说明书,这样就可以更好地理解企业的经营情况,有助于客观地评价企业经营管理者的业绩。

(四) 利用专门方法分析财务报表

企业财务报表分析的框架和方法因分析者而异,且可供选择的方法很多。不同的人员或经济实体基于各自不同的经济利益,分析的侧重点也会有所不同。财务报表分析的专门方法概括起来主要有比较分析法、趋势分析法、比率分析法、因素分析法等。

（五）撰写财务分析报告，反馈相关信息

通过财务报表分析，揭示企业财务管理中存在的问题，对于一些重大的问题，还需要进行深入细致的分析，找出问题存在的原因，以便采取对策加以改进。分析过程得出的结论，通过撰写财务分析报告，反馈相关信息。

二、财务报表分析的方法

财务报表分析方法是为完成财务报表分析任务而采取的分析程序及其技术方法，是保证财务报表分析时效性和准确性的必要手段。随着财务报表分析理论的不断发展和创新，当前财务报表分析的方法主要包括比较分析法（包括水平分析法和垂直分析法）、趋势分析法、比率分析法、因素分析法、综合分析法以及图解分析法等。

（一）比较分析法

比较分析法是通过比较不同企业的某一指标或者比较同一企业不同时期的某一指标，找出差异并发现规律的一种分析方法。具体包括水平分析法和垂直分析法。

1. 水平分析法

水平分析法是通过对某一指标在不同时期的数据进行对比，分析该指标变动情况的一种分析方法。水平分析法可以用绝对数比较，也可以用相对数比较，可以用来编制比较会计报表。例如，资产负债表水平分析将资产负债表某一报表项目的实际数与选定的标准进行比较，从总体上概括了解资产和股东权益的变动情况，揭示资产、负债和股东权益变动的差异，并分析其差异产生的原因。

2. 垂直分析法

垂直分析法是通过计算报表中各报表项目占总体项目的比重或结构，反映该项目与总体项目的结构关系及其变动情况。以资产负债表为例，资产负债表垂直分析是通过计算资产负债表中各项目占总资产或权益总额的比重，分析评价企业资产结构和股东权益结构的变动情况及合理程度。

（二）趋势分析法

趋势分析法是通过对财务报表中各类相关数字资料，将两期以上连续的相同指标或比率进行定基对比和环比对比，得出它们的增减变动方向、数额和幅度，以揭示企业财务状况、经营成果和现金流量变化趋势的一种分析方法。资产负债表趋势分析就是通过对较长时期企业总资产及主要资产项目、负债及主要负债项目、股东权益及主要股东权益项目变化趋势的分析，揭示筹资活动和投资活动的状况、规律及特征，推断企业发展的前景。

（三）比率分析法

比率分析法是通过计算各种比率指标来确定财务活动变动程度的方法。比率指标的类型主要有趋势比率、构成比率、效率比率和相关比率四类。

1. 趋势比率

趋势比率是对财务报表中两期以上连续的相同指标或比率进行定基对比和环比对比，得出它们的增减变动方向、数额和幅度的指标。

其中：

定基动态比率＝分析期数值/固定基期数值

环比动态比率＝分析期数值/前一期数值

2. 构成比率

构成比率又称结构比率，是某项财务指标的各组成部分数值占总体数值的百分比，反映部分与总体的关系。利用构成比率，可以考察总体中某个部分的形成和安排是否合理，以便协调各项财务活动。其计算公式为：

构成比率＝组成部分/整体

表1-1是三家企业某年末资产中流动资产、长期资产占资产总额的百分比（资产构成比率），企业负债中流动负债和长期负债占负债总额的百分比（负债构成比率）等，均为构成比率。利用构成比率，可以考察总体中某个部分的形成和安排是否合理，以便协调各项财务活动。

表1-1 构成比率计算表　　　　　　　　　单位：亿元

项目	东风汽车（母公司）	构成比率（％）	成都天兴仪表（母公司）	构成比率（％）	江西昌河汽车股份*ST	构成比率（％）
流动资产	43.52	60.03	1.3	57.52	7.5	43.6
非流动资产	28.98	39.97	0.96	42.48	9.7	56.4
总资产	72.5	100	2.26	100	17.2	100
流动负债	23.84	32.88	1.31	57.96	11.7	68.02
非流动负债	0.06	0.08	0	0	0	0
所有者权益	48.6	67.04	0.95	42.04	5.5	31.98
总权益	72.5	100	2.26	100	17.2	100

3. 效率比率

效率比率是某项财务活动中所费与所得的比率，反映投入与产出的关系。利用效率比率指标，可以考察经营成果，评价经济效益。例如，将利润项目分别与主营业务成本、主营业务收入、资本金等项目加以对比，可以计算出成本利润率、销售利润率和资本金利润率指标，从不同角度观察和比较企业获利能力的高低及其增减变化情况。

4. 相关比率

相关比率是以某个项目和与其有关但又不同的项目加以对比所得的比率，反映有关经济活动的相互关系。利用相关比率指标，可以考察企业相互关联的业务安排得是否合理，以保障经营活动顺畅进行。例如，将流动资产与流动负债进行对比，计算出流动比率，可以判断企业的短期偿债能力（例如表1-2）；将负债总额与资产总额进行对比，可以判断企业长期偿债能力。

表1-2　相关比率计算表　　　　　　　单位：亿元

项　目	东风汽车（母公司）	成都天兴仪表（母公司）	江西昌河汽车股份*ST
流动资产	43.6	1.3	7.5
流动负债	23.84	1.32	11.7（4.2）
流动比率	1.83	0.95	0.64

比率分析法和比较分析法一样，只是用于评价某一方面的能力，解释信息的范围有一定的局限；更为重要的是，在实际运用比率分析时，还必须以比率所解释的信息为起点，结合其他有关资料和实际情况进行更深层次的研究，只有这样，才能做出正确的判断和评价，更好地为决策服务。因此，在财务报表分析中，既要重视比率分析法的利用，又要和其他方法密切配合、合理运用，以提高财务报表分析的效果。采用比率分析法时，应当注意以下几点：

（1）对比项目的相关性；

（2）对比口径的一致性；

（3）衡量标准的科学性。

（四）因素分析法

因素分析法是依据分析指标与其影响因素之间的关系，按照一定的程序和方法，确定各因素对分析指标差异影响程度的技术方法。因素分析法具体包括连环替代法和差额分析法。

1. 连环替代法

连环替代法是将分析指标分解为各个可以计量的因素，并根据各个因素之间的依存关系，顺次用各因素的比较值（通常为实际值）替代基准值（通常为标准值或计划值），据以测定各因素对分析指标的影响。连环替代法的具体程序为：

(1) 确定分析对象与其影响因素之间的关系；
(2) 连环顺序替代，计算替代结果；
(3) 比较各因素的替代结果，确定各因素对分析指标的影响程度；
(4) 检验分析结果。

例如，某个财务指标 R 由 A、B、C 三个因素的乘积得到，其标准指标与实际指标的关系如下：

标准指标：
$$R_0 = A_0 B_0 C_0$$

实际指标：
$$R_1 = A_1 B_1 C_1$$

实际指标与标准指标的总差异为 $A_1 B_1 C_1 - A_0 B_0 C_0$。这个总体差异同时受到 A、B、C 三个因素的影响，分析方式如下：

第一次替代：
$$R' = A_1 \times B_0 \times C_0$$

第二次替代：
$$R'' = A_1 \times B_1 \times C_0$$

第三次替代：
$$R_1 = A_1 \times B_1 \times C_1$$

A 变化对 $R_1 - R_0$ 的影响为 $R' - R_0$，B 变化对 $R_1 - R_0$ 的影响为 $R'' - R'$，C 变化对 $R_1 - R_0$ 的影响为 $R_1 - R''$。

最终
$$(R' - R_0) + (R'' - R') + (R_1 - R'') = R_1 - R_0$$

【例1-1】某企业20×9年10月某种原材料费用的实际数是4 620元，而其计划数是4 000元，实际比计划增加620元。由于原材料费用是由产品产量、单位产品材料消耗量和材料单价三个因素的乘积组成，因此可以把材料费用这一总指标分解为三个因素，然后逐个来分析它们对材料费用总额的影响程度。现假设这三个因素的数值如表1-3所示。

表1-3 材料费用明细表   单位：元

项　　目	单位	计划数	实际数
产品产量	件	100	110
单位产品材料消耗量	千克	8	7
材料单价	元	5	6
材料费用总额	元	4 000	4 620

根据表1-3中的资料，材料费用总额实际数较计划数增加620元。运用连环替代法，可以计算各因素变动对材料费用总额的影响。

计划指标：

$$100\times8\times5=4\ 000（元）\quad ①$$

第一次替代：

$$110\times8\times5=4\ 400（元）\quad ②$$

第二次替代：

$$110\times7\times5=3\ 850（元）\quad ③$$

第三次替代：

$$110\times7\times6=4\ 620（元）\quad ④$$

实际指标：

②－①＝4 400－4 000＝400（元）　　　产量增加的影响
③－②＝3 850－4 400＝－550（元）　　材料节约的影响
④－③＝4 620－3 850＝770（元）　　　价格提高的影响
400－550＋770＝620（元）　　　　　　全部因素的影响

2. 差额分析法

差额分析法是连环替代法的一种简化形式，是利用各个因素的比较值与基准值之间的差额，来计算各因素对分析指标的影响。差额分析法是直接利用各影响因素的实际数与基准数的差额，在其他因素不变的假定条件下，计算各因素对分析指标的影响程度。

【例1-2】仍用表1-3中的资料。可采用差额分析法计算确定各因素变动对材料费用的影响。

（1）产量增加对财务费用的影响为：

$$(110-100)\times8\times5=400（元）$$

（2）材料消耗节约对材料费用的影响为：

$$(7-8)\times110\times5=-550（元）$$

（3）价格提高对材料费用的影响为：

$$(6-5)\times110\times7=770（元）$$

采用因素分析法时，必须注意以下问题：

（1）因素分解的关联性。构成经济指标的因素，必须是客观上存在着的因果关系，要能够反映形成该项指标差异的内在构成原因，否则就失去了应用价值。

（2）因素替代的顺序性。确定替代因素时，必须根据各因素的依存关系，遵循一定的顺序并依次替代，不可随意加以颠倒，否则就会得出不同的计算结果。

（3）顺序替代的顺序性。因素分析法在计算每一因素变动的影响时，都是在前一次计算的基础上进行的，并采用连环比较的方法确定因素变化影响的结果。

（4）计算结果的假定性。由于因素分析法计算的各因素变动的影响数，会因替代顺序不同而有差别，因而计算结果不免带有假定性，即它不可能使每个因素计算的结果都达到绝对的准确。为此，分析时应力求使这种假定合乎逻辑，具有实际经济意义。这样，计算结果的假定性才不至于妨碍分析的有效性。

（五）综合财务分析

1. 杜邦财务分析体系

杜邦财务分析体系简称杜邦体系，是利用各主要财务比率指标间的内在联系，对企业财务状况及经济效益进行综合系统分析评价的方法。该体系是以净资产收益率为起点，以总资产净利率和权益乘数为核心，重点揭示企业的获利能力、权益乘数对净资产收益率的影响，以及各相关指标间的相互影响作用关系。该指标体系简明直观，一目了然，同时又从会计的六大要素入手，反映出由六大会计要素所构成的相关财务指标，最终反映了这些财务指标与核心指标净资产收益率之间的关系。因其最初由美国杜邦企业成功应用，故得名。

杜邦分析法将净资产收益率（权益净利率）分解如图 1-1 所示。其分析关系式为：

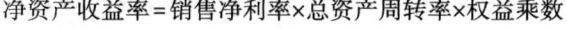

净资产收益率＝销售净利率×总资产周转率×权益乘数

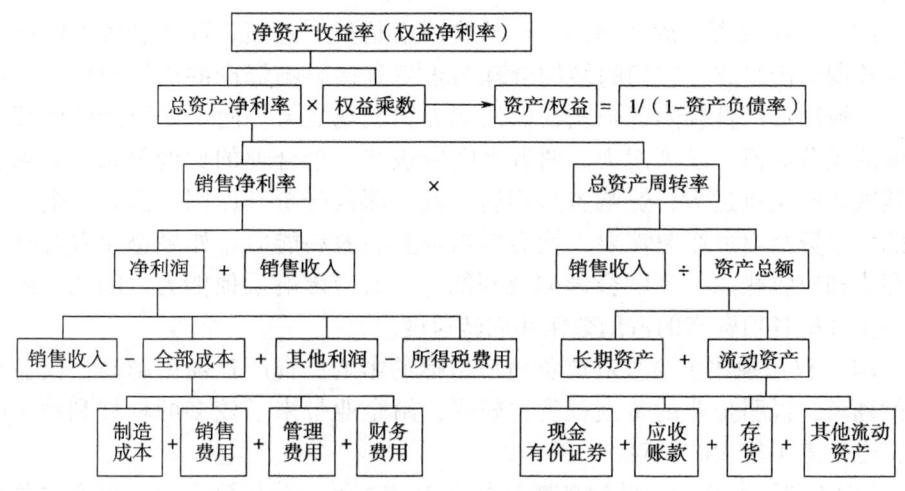

图 1-1　杜邦财务分析体系示意图

注：

①本章销售净利率即营业净利率，销售收入即营业收入，销售费用即营业费用

②图 1-1 中有关资产、负债与权益指标通常用平均值计算

运用杜邦分析法需要抓住以下几点：

(1) 净资产收益率是一个综合性最强的财务分析指标，是杜邦分析体系的起点。财务管理的目标之一是使股东财富最大化，净资产收益率反映了企业所有者投入资本的获利能力，说明了企业筹资、投资、资产营运等各项财务及其管理活动的效率，而不断提高净资产收益率是使所有者权益最大化的基本保证，所以这一财务分析指标是企业所有者、经营者都十分关心的。决定净资产收益率高低的因素主要有三个，即销售净利率、总资产周转率和权益乘数。这样，在进行分解之后，就可以将净资产收益率这一综合性指标升降变化的原因具体化，从而比只用一项综合性指标更能说明问题。

(2) 销售净利率反映了企业净利润与销售收入的关系，它的高低取决于销售收入与成本总额的高低。要提高销售净利率，一是要扩大销售收入，二是要降低成本费用。扩大销售收入既有利于提高销售净利率，又有利于提高总资产周转率。降低成本费用是提高销售净利率的一个重要因素。从杜邦分析图可以看出成本费用的基本结构是否合理，从而找出降低成本费用的途径和加强成本费用控制的办法。如果企业财务费用支出过高，就要进一步分析其负债比率是否过高；如果管理费用过高，就要进一步分析其资金周转情况；等等。从图1-1中还可以看出，提高销售净利率的另一途径是提高其他利润。为了详细地了解企业成本费用的发生情况，在具体列示成本总额时，还可根据重要性原则，将那些影响较大的费用单独列示，以便为寻求降低成本的途径提供依据。

(3) 影响总资产周转率的一个重要因素是资产总额。资产总额由流动资产与长期资产组成，它们的结构合理与否将直接影响资产的周转速度。一般来说，流动资产直接体现企业的偿债能力和变现能力，而长期资产则体现了企业的经营规模、发展潜力。两者之间应该有一个合理的比例关系。如果发现某项资产比重过大，影响资金周转，就应深入分析其原因。例如，企业持有的货币资金超过业务需要，就会影响企业的盈利能力；如果企业占有过多的存货和应收账款，则既会影响获利能力，又会影响偿债能力。因此，还应进一步分析各项资产的占用数额和周转速度。

(4) 权益乘数主要受资产负债率指标的影响。资产负债率越高，权益乘数就越高，说明企业的负债程度比较高，给企业带来了较多的杠杆利益，同时，也带来了较大的风险。

【例1-3】A企业有关财务数据如表1-4所示，分析该企业净资产收益率变化的原因。

表 1-4 A 企业相关数据表　　　　　　　　　　单位：万元

年度	利润	销售收入	平均资产总额	平均负债总额	全部成本	制造成本	销售费用	管理费用	财务费用
20×7	10 284.04	411 224.01	306 222.94	205 677.07	403 967.43	373 534.53	10 203.05	18 667.77	1 562.08
20×8	12 653.92	757 613.81	330 580.21	215 659.54	736 747.24	684 261.91	21 740.96	25 718.20	5 026.17

主要财务分析指标的计算结果见表 1-5。

表 1-5 A 企业财务指标计算表

项　目	20×7 年	20×8 年
净资产收益率	10.23%	11.01%
权益乘数（倍）	3.05	2.88
资产负债率	67.2%	65.2%
总资产净利率	3.36%	3.83%
销售净利率	2.5%	1.67%
总资产周转率（次）	1.34	2.29

（1）净资产收益率分析。该企业的净资产收益率在 20×7 年至 20×8 年间出现了一定程度的好转，从 20×7 年的 10.23% 增加至 20×8 年的 11.01%。企业的投资者在很大程度上依据这个指标来判断是否投资或是否转让股份，考察经营者业绩和决定股利分配政策。这些指标对企业的管理者也至关重要。

$$净资产收益率 = 权益乘数 \times 总资产净利率$$

20×7 年：

$$10.23\% \approx 3.05 \times 3.36\%$$

20×8 年：

$$11.01\% \approx 2.88 \times 3.83\%$$

通过分解，可以明显地看出，该企业净资产收益率的变动是资本结构（权益乘数）变动和资产利用效果（总资产净利率）变动两方面共同作用的结果，而该企业的总资产净利率太低，显示出很差的资产利用效果。

（2）总资产净利率分析：

$$总资产净利率 = 销售净利率 \times 总资产周转率$$

20×7 年：

$$3.36\% \approx 2.5\% \times 1.34$$

20×8 年：

$$3.83\% \approx 1.67\% \times 2.29$$

通过分解可以看出，20×8 年该企业的总资产周转率有所提高，说明资产的利用得到了比较好的控制，显示出比前一年较好的效果，表明该企业利用总资产产生销售收入的效率在增加。总资产周转率提高的同时，销售净利率的减少阻碍了总资产净利率的增加。

（3）销售净利率分析：

$$销售净利率 = 净利润/销售收入$$

20×7 年：

$$2.5\% = 10\ 284.04 \div 411\ 224.01$$

20×8 年：

$$1.67\% = 12\ 653.92 \div 757\ 613.81$$

该企业 20×8 年销售收入大幅度提高，但是净利润的提高幅度却很小，分析其原因，是成本费用增多。从表 1-3 可知，全部成本从 20×7 年的 403 967.43 万元增加到 20×8 年的 736 747.24 万元，与销售收入的增加幅度大致相当。

（4）全部成本分析：

$$全部成本 = 制造成本 + 销售费用 + 管理费用 + 财务费用$$

20×7 年：

$$403\ 967.43 = 373\ 534.53 + 10\ 203.05 + 18\ 667.77 + 1\ 562.08$$

20×8 年：

$$736\ 747.24 = 684\ 261.91 + 21\ 740.96 + 25\ 718.20 + 5\ 026.17$$

本例中，导致该企业净资产收益率低的主要原因是全部成本过高。也正是因为全部成本的大幅度提高，导致了净利润提高幅度不大，而随着销售收入大幅度增加，销售净利率就降低了，这显示出该企业销售盈利能力的降低。资产净利率的提高应当归功于总资产周转率的提高，销售净利率的下降却对盈利能力的提高起到了阻碍作用。

（5）权益乘数分析：

$$权益乘数 = 资产总额/所有者权益总额$$

20×7 年：

$$3.05 = \frac{306\ 222.94}{306\ 222.94 - 205\ 677.07}$$

20×8 年：

$$2.88 = \frac{330\ 580.21}{330\ 580.21 - 215\ 659.54}$$

该企业下降的权益乘数说明企业的资本结构在 20×7 年至 20×8 年发生了变动，20×8 年的权益乘数较 20×7 年有所减小。权益乘数越小，企业负债程度越低，偿还债务能力越强，财务风险有所降低。这个指标同时也反映了财务杠杆对利润水平的影响。该企业的权益乘数一直处于 2~5 之间，也即负债率在 50%~80% 之间，属于激进战略型企业。管理者应该准确把握企业所处的环境，准确预测利润，合理控制负债带来的风险。

（6）结论。对于该企业，最为重要的就是要努力降低各项成本，在控制成本上下功夫，同时要保持较高的总资产周转率。这样，可以使销售净利率得到提高，进而使总资产净利率有大的提高。

2. 沃尔综合评分分析法

企业财务综合分析的先驱者之一是亚历山大·沃尔。他在20世纪初出版的《信用晴雨表研究》和《财务报表比率分析》中提出了信用能力指数的概念。他把若干个财务比率用线性关系结合起来，以此来评价企业的信用水平，被称为沃尔综合评分分析法。其基本原理和步骤如下：

（1）选定七个财务指标，这些财务指标能综合评价企业的信用水平；

（2）按照各财务指标的重要程度，分别给定其在总评价中的比重，总和为100分；

（3）确定各项财务指标的标准比率，通常是现实条件下行业的较优值；

（4）计算出被评价企业的7个财务指标的实际比率；

（5）计算财务指标实际比率与标准比率的关系比率（关系比率＝实际比率/标准比率）；

（6）求出财务指标的综合指数及合计数。

【例1-4】某企业是一家中型电力企业，20×8年的财务状况评分结果如表1-6所示。

表1-6 沃尔综合评分表

财务比率	比重（%）(1)	标准比率(2)	实际比率(3)	相对比率(4)=(3)÷(2)	综合指数(5)=(1)×(4)
流动比率	25	2.00	1.66	0.83	20.75
净资产/负债	25	1.50	2.39	1.59	39.75
资产/固定资产	15	2.50	1.84	0.736	11.04
销售成本/存货	10	8	9.94	1.243	12.43
销售收入/应收账款	10	6	8.61	1.435	14.35
销售收入/固定资产	10	4	0.55	0.137 5	1.38
销售收入/净资产	5	3	0.40	0.133	0.67
合计	100				100.37

解析：从表1-6可知，该企业的综合指数为100.37，总体财务状况是不错的，综合评分达到标准的要求。但由于沃尔综合评分方法在技术上的缺陷，夸大了达到标准的程度。

尽管沃尔评分法在理论上还有待证明，在技术上也不完善，但它在实践中仍被广泛地应用。沃尔评分法从理论上讲有一个弱点，就是未能证明为什么要选择这 7 个指标，而不是更多些或更少些，或者选择别的财务比率，以及未能证明每个指标所占比重的合理性。沃尔评分法从技术上讲也有一个问题，就是当某一个指标严重异常时，会对综合指数产生不合逻辑的重大影响。这个缺陷是由相对比率与比重相"乘"而引起的。比如：财务比率提高 1 倍，其综合指数增加 100%；而财务比率缩小 1 倍，其综合指数只减少 50%。

与沃尔生活的时代相比，现代社会已有很大的变化。一般认为，企业财务评价的内容首先是盈利能力，其次是偿债能力，再次是成长能力，它们之间大致可按 5：3：2 的比重来分配权重。盈利能力评价的主要指标是总资产报酬率、销售净利率和净资产收益率，这三个指标可按 2：2：1 的比重来安排。偿债能力评价有四个常用指标。评价成长能力有三个常用指标（都是本年增量与上年实际量的比值）。

假定仍以 100 分为总评分。标准比率以本行业平均数为基础，在给每个指标评分时，应规定其上限和下限，以减少个别指标异常对总分造成不合理的影响。上限可定为正常评分值的 1.5 倍，下限可定为正常评分值的 0.5 倍。此外，评分可以不采用"乘"的关系，而采用"加"或"减"的关系来处理，以克服沃尔评分法的缺点。例如，如果总资产报酬率每分比率的差为 1.03% =（15.8%-5.5%）÷（30 分-20 分），则总资产报酬率每提高 1.03%，多给 1 分，但该项评分不得超过 30 分。根据这种方法，对该企业的财务状况重新进行综合评价，得 124.94 分，是一个中等略偏上水平的企业。

沃尔综合评分分析法的可取之处在于，沃尔所提出的分析思路和方法方便了人们运用并建立综合财务指标分析体系，选择若干财务指标并加以组成，确定财务指标所占比重及财务指标的标准值，来进行综合财务评价。同时，也可以在该方法的基础上进行一些修正，使其更科学、更完善。

（六）图解分析法

图解分析法作为财务报表分析的辅助分析方法，能够将复杂的财务活动以形象直观的图示反映出财务活动的过程和结果。图解分析法的应用十分广泛，具体包括对比图解分析法、结构图解分析法和趋势图解分析法等。

1. 对比图解分析法

对比图解分析法，是将某一指标不同时期的数据进行对比，以图形的方式，揭示不同时期数据的差异。

图 1-2 是以 2010—2013 年某企业资产负债表数据为例绘制的对比图。通过对比图解分析法，可直观地了解该企业不同年份资产、负债以及所有者权益的规模大小。

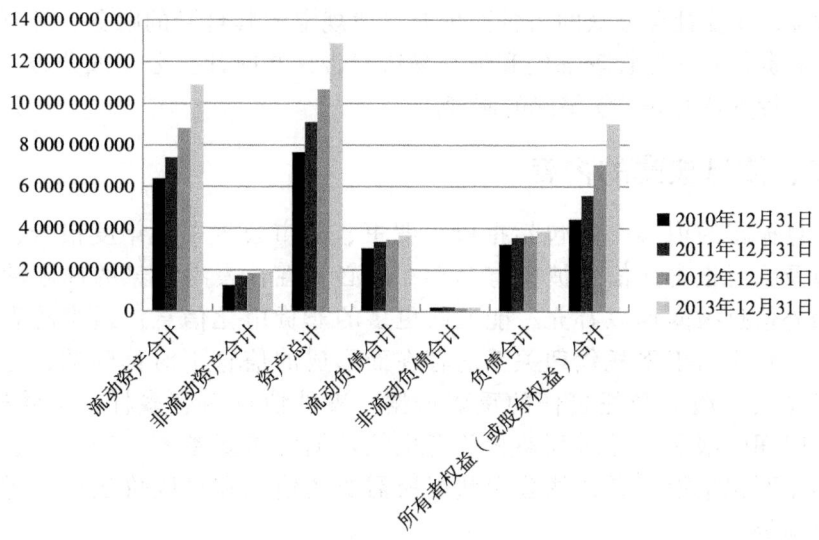

图 1-2 对比图解分析法

2. 结构图解分析法

结构图解分析法本质上是垂直分析法的图解形式。它是以图形的方式表示各部分所占总体的比重。结构分析图的形式多样,包括饼形图、柱形图等。

图 1-3 是以某企业负债总额为分析对象绘制的结构图。通过结构图分析分析法,可以直观地比较不同负债项目占负债总额的比重大小。

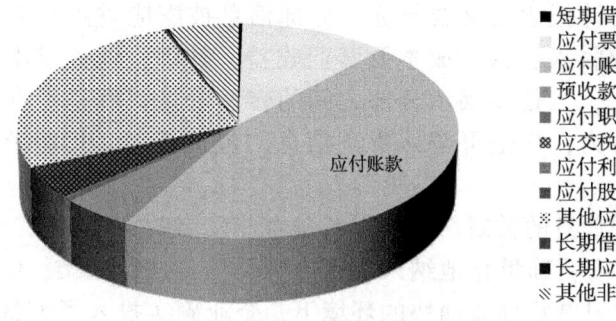

图 1-3 结构图解分析法

第三节 上市公司信息披露制度

一、信息披露制度的含义

信息披露制度也称为公示制度或者公开披露制度,是上市公司为保障投资者利益、接受社会公众的监督而依照法律规定将其自身的财务、经营状况等信息和资料向证券管理部门和证交易所报告，并向社会公开或公告，以使监管者、投资者充分了解情况的制度。

二、信息披露的内容

信息披露的内容一般包括招股说明书、上市公告书、年度报告、中期报告以及临时报告。信息披露有其存在的必要性：表内信息的局限性要求通过表外信息披露加以补充，能反映更多的非货币化信息；适当的表外信息有助于解决由于委托代理关系的存在而形成的信息不对称问题，这也是评价管理人员履行受托责任的重要依据；表外信息内容多样，不受格式、范围和时间的限制，是对利益相关者决策依据的重要参考补充。信息披露的内容主要包括投资者评估公司状况所需要的信息和对股价运行有重要影响的事项等。

（1）会计政策的披露。会计政策是指企业在编制和披露财务报表时所采用的特定的原则、基础、惯例、规则和实际方法。会计政策的披露有助于会计信息的使用者了解会计信息加工生产的过程。

（2）预测信息和辅助信息的披露。利用前景报表进行预测信息的披露，可以克服历史信息的滞后性，从而降低与信息使用者未来决策相联系的不确定风险。辅助信息主要反映物价变动方面的信息，是对以历史成本为基础的会计信息的重要补充。

（3）分部信息的披露。分部信息披露是重组、借壳企业在跨行业、跨地区经营状态下会计报表的必要补充。分部信息披露应重点反映三个方面的内容：一是营业收入、营业成本及营业收益，其中，营业成本要揭示共同费用的分摊方法；二是要揭示分部之间的转移价格，看是否存在操纵价格、调节利润的行为；三是可辨认资产信息，包括折旧、折耗及摊销、资本支出等。

（4）人力资源信息的披露。人力资源是企业发展的重要财富，目前人力资产和人力资本尚未明确量化地纳入会计准则及信息披露框架，但是在当前经济快速发展、知识更新日益加快的环境下，企业确实投入了大量的资源用于员工的在职培训和职业发展。因此，为满足信息使用者对企业人力资源状况的了解需求，应该从人力资产的投资成本、人力资产的流通成本及人力资产的管理效率和使用效益等多方面进行表外信息披露。

由于信息的供给者和信息的使用者之间存在信息不对称，因此，表外信息披露可能会存在误导使用者的违规披露行为。当然，随着会计信息披露规范体系的不断发展和完善，信息披露制度的内容要求将不断更新，信息披露制度的细节将不断完善，制度的可执行性和可操作性将越来越强，这不但会将部分表外信息逐步纳入表内信息披露的范围中，也会促使各行业企业的表外信息披露更加充分，同时，审计监督的加强也会引领企业正确、规范地进行表外信息披露。

练习题

一、单选题

1. 财务信息的内部使用者主要有（　　）。
   A. 投资人　　　　B. 债权人　　　　C. 政府　　　　D. 企业经理

2. 在下列财务报表分析主体中，必须对企业运营能力、偿债能力、获利能力及发展能力的全部信息予以详尽了解和掌握的是（　　）。
   A. 企业所有者　　　　　　　　B. 企业债权人
   C. 企业经营决策者　　　　　　D. 税务机关

3. 企业所有者作为投资人，关心其资本的保值和增值状况，因此较为重视企业的（　　）。
   A. 盈利能力指标　　　　　　　B. 偿债能力指标
   C. 发展能力指标　　　　　　　D. 营运能力指标

4. 资产负债率属于（　　）。
   A. 构成比率　　　B. 效率比率　　　C. 结构比率　　　D. 相关比率

5. 下列指标中，属于构成比率的是（　　）。
   A. 流动比率　　　　　　　　　B. 资本金利润率
   C. 资产负债率　　　　　　　　D. 流动资产占全部资产的比重

6. A 公司需要对公司的销售收入进行分析，通过分析可以得到 20×7 年、20×8 年、20×9 年销售收入的环比动态比率分别为 110%、115% 和 95%。如果该公司以 20×7 年作为基期，20×9 年作为分析期，则其定基动态比率为（　　）。
   A. 126.5%　　　B. 109.25%　　　C. 104.5%　　　D. 120.18%

7. 根据各因素的关系，顺序测算各因素对某一财务指标影响程度的方法是（　　）
   A. 比较分析法　　　　　　　　B. 比率分析法
   C. 趋势分析法　　　　　　　　D. 连环替代法

8. 作为企业的债权人，应该较为重视企业的（　　）。
   A. 盈利能力　　　　　　　　　B. 偿债能力指标
   C. 发展能力指标　　　　　　　D. 营运能力指标

9. 下列有关杜邦分析法的描述中，不正确的是（　　）。
   A. 杜邦分析法以总资产收益率为起点

B. 杜邦分析法以总资产净利率和权益乘数为核心

C. 杜邦分析法重点揭示企业获利能力及权益乘数对净资产收益率的影响

D. 权益乘数主要受资产负债率指标的影响

10. 财务报表分析的基本目的是（　　）。

A. 预测和评估企业价值　　　　B. 评价公司的市场地位

C. 判断报表数据的真实性　　　D. 分析公司的控制权配置

二、多选题

1. 财务报表分析的主体包括（　　）。

A. 企业所有者　　　　　　　　B. 企业债权人

C. 企业管理者　　　　　　　　D 政府经济管理机构

2. 财务报表分析的基本方法包括（　　）。

A. 结构分析法　　　　　　　　B. 比率分析法

C. 趋势分析　　　　　　　　　D. 比较分析法

3. 财务报表分析框架的设计应以不同信息使用者的不同需求为导向，可以分别基于（　　）。

A. 投资决策　　　　　　　　　B. 信贷决策

C. 定价决策　　　　　　　　　D. 管理决策

4. 下列对比率分析法中关于比率指标类型的有关说法中，不正确的有（　　）。

A. 构成比率反映投入与产出的关系

B. 效率比率反映部分与总体的关系

C. 相关比率反映有关经济活动的相互关系

D. 可以利用构成比率指标，考察企业相互关联的业务安排得是否合理，以保障经营活动顺畅进行

5. 财务报表分析的意义包括（　　）。

A. 可以判断企业的财务实力

B. 可以评价和考核企业的经营业绩，揭示财务活动存在的问题

C. 可以挖掘企业潜力，寻求提高企业经营管理水平和经济效益的途径

D. 可以评价企业的发展趋势

三、判断题

1. 在财务分析中，企业经营者应对企业财务状况进行全面的综合分析，并关注企业财务风险和经营风险。　　　　　　　　　　　　　　　　（　　）

2. 比率分析法中的比率指标包括构成比率、效率比率、相关比率和定基动态比率。　　　　　　　　　　　　　　　　　　　　　　　　　（　　）

3. 企业财务报表分析的框架和分析方法因分析者而异，且可供选择的方法甚多。不同的人员或经济实体基于各自不同的经济利益，分析的侧重点也

会有所不同。（　）

4. 在财务分析中，将通过对比两期或连续数期财务报告中的相同指标，确定其增减变动的方向、数额和幅度，来说明企业财务状况或经营成果的变动趋势的方法称为比率分析法。（　）

5. 比率指标的计算一般都是建立在以预算数据为基础的财务报表之上的，这使比率指标提供的信息与决策之间的相关性大打折扣。（　）

6. 在财务分析中，将通过对比两期或连续数期财务报告中的相同指标，以说明企业财务状况或经营成果变动趋势的方法称为比较分析法。（　）

7. 在采用因素分析法时，既可以按照各因素的依存关系排列成一定的顺序并依次替代，也可以任意颠倒顺序，其结果是相同的。（　）

8. 环比动态比率是以某一时期的数额为固定的基期数额而计算出来的动态比率。（　）

9. 不管采用何种技术和方法，就企业财务报表分析的目的而言，都是为了揭示企业的财务状况与经营状况，进而为投资决策提供线索。（　）

10. 尽管企业财务报表充满着数字，但是企业财务报表分析的基本思维却说明企业必须跳出繁杂琐碎的数字迷宫，立足于企业经营环境和经营战略，分析企业经营范围和竞争优势，充分识别企业面临的各种机会和风险。

（　）

第二章

资产负债表分析

> **学习目标**
> 通过学习，掌握财务报表分析的基本理论和方法，主要包括：
> 1. 资产负债表的概念、作用及格式；
> 2. 资产各项目的分析要点；
> 3. 负债各项目的分析要点；
> 4. 所有者权益项目的分析；
> 5. 资产结构和资本结构的含义及分析；
> 6. 资产结构和资本结构与内部治理的关系；
> 7. 资产负债表水平分析和垂直分析的应用。

第一节 资产负债表概述

一、资产负债表的含义

（一）资产负债表的含义

资产负债表是反映企业在某一特定日期（如月末、季末、年末）全部资产、负债和所有者权益情况的会计报表，是企业经营活动的静态体现。它是根据"资产=负债+所有者权益"这一平衡公式，依照一定的分类标准和一定的次序，将某一特定日期的资产、负债、所有者权益的具体项目予以适当的排列编制而成。它表明企业在某一特定日期所拥有或控制的经济资源、所承担的现有义务和所有者对净资产的要求权。它是一张揭示企业在一定时点财务状况的静态报表。资产负债表利用会计平衡原则，将合乎会计原则的资产、负债、股东权益交易科目分为资产和负债及所有者权益两大区块，在经过分录、转账、分类账、试算、调整等会计程序后，以特定日期的静态企业情况为基准，浓缩成一张报表。该报表的功用除了企业内部自查、经营方向调整、防止弊端外，也可让所有阅读者于最短时间内了解企业经营状况。

（二）资产负债表的作用

资产负债表有以下四个作用：

（1）从资产结构角度反映企业资产的构成及其状况，呈现企业所拥有或控制的经济资源及其分布情况。从流动资产，可了解公司在银行的存款以及变现能力，掌握资产的实际流动性与质量；从长期投资，可以掌握公司从事的是实业投资还是股权或债权投资及是否存在新的利润增长点或潜在风险；通过了解固定资产工程物资与在建工程并与同期比较，可以掌握固定资产消长趋势；通过了解无形资产与其他资产，可以掌握公司资产潜质。如某上市公司20××年年报显示，期末货币资金比期初减少193万元、期末存货却增加3 200万元，流动资产总额期末比期初减少1 648.3万元，结合公司自上市募集到一大笔资金以后，基本按募集资金用途投入使用，但其募资已有5年了，从报告期反映的结果看，期末固定资产比期初增加了2 244万元，却超过公司资产本期增加额1 738.91万元，说明公司资产的流动性明显下降，资产的变现能力在下降，同时也意味着资产的质量有所下降。

资产代表企业的经济资源，是企业经营的基础，资产总量的高低在一定程度上可以说明企业的经营规模，企业的资产结构即资产的分布，反映其生产经营过程的特点，有利于报表使用者进一步分析企业生产经营的稳定性。

（2）从资本结构角度反映企业的负债总额及其结构，揭示公司的资产来源。根据资产、负债、所有者权益之间的关系，如果公司负债比重高，相应的所有者权益即净资产就越低，说明主要靠债务"放大"了资产总额，真正属于企业的财产（即所有者权益）不多。还可进一步分析流动负债与长期负债，如果短期负债多，对应的流动资产中货币资金与短期投资净额与应收票据、股利、利息等可变现总额低于流动负债，说明公司不但还债压力较大，而且借来的钱成了被他人占用的应收账款与滞销的存货，反映了企业经营不善、产品销路不好、资金周转不灵。同时，还要分析企业现在与未来需要支付的债务数额。负债总额表示企业承担的债务的多少，负债和所有者权益的比重反映了企业的财务安全程度。负债结构反映了企业偿还负债的紧迫性和偿债压力的大小，通过资产负债表可以了解企业负债的基本信息。

（3）从资本结构角度反映企业所有者权益的情况，显示企业现有投资者在企业投资总额中所占的份额。实收资本和留存收益是所有者权益的重要内容，反映了企业投资者对企业的初始投入和资本累计的多少，也反映了企业的资本结构和财务实力，有助于报表使用者分析、预测企业生产经营安全程度和抗风险的能力。

（4）解释、评价和预测企业的短期和长期偿债能力。偿债能力指企业以其资产偿付债务的能力，短期偿债能力主要体现在企业资产和负债的流动性上。流动性指资产转换成现款而不受损失的能力或负债离到期清偿日的时间，也指企业资产接近现金的程度或负债需要动用现金的期限。在资产项目中，除现金外，资产转换成现金的时间越短、速度越快、转换成本越低，表明流动性越强。例如，可随时上市交易的有价证券投资，其流动性一般比应收款项强，因为前者可随时变现；而应收款项的流动性又比存货项目强，因为通常应收款项能在更短的时间内转换成现金，而存货一般转换成现金的速度较慢。负债到期日越短，其流动性越强，越需要及时使用现金。

短期债权人关注的是企业是否有足够的现金和足够的资产可及时转换成现金，以清偿短期内将到期的债务。长期债权人及企业所有者也要评价和预测企业的短期偿债能力。短期偿债能力越低，企业越有可能破产，从而越缺乏投资回报的保障，越有可能收不回投资。资产负债表分门别类地列示流动资产与流动负债，本身虽未直接反映出短期偿债能力，但通过将流动资产与流动负债加以比较，并借助于报表附注，可以解释、评价和预测企业的短期偿债能力。

企业的长期偿债能力主要指企业以全部资产清偿全部负债的能力。一般认为资产越多，负债越少，其长期偿债能力越强；反之，若资不抵债，则企业缺乏长期偿债能力。资不抵债往往由企业长期亏损引起，还可能因为举债过多所致。所以，企业的长期偿债能力一方面取决于它的获利能力，另一方面取决于它的资本结构。

二、资产负债表的格式

根据会计恒等式编制资产负债表时，按照资产、负债和所有者权益的排列形式不同，资产负债表的格式分为三种：账户式、报告式、财务状况式。

（一）账户式

账户式又称为水平式，其资产项目按照资产的账户式流动性大小列示于报表的左方，分为流动资产和非流动资产两大项目，并根据流动性的原则将各项目顺序排列。

负债和所有者权益项目列示于报表的右方，一般按求偿权先后顺序排列，报表左右双方总计金额相等。其优点是资产、负债和所有者权益的恒等关系一目了然。

《企业会计准则第30号——财务报表列报》规定，我国的资产负债表采用T型账户式。根据列报财务报表信息的可比性要求，财务报表至少应当提供所有列报项目上一可比会计期间的比较数据。资产负债表要填列"年初余额"和"期末余额"两栏。

例如，表2-1为甲公司近五年的资产负债表。

第二章　资产负债表分析

表2-1　甲公司资产负债表（账户式）

单位名称：甲股份有限公司　　20x9年12月31日　　单位：百万元

项目	20x9/12/31	20x8/12/31	20x7/12/31	20x6/12/31	20x5/12/31	项目	20x9/12/31	20x8/12/31	20x7/12/31	20x6/12/31	20x5/12/31
流动资产						流动负债					
货币资金	126.5	130.5	99.03	76.91	65.96	短期借款	403.3	377.9	357.7	250.1	199.4
结算备付金						向中央银行借款					
拆出资金						拆入资金			1.193		
交易性金融资产	0.012		0.182			交易性金融负债	136.5	211.4	169.5	157.4	129
应收票据	439.3	492.8	69.73	63.62	67.99	应付票据	225.2	251.4	233.2	195	185.8
应收账款	3.628	3.588	518.8	417.7	215.2	应付账款	0.02	0.023	47	18.51	24.38
预付款项			8.488	2.059	2.27	预收款项					
应收保费						卖出回购金融资产款					
应收分保账款						应付职工薪酬	37.83	38.56	31.8	29.79	21.18
应收分保合同准备金						应交税费					
其他应收款合计	15.61	10.1	8.255	5.632	5.094	其他应付款合计	68.21	86.31	81.37	25.26	20.76
其中：应收利息						其中：应付利息	5.602	3.899	1.745	1.935	1.927

续表

其中：应收股利	15.61	10.1			5.632	5.094	其中：应付股利	0.1	0.1	0.1	0.1	0.1
其中：其他应收款			8.255				其中：其他应付款	62.51	82.31	79.52	23.22	18.73
应收出口退税							预计流动负债	18.24	18.55	14.72	12.93	7.786
应收补贴款							应付短期债券					
内部应收款							一年内到期的非流动负债	87.47	74.83	98.74	79.19	64.69
买入返售金融资产	255.7	263.3	198.7	173.8			其他流动负债	52.01	61.12	5.154	4.223	1.663
存货				157.5			流动负债合计	1 080	1 166	1 050	783.2	661.1
划分为持有待售的资产							非流动负债					
一年内到期的非流动资产	10.61	27.3	12.9	4.82	4.999		长期借款	119.5	68.8	63.69	48.48	67.46
其他流动资产	77.96	83.71	110.9	37.86	24.92		应付债券	99.69	70.77	44.93	4.91	4.84
流动资产合计	1 070	1 152	1 027	782.4	544.1		长期应付款					
非流动资产							专项应付款					
可供出售金融资产				32.25	30.70		预计负债	1.029	0.663	6.1		
持有至到期投资							递延收益					
长期应收款	12.4	21.34	10.5	2.537	0.658		递延所得税负债				5.499	5.681

续表

项目					
长期股权投资	40.6	35.61	30.65	22.45	18.89
投资性房地产	0.969	0.901	0.667		
固定资产	494.4	436.8	432.4	374.8	323.7
在建工程	106.7	96.84	77.36	45.65	57.58
工程物资			32.23	43.92	37.3
无形资产	126.5	113.1	101	89.46	87.9
开发支出	57.48	53.85	41.01	31.09	30.76
商誉	0.659	0.659	0.659	0.659	0.659
长期待摊费用	1.316	1.671	0.731		
递延所得税资产	15.15	13.88	15.8	14.48	10.8
其他非流动资产	3.494	1.884	1.492	10.97	11.8
非流动资产合计	886.7	793.6	754.2	668.3	610.7
资产总计	1956	1946	1781	1451	1155
其他非流动负债	24.43	33.17	16.73	14.55	15.48
非流动负债合计	250.1	173.1	131.5	113.4	133.5
负债合计	1330	1339	1181	896.6	794.6
所有者权益					
实收资本（或股本）	27.28	27.28	27.28	27.28	24.76
其他权益工具	43.95	38.96	38.96	37.96	32
资本公积	245.3	245.2	244.7	244.7	103.1
盈余公积	40.99	38.42	34.1	30.72	23.84
未分配利润	210.6	205	192.4	162.4	131
归属于母公司股东权益合计	567.6	552	550	512.6	322.9
少数股东权益	58.39	54.96	49.53	41.53	37.35
股东权益合计	626	606.9	599.6	554.1	360.3
负债和所有者权益合计	1956	1946	1781	1451	1155

(二)报告式

报告式资产负债表,是将所有的资产按一定的排列顺序列示在报表的上方,而负债及所有者权益项目列示在下方。从形式上看,报告式资产负债表依据书面报告的常规做法,采用了自上而下的列报形式,如表2-2所示。

表2-2　甲公司资产负债表(报告式)

单位名称:甲股份有限公司　　　20×9年12月31日　　　　单位:千元

项　目	期初数	期末数
资产		
流动资产	1 152 000	1 070 000
非流动资产	794 060	886 700
资产合计	1 946 060	1 956 700
负债		
流动负债	1 166 000	1 080 000
非流动负债	173 100	250 100
负债合计	1 339 100	1 330 100
所有者权益		
归属于母公司所有者权益合计	552 000	567 600
少数股东权益	54 960	59 000
所有者权益合计	606 960	625 990
负债和所有者权益总计	1 946 060	1 956 700

(三)财务状况式

财务状况式资产负债表是在表内列示出营运资本,以强调其重要性的资产负债表。这种格式的资产负债表不常见。它在表的最上端列示流动资产项目,加总其总额,后列示流动负债项目,加总其总额。从流动资产总额中减去流动负债总额,得出营运资本总额并单独列示。营运资本加非流动资产,减去非流动负债,得出股东权益总额。基本结构如表2-3所示。

表2-3　甲公司资产负债表(财务状况式)

单位名称:甲股份有限公司　　　20×9年12月31日　　　　单位:千元

项　目	期初数	期末数
流动资产	1 152 000	1 070 000

续表

项　　目	期初数	期末数
减：流动负债	1 166 000	1 080 000
营运资本	(14 000)	(10 000)
加：非流动资产	793 600	886 700
减：非流动负债	173 100	250 100
所有者权益（含少数股东股权益）	606 500	626 600

注：括号表示负值，所计算数据因计算方法不同，有因四舍五入产生的数据误差

三、资产负债表的内容

资产负债表根据资产、负债、所有者权益之间的勾稽关系，按照一定的分类标准和顺序，把企业一定日期的资产、负债和所有者权益各项目予以适当排列。它反映的是企业资产、负债、所有者权益的整体规模和结构，即：资产有多少，资产中的流动资产和固定资产分别为多少；所有者权益中的实收资本（或股本，下同）、资本公积、盈余公积以及未分配利润分别为多少等等。

在资产负债表中，企业通常按资产、负债、所有者权益分类分项反映。也就是说，资产按流动性大小进行列示，具体分为流动资产、长期投资、固定资产、无形资产及其他资产；负债也按流动性大小进行列示，具体分为流动负债、长期负债等；所有者权益则按实收资本、资本公积、盈余公积、未分配利润等项目分项列示。

由于在经营内容上不同于一般的工商企业，银行、保险公司和非银行金融机构资产、负债、所有者权益的构成项目也不同于一般的工商企业，具有特殊性。但是，在资产负债表上列示时，对于资产而言，其通常按流动性大小进行列示，具体分为流动资产、长期投资、固定资产、无形资产及其他资产；对于负债而言，通常也按流动性大小列示，具体分为流动负债、长期负债等；对于所有者权益而言，也是按实收资本、资本公积、盈余公积、未分配利润等项目分项列示。

（一）资产

资产负债表中的资产反映由过去的交易、事项形成并由企业在某一特定日期所拥有或控制的、预期会给企业带来经济利益的资源。资产应当按照流动资产和非流动资产两大类别在资产负债表中列示，在流动资产和非流动资产类别下进一步按性质分项列示。

流动资产是预计在一个正常营业周期中变现、出售或耗用，或者主要为

交易目的而持有，或者预计在资产负债表日起一年内（含一年）变现的资产，或者自资产负债表日起一年内交换其他资产或清偿负债的能力不受限制的现金或现金等价物。

资产负债表中列示的流动资产项目通常包括：货币资金，交易性金融资产，应收票据，应收账款，预付款项，应收利息，应收股利，其他应收款，存货和一年内到期的非流动资产等。

非流动资产是流动资产以外的资产。资产负债表中列示的非流动资产项目通常包括：长期股权投资，固定资产，在建工程，工程物资，固定资产清理，无形资产，开发支出，长期待摊费用以及其他非流动资产等。

（二）负债

资产负债表中的负债反映在某一特定日期企业所承担的、预期会导致经济利益流出企业的现时义务。负债应当按照流动负债和非流动负债在资产负债表中进行列示，在流动负债和非流动负债类别下再进一步按性质分项列示。

流动负债是预计在一个正常营业周期中清偿，或者主要为交易目的而持有，或者自资产负债表日起一年内（含一年）到期应予以清偿，或者企业无权自主地将清偿推迟至资产负债表日后一年以上的负债。资产负债表中列示的流动负债项目通常包括：短期借款，应付票据，应付账款，预收款项，应付职工薪酬，应交税费，应付利息，应付股利，其他应付款，一年内到期的非流动负债等。

非流动负债是流动负债以外的负债。非流动负债项目通常包括长期借款、应付债券和其他非流动负债等。

（三）所有者权益

资产负债表中的所有者权益是企业资产扣除负债后的剩余权益，反映企业在某一特定日期股东（投资者）拥有的净资产的总额，它一般按照实收资本、资本公积、盈余公积和未分配利润分项列示。

第二节 资产负债表比较分析

资产负债表比较分析是通过比较不同企业的某一资产负债表项目，或者比较同一企业不同时期的资产负债表项目，找出差异并分析原因的一种资产负债表分析方法。主要包括资产负债表水平分析法和资产负债表垂直分析法。

应用比较分析法，按照"变动幅度大、结构占比重"的原则，对资产负债表进行水平趋势分析和垂直结构分析,筛选出导致资产负债表财务状况变动的主要项目,以便做出更进一步的项目质量分析。

一、资产负债表水平分析

资产负债表比较分析主要用水平分析法和垂直分析法。水平分析法就是选择最近几期的资产负债表数据进行比较,通过绝对数或相对数的变动做差异分析和趋势分析。而在比较分析法的应用过程中,趋势分析法和比率分析法常常运用。

根据表2-1整理成表2-4,对甲公司资产负债表进行水平分析。

表2-4 甲公司资产负债表水平分析

项 目	20×9年与20×5年比较	20×8年与20×5年比较	20×7年与20×5年比较	20×6年与20×5年比较
流动资产				
货币资金	91.78%	97.85%	50.14%	16.65%
结算备付金				
拆出资金				
交易性金融资产			-93.41%	
应收票据			2.56%	-6.43%
应收账款	104.14%	129.00%	141.08%	94.10%
预付款项	59.82%	58.06%	273.92%	-9.30%
应收保费				
应收分保账款				
应收分保合同准备金				
其他应收款合计	206.44%	98.27%	62.05%	10.56%
其中:应收利息				
应收股利				
其他应收款				
应收出口退税				
应收补贴款				
内部应收款				
买入返售金融资产				
存货	62.35%	67.17%	26.16%	10.35%

续表

项　目	20×9年与20×5年比较	20×8年与20×5年比较	20×7年与20×5年比较	20×6年与20×5年比较
划分为持有待售的资产				
一年内到期的非流动资产	112.24%	446.11%	158.05%	-3.58%
其他流动资产	212.84%	235.91%	345.02%	51.93%
流动资产合计	96.66%	111.73%	88.75%	43.80%
非流动资产				
可供出售金融资产			36.27%	5.01%
持有至到期投资				
长期应收款	1784.50%	3143.16%	1495.74%	285.56%
长期股权投资	114.93%	88.51%	62.26%	18.85%
投资性房地产				
固定资产	52.73%	34.94%	33.58%	15.79%
在建工程	85.31%	68.18%	34.35%	-20.72%
工程物资			-13.59%	17.75%
无形资产	43.91%	28.67%	14.90%	1.77%
开发支出	86.87%	75.07%	33.32%	1.07%
商誉	0.00%	0.00%	0.00%	0.00%
长期待摊费用				
递延所得税资产	40.28%	28.52%	46.30%	34.07%
其他非流动资产	-70.39%	-84.03%	-87.36%	-7.03%
非流动资产合计	45.19%	29.95%	23.50%	9.43%
资产总计	69.35%	68.48%	54.20%	25.63%
流动负债				
短期借款	102.26%	89.52%	79.39%	25.43%
向中央银行借款				
拆入资金				
交易性金融负债				
应付票据	5.81%	63.88%	31.40%	22.02%
应付账款	21.21%	35.31%	25.51%	4.95%
预收款项	-99.92%	-99.91%	92.78%	-24.08%

续表

项　　目	20×9年与20×5年比较	20×8年与20×5年比较	20×7年与20×5年比较	20×6年与20×5年比较
卖出回购金融资产款				
应付职工薪酬	78.61%	82.06%	50.14%	40.65%
应交税费	−4.27%	68.59%	48.36%	67.65%
其他应付款合计	228.56%	315.75%	291.96%	21.68%
其中：应付利息	190.71%	102.34%	−9.44%	0.42%
应付股利				
其他应付款	233.74%	339.46%	324.56%	23.97%
预计流动负债	134.27%	138.25%	89.06%	66.07%
应付短期债券				
一年内到期的非流动负债	35.21%	15.67%	52.64%	22.41%
其他流动负债	3027.48%	3575.29%	209.92%	154.54%
流动负债合计	63.36%	76.37%	58.83%	18.47%
非流动负债				
长期借款	77.14%	1.51%	−5.59%	−28.14%
应付债券	122.32%	57.83%	0.20%	0.16%
长期应付款				
专项应付款				
预计负债				
递延收益				
递延所得税负债	−81.89%	−88.33%	7.38%	−3.20%
其他非流动负债	57.82%	114.28%	8.07%	−6.01%
非流动负债合计	87.34%	29.66%	−1.50%	−15.06%
负债合计	67.38%	68.51%	48.63%	12.84%
所有者权益（或股东权益）				
实收资本（或股本）	10.18%	10.18%	10.18%	10.18%
其他权益工具	37.34%	21.75%	21.75%	18.63%
资本公积	137.92%	137.83%	137.34%	137.34%
盈余公积	71.94%	61.16%	43.04%	28.86%
未分配利润	60.76%	56.49%	46.87%	23.97%

续表

项　　目	20×9年与 20×5年比较	20×8年与 20×5年比较	20×7年与 20×5年比较	20×6年与 20×5年比较
归属于母公司股东权益合计	75.78%	70.95%	70.33%	58.75%
少数股东权益	56.33%	47.15%	32.61%	11.19%
所有者权益合计	73.74%	68.44%	66.42%	53.79%
负债和所有者权益合计	69.35%	68.48%	54.20%	25.63%

由表可见，20×9年与20×5年比较，货币资金绝对数变动额（增减额）= 126.5−65.96=60.54（亿元），相对数变动率（增减率）= 60.54/65.96=91.78%。

二、资产负债表垂直分析

垂直分析是将流动资产、非流动资产、资产总计、流动负债、非流动负债、负债总计、所有者权益分别作为一个整体，计算其中构成项目占总体的比重，根据资产项目的比重变化，对企业财务状况的变动做出判断。结合比较分析法、结构分析法和比率分析法，按照"变动幅度大、结构占比重"的原则，找出导致资产负债表财务状况变动的主要项目，做出更进一步的项目质量分析。

根据表2-1整理出表2-5，对甲公司资产负债表进行垂直分析。

表2-5　甲公司资产负债表垂直分析

项　　目	20×9/12/31	20×8/12/31	20×7/12/31	20×6/12/31	20×5/12/31
流动资产					
货币资金	11.82%	11.33%	9.64%	9.83%	12.12%
结算备付金					
拆出资金					
交易性金融资产			0.00%		
应收票据			6.79%	8.13%	12.50%
应收账款	41.06%	42.78%	50.52%	53.39%	39.55%
预付款项	0.34%	0.31%	0.83%	0.26%	0.42%
应收保费					
应收分保账款					
应收分保合同准备金					
其他应收款合计	1.46%	0.88%	0.80%	0.72%	0.94%

续表

项　目	20×9/12/31	20×8/12/31	20×7/12/31	20×6/12/31	20×5/12/31
其中：应收利息					
应收股利					
其中：其他应收款	1.46%	0.88%	0.80%	0.72%	0.94%
应收出口退税					
应收补贴款					
内部应收款					
买入返售金融资产					
存货	23.90%	22.86%	19.35%	22.21%	28.95%
划分为持有待售的资产					
一年内到期的非流动资产	0.99%	2.37%	1.26%	0.62%	0.92%
其他流动资产	7.29%	7.27%	10.80%	4.84%	4.58%
流动资产合计	54.70%	59.20%	57.66%	53.92%	47.11%
非流动资产					
可供出售金融资产			5.55%	4.83%	5.03%
持有至到期投资					
长期应收款	1.40%	2.69%	1.39%	0.38%	0.11%
长期股权投资	4.58%	4.49%	4.06%	3.36%	3.09%
投资性房地产	0.11%	0.11%	0.09%		
固定资产	55.76%	55.04%	57.33%	56.08%	53.00%
在建工程	12.03%	12.20%	10.26%	6.83%	9.43%
工程物资			4.27%	6.57%	6.11%
无形资产	14.27%	14.25%	13.39%	13.39%	14.39%
开发支出	6.48%	6.79%	5.44%	4.65%	5.04%
商誉	0.07%	0.08%	0.09%	0.10%	0.11%
长期待摊费用	0.15%	0.21%	0.10%		
递延所得税资产	1.71%	1.75%	2.09%	2.17%	1.77%
其他非流动资产	0.39%	0.24%	0.20%	1.64%	1.93%
非流动资产合计	45.33%	40.78%	42.35%	46.06%	52.87%
资产总计	100%	100%	100%	100%	100%
流动负债					
短期借款	37.34%	32.41%	34.07%	31.93%	30.16%

续表

项　　目	20×9/12/31	20×8/12/31	20×7/12/31	20×6/12/31	20×5/12/31
向中央银行借款					
拆入资金					
交易性金融负债			0.11%		
应付票据	12.64%	18.13%	16.14%	20.10%	19.51%
应付账款	20.85%	21.56%	22.21%	24.90%	28.10%
预收款项	0.00%	0.00%	4.48%	2.36%	3.69%
卖出回购金融资产款					
应付职工薪酬	3.50%	3.31%	3.03%	3.80%	3.20%
应交税费	0.57%	0.93%	0.91%	1.37%	0.97%
其他应付款合计	6.32%	7.40%	7.75%	3.23%	3.14%
其中：应付利息	0.52%	0.33%	0.17%	0.25%	0.29%
其中：应付股利	0.01%	0.01%	0.01%	0.01%	0.02%
其中：其他应付款	5.79%	7.06%	7.57%	2.96%	2.83%
预计流动负债	1.69%	1.59%	1.40%	1.65%	1.18%
应付短期债券					
一年内到期的非流动负债	8.10%	6.42%	9.40%	10.11%	9.79%
其他流动负债	4.82%	5.24%	0.49%	0.54%	0.25%
流动负债合计	81.20%	87.08%	88.91%	87.35%	83.20%
非流动负债					
长期借款	47.78%	39.56%	48.43%	42.75%	50.53%
应付债券	39.86%	40.88%	34.17%	39.60%	33.59%
长期应付款					
专项应付款					
预计负债					
递延收益					
递延所得税负债	0.41%	0.38%	4.64%	4.85%	4.26%
其他非流动负债	9.77%	19.16%	12.72%	12.83%	11.60%
非流动负债合计	18.80%	12.93%	11.13%	12.65%	16.80%
负债合计	68.00%	68.81%	66.31%	61.79%	68.80%
所有者权益					
实收资本（或股本）	4.36%	4.49%	4.55%	4.92%	6.87%

续表

项 目	20×9/12/31	20×8/12/31	20×7/12/31	20×6/12/31	20×5/12/31
其他权益工具	7.02%	6.42%	6.50%	6.85%	8.88%
资本公积	39.19%	40.40%	40.81%	44.16%	28.62%
盈余公积	6.55%	6.33%	5.69%	5.54%	6.62%
未分配利润	33.64%	33.78%	32.09%	29.31%	36.36%
归属于母公司股东权益合计	90.67%	90.95%	91.73%	92.51%	89.62%
少数股东权益	9.33%	9.06%	8.26%	7.50%	10.37%
所有者权益合计	32.00%	31.19%	33.67%	38.19%	31.19%
负债和所有者权益合计	100%	100%	100%	100%	100%

【思考】结合甲公司近五年资产负债表水平和垂直分析，可做出什么判断？

由表2-5可知，甲公司近五年流动资产占比最高的是应收账款项目，其次是存货项目以及货币资金项目，说明企业的流动资产主要是以债权资产、实物资产以及现金资产构成。而在非流动资产中，占比较高的是固定资产项目、在建工程项目以及无形资产项目，说明企业非流动资产的构成符合制造业的行业特点。

三、资产结构分析

资产结构指企业的流动资产、长期投资、固定资产、无形资产及其他资产占资产总额的比重。通过分析不同流动性的资产占总资产的比重，可以看出企业的行业特点、经营特点和技术装备特点等。

一般来说，工业企业的非流动资产往往大于流动资产，商业企业则相反。在同一行业中，流动资产、长期投资所占比重反映企业的经营特点。流动资产和负债较高的企业稳定性差，却相对灵活；而那些长期资产和负债占比大的企业底子厚，调头难。长期投资占比较高的企业，金融利润和风险均高。

对资产结构变动的分析，除进行总体分析外，还应对流动资产、固定资产、长期投资等分项目进行比较分析，以便进一步查明原因，结合企业生产经营特点和实际情况，判断企业资产结构变动的合理性。

（一）资产结构主要项目分析

1. 流动资产构成比重分析

计算公式为：

$$流动资产构成比重 = \frac{流动资产}{资产总额} \times 100\%$$

判断流动资产构成比重是否合理没有绝对的标准，但应注意：

（1）必须与固定资产和其他资产构成比重结合起来分析。在固定资产和其他资产不变的情况下，流动资产比重提高使生产经营业绩大幅增长，说明流动资产在资产总额中所占比重较为合理；但如果流动资产比重提高的速度快于生产的增长速度，使单位增加值占用的资产比例增加，说明资金利用效率下降，流动资产在资产总额中所占比重不合理。

（2）结合企业利润进行分析。流动资产在资产总额中的比重提高了，企业的营业利润也要相应增加。如果流动资产比重提高了，产量增长，利润却不增长，说明企业生产的产品销售不畅，经营状况趋势不好。当然这还需结合行业特点和企业具体情况分析。

2. 固定资产构成比重分析

计算公式为：

$$固定资产构成比重 = \frac{固定资产}{资产总额} \times 100\%$$

判断固定资产构成比重是否合理，要根据各企业自身特点分析。有什么样的固定资产，就有什么样的产品和经营业务。固定资产构成比重决定着企业的行业特点、生产规模和发展方向。在分析固定资产在资产总额中的比重是否合理时，首先要弄清企业自身生产经营的特点，制定相适宜的比重标准。比重过高，造成资金浪费；比重过低，影响生产经营。

3. 长期投资构成比重分析

计算公式为：

$$长期投资比重 = \frac{长期投资}{资产总额} \times 100\%$$

判断长期投资比重是否合理，首先看对外投资有没有影响企业生产资金的周转，能否获得较高收益。长期投资占资产总额的比重提高，有可能是因为企业资金来源充足，在不影响生产的情况下，企业进行对外投资以获取更多收益；也有可能因为企业内部发展受到限制，目前产业和产品利润率较低，需要寻求新的发展目标。长期投资比重高，风险也高，投资项目收益具有不确定性。一般情况下，企业长期投资比重不宜过高。

（二）资产结构类型分析

不同的资产种类和搭配关系会形成不同的经营风险。企业在构建资产结构时，应在生产经营风险之间加以平衡。不同企业对资产风险的偏好不同，实践中存在三种资产风险结构类型，即保守型资产结构、适中型资产结构和激进型资产结构。

1. 保守型资产结构

保守型资产结构是指企业在一定的产销量水平上维持大量的金融资产，持有较大量的保险性存货，从而使流动资产处于较高的水平。这种类型的资产结构既可降低财务风险，又可拥有足够的存货以保证生产之需。然而，低收益的流动资产意味着持有大量资金，会降低资产的营运效率和盈利水平。

2. 适中型资产结构

适中型资产结构是指企业在一定的产销量水平上维持中等水平的货币资金、存货资金和信用资金，从而使流动资产维持在某一个平均水平。这种资产结构由于注意了风险和收益之间的平衡，是一种风险中性和收益中性的结构，在实践中常被作为理想目标。

3. 激进型资产结构

激进型资产结构是指尽量少地持有金融资产、存货资产和信用资产，从而使流动资产维持在较低水平，而固定资产等长期性资产的比重较高。采用这种结构，企业资产的流动性差、变现能力弱，然而如果经营顺利，资金的盈利水平会提高。因此，这是一种高风险、高收益的资产结构。

（三）资产结构优化分析

企业资产结构的优化着眼于企业各类资产如何配置才能使企业取得最佳经济效益。在企业资产结构体系中，固定资产与流动资产的结构比例是最重要的内容，资产结构优化分析主要是指固定资产和流动资产之间的结构比率优化分析。实务中，通常根据下列标准来评价企业固定资产与流动资产的结构合理性。

1. 盈利水平与风险

企业将大部分资金投资于流动资产，虽然能够减少企业的经营风险，但是会造成资金大量闲置或固定资产不足，降低企业生产能力，降低资金利用效率，影响企业的经济效益；反之，若固定资产比重增加，虽然有利于提高资产利润率，但同时也会导致经营风险增加。企业选择何种资产结构，主要取决于企业对风险的态度。如果企业敢于冒险，就可能采取激进型资产结构；如果企业不会为追求较高的利润去冒险，则可能选择保守型资产结构。

2. 行业特点

企业所处行业的特点和经营性质通常对企业的资产结构有着极其重要的影响。生产性企业固定资产的比重一般要大于流通性企业，而机械行业的企业存货比重一般要高于食品行业的企业，航空运输企业的固定资产所占比重一般较大。一般地，母公司企业相对于子公司企业，长期投资的比重较高。行业不同，经济活动内容不同，资产结构也会有较大差异。

3. 企业经营规模

企业的经营规模也是影响资产结构的重要因素。从硬件角度看，一般来讲，规模大的企业多半经过大范围购置固定资产，走规模经济和规模效益的路径，所以固定资产的比重比较大，流动资产的比重相对较低，抗风险能力较强；从软件角度看，大的全球公司、跨国企业、跨区域经营公司的母公司与子公司之间是通过投资联系起来的，所以投资的比重较大。

四、资本结构分析

资本结构是指企业资产负债表右方"负债和所有者权益"的结构，既包括企业负债总规模与所有者权益规模的比例关系，也包括企业各类债务（如短期、长期）占总负债的构成比例和所有者权益中各股东的持股构成比例，以及所有者权益中各项目的构成比例。

企业适度负债，合理安排借入资金与自有资金的比例关系，既能充分加大负债的财务杠杆效用，又有利于降低企业的综合资本成本。但负债过度，会给企业带来财务风险，甚至导致企业破产。

（一）资本结构的类型

不同的资本结构，其收益和风险不同。最佳的资本结构应使收益与风险相平衡。企业应在资本成本与财务风险之间进行合理取舍，选择适合自身发展的资本结构。

1. 保守型资本结构

保守型资本结构是指在资本结构中主要采取股权融资，且负债融资中又以长期负债融资为主。在这种结构下，企业对流动负债的依赖性较低，从而减轻了短期偿债的压力，风险较低；但同时，由于股权融资和长期负债融资的成本较高，会增大企业资金成本。因此，这是一种低风险、高成本的资本结构。

2. 适中型资本结构

适中型资本结构是指股权融资和负债融资的比重主要根据资金使用的用途来确定。用于长期资产的资金由股权融资和长期负债提供，用于流动资产的资金主要由流动负债提供，同时，股权融资和负债融资的比重保持较为合理的水平。因此，这是一种风险和成本中等的资本结构。

3. 风险型资本结构

风险型资本结构是指在资本结构中全部采用或主要采用负债融资，并且流动负债被大量用于长期资产。显然，这是一种风险高但成本低的资本结构。

（二）影响资本结构的因素分析

1. 企业规模和财务状况

一般而言，企业规模越大，筹集资金的方式就越多；获利能力越强、财务状况越好、变现能力越强的公司,越有能力承担财务上的风险。因而,企业变现能力、财务状况和盈利能力越是向好,其举债融资就越有吸引力。

2. 资产结构

资产结构会以多种方式影响企业的资本结构。拥有大量固定资产的企业主要通过长期负债和发行股票筹集资金;拥有较多流动资产的企业更多地依赖流动负债来筹集资金;资产适于抵押贷款的公司举债额较大,如房地产公司的抵押贷款就相当多,以技术研究开发为主的公司则负债很少。

3. 企业销售变动情况

预计未来销售的增长率,可用以确定财务杠杆可以在多大程度上扩大每股盈余。如果销售增长率很高,使用具有固定财务费用的债务筹资,就会扩大普通股的每股盈余。除了销售的增长率外,销售是否稳定对资本结构也有重要影响。如果企业的销售比较稳定,则可以较多地负担固定的财务费用;如果销售和盈余周期较长,固定的财务费用负担就会较大,企业将面临较大的财务风险。

4. 行业因素

不同行业的企业资本结构有很大差别。财务经理必须考虑本企业所处的行业特点,以便考虑最佳的资本结构。

此外,还有利率、汇率、所得税率等客观因素的影响。分析时应全面考虑,以便做出客观的判断。

资产结构与资本结构结合的结构主要分为保守结构、稳健结构、平衡结构和风险结构四种类型。企业采取何种结构类型,都需具体分析企业自身面临的不同因素。

第三节　资产负债表项目分析

资产负债表项目分析,是对资产负债表的主要项目进行的质量分析。资产负债表项目分析的内容主要包括资产项目的质量分析、负债项目的质量分析以及所有者权益项目的质量分析。

一、资产项目分析

会计实务一般将企业资产按流动性划分为流动资产和非流动资产。在资产负债表中,按流动性强弱自上而下列示各资产科目。

流动资产主要包括:货币资金,以公允价值计量且其变动计入当期损益的金融资产,应收票据,应收账款,预付账款,应收股利,应收利息,其他应收款,存货,一年内到期的非流动资产等。非流动资产主要包括:可供出售的金融资产,持有至到期的投资,长期股权投资,投资性房地产,固定资产，无形资产和商誉等。对非流动资产的分析，应该从其盈利性、变现性、周转性和增值性来分析。

（一）"货币资金"项目

货币资金是指企业在经营活动中处于货币状态的资产，包括库存现金、银行结算户存款、外埠存款、银行汇票与银行本票存款、信用卡及信用证存款和企业存出投资款等；其中，库存现金的流动性最强，随时可以用于各种经济业务的结算。货币资金数量短缺时，企业的支付能力会受到影响，偿债能力方面将面临一定的压力。因此，对货币资金的分析，除了进行数量分析外，还要进行货币资金质量分析。

1. 货币资金的数量分析

为维持企业经营活动的正常运转，企业必须保有一定的货币资金余额。从财务管理角度来看，过低的货币资金持有量将严重影响企业的正常经营活动，制约企业发展，并进而影响企业的商业信誉；而过高的货币资金保有量在浪费投资机会的同时，还会增加企业的筹资成本。因此，判断企业货币资金数量规模是否适当，就成了企业货币资金运用质量的一个重要方面，企业货币资金的适当数量规模主要由下列因素决定：

（1）企业的行业特点。每一个行业的经营特点不同，从而造成企业的资产分布不同，这就需要针对不同的行业，根据其经营特点，对其持有的货币资金量进行具体问题具体分析。不同行业在相同的总资产规模下，不可能保持相近规模的货币资金，比如银行业、保险业与工业企业。一般而言，企业的资产总额越大，相应的货币资金规模也就应当越大。业务收支频繁且绝对数额大的企业，处于货币资金形态的资产也会较多。

就行业差异而言，工业企业和商业企业就有很大的区别。工业企业需要有大量的固定资产形成生产能力，流动资产的占比相对低，作为流动资产一部分的货币资金数量越少，货币资金占总资产的比率越低；而商业企业不需要生产，主要业务是销售商品，所以它的流动资产占绝大多数，相应的，货币资金的持有量就大，相对于总资产来说，所占的比率就高。这就是行业差别所造成企业持有货币资金量的差异。同一行业之间，产品特点不一样，生产流程不同，持有的货币资金数量也可能会有很大的差异。例如，批量生产产品的工业企业和生产单一大件产品的工业企业就有不同。

制造业、建筑业、商业、服务业等每个行业都有不同的经营特点，同一行业之间也有一定的差别，所以，在进行货币资金持有量分析时，应注意到行业差别的影响。

（2）企业的筹资能力和筹资规模的影响。企业的筹资能力强，可快速弥补企业资金不足，避免企业出现财务风险，相应持有较少的货币资金也是安全的。企业的筹资渠道主要有从企业外部筹资和从企业内部筹资两个方面，而企业是否有较强的筹资能力，主要取决于企业良好的资本结构和盈利能力、企业领导层的素质和管理水平、企业的信用和企业与金融机构的关系等。

资产负债表是一个时点报表、静态报表，它所反映的数据只是企业在某个时点上的指标，货币资金也是一样。企业在日常经营活动中，若没有大的其他事项就是正常的，其数据就能够代表企业正常的持有货币资金量，若是企业近期内有大的资金到账，或是有大额债务要偿还，或是有大项的采购等，都会使企业账面上有大量的货币资金存量。若月末编制财务会计报表时遇到这种情况，那资产负债表上的货币资金的数量就不能代表企业日常货币资金量的正常水平，此时货币资金数量的分析就要剔除这些因素的影响。

（3）企业对货币资金的运用能力。货币资金如果仅停留在货币形态，则只能用于支付，其对企业资产增值的直接贡献将会很小。而如果企业的管理人员善于利用货币资金从事其他经营活动，则企业的获利水平有可能提高。

也就是说，企业过高的货币资金规模可能意味着企业正在丧失潜在的投资机会，也可能表明企业的管理人员运用资金的效率很低。当然，企业管理人员对资金的运用能力，还需要考虑企业所处的融资和投资环境等因素。

2. 货币资金的构成质量分析

（1）货币资金的流动性。在货币资金的构成中，库存现金和银行存款的流动性最强，支付能力强，使用效率最高，而其他货币资金中，有一些是有特定用途的资金，还有一些是不能动用的资金，不能任意使用，流动性差、使用效率低。若是一个企业的货币资金中其他货币资金所占的比重大，势必影响整个货币资金的支付能力和使用效率，所以，在对企业货币资金进行分析时，就需要进行结构分析。

（2）货币资金的真实性。对货币资金的真实性分析，就是要检查分析货币资金是否账实相符。库存现金有无白条抵库现象，所发生的支付业务是否已全部入账，所有的收入及支出是否按时序及时登记。银行存款日记账余额和银行对账单余额是否定期核对、余额是否相符；若不符，是否编制了银行余额调节表等。只有账实相符的货币资金才是高质量的，若是账实不符，某些项目上存在问题，则说明货币资金项目的真实性有问题。

（3）货币资金的安全性。货币资金的流动性强、风险高，对其进行安全性分析，是质量分析的主要方面。对货币资金的安全性分析，主要是对其内部控制制度的执行情况进行分析。这些内控制度有一些是共性的，并且在财务制度中有明确规定，也有一些规定是企业根据自身具体情况针对风险点所做的。分析一个企业货币资金的安全性，不仅要看有没有这些制度，制度是否健全，更重要的是要看这些制度的落实情况，要搞清是否真做到了防患于未然，是否能够保障货币资金的安全。

必须强调，在货币资金金额一定的条件下，我们仍然有可能对企业货币资金的构成质量进行分析。在企业的经济业务涉及多种货币、企业的货币资金有多种货币的条件下，由于不同货币的币值有不同的未来走向，不同货币币值的走向便决定了相应货币的质量，此时，对企业拥有的各种货币进行汇率趋势分析，就可以确定企业持有的货币资金的质量。

【例2-1】甲企业财务报表附注中的货币资金构成情况的相关信息，如表2-6所示。

表2-6　甲企业货币资金构成分析表　　　　　　　　单位：千元

项　目	期末余额	期初余额
库存现金	307	441
银行存款	11 673 990	11 150 616
其他货币资金	975 786	1 901 038
合计	12 650 083	13 052 095
其中：因抵押、质押或冻结等对使用有限制的款项总额	975 786	1 901 038

注：银行活期存款按照银行活期存款利率取得利息收入。短期定期存款的存款期为3个月或6个月，依本集团的现金需求而定，并按照相应的银行定期存款利率取得利息收入。银行通知存款的存款期限为7天，依本集团的现金需求而定，并按相应的银行通知存款利率取得利息收入。

【思考】从货币资金数量和质量分析，我们可以得出什么结论？

企业的货币资金主要用于购买原材料、无形资产等经营性资产。从总体规模来看，企业的资金质量规模大幅增加；从融资方面来看，企业从债权人借入的款项有所下降，表明企业的货币资金比较充裕。但需要注意的是，从该公司的财务报表附注中可以得知，货币资金中包含的用于开具银行承兑汇票、信用证及银行借款的质押存款为5.32亿元，占货币资金总额的16.43%，这部分质押的保证金会影响公司实际偿付能力。

(二)"交易性金融资产"项目

交易性金融资产是企业持有的以公允价值计量且变动计入当期损益，为了近期内出售而持有的金融资产，是企业进行的短期投资，其流动性仅次于货币资金。如企业以赚取差价为目的，从二级市场购入的各种有价证券，包括股票、债券、基金等。企业进行交易性金融资产投资的目的，就是将一部分限制的货币资金转换为有价证券，从而获取高于同期银行存款利率的超额收益。因为存款利率低，贷款利率高，企业通过短期投资来弥补闲置资金的利息差；同时，又可以保持其高度的变现性，在企业急需资金时将其及时出售变现，满足企业资金周转的需要。

因此，交易性金融资产越多，企业的支付能力和财务适应能力就越强。

当然，如果交易性金融资产均属于风险较大的短期股票投资，则企业的支付能力会受到一定的影响。可参看本章表2-1甲股份有限公司资产负债表中的交易性金融资产科目。

（三）"应收票据"项目

应收票据是由付款人或收款人签发，由付款人承兑，到期无条件付款的一种书面凭证。应收票据按承兑人不同分为商业承兑汇票和银行承兑汇票，按其是否附息分为附息商业汇票和不附息商业汇票。商业汇票既可以依法背书转让，也可以向银行申请贴现。

在我国，应收票据是指企业持有的未到期或未兑现的商业票据，是一种载有一定付款日期、付款地点、付款金额和付款人的无条件支付的流通证券，也是一种可以由持票人自由转让给他人的债权凭证。根据我国现行法律的规定，商业汇票的付款期限不得超过6个月，符合条件的商业汇票的持票人，可以持未到期的商业汇票和贴现凭证向银行申请贴现。

我国的应收票据通常是指"商业汇票"，包括"银行承兑汇票"和"商业承兑汇票"两种。商业承兑汇票是付款人签发并承兑，或由收款人签发交由付款人承兑的汇票。银行承兑汇票是由在承兑银行开立存款账户的存款人出票，由承兑银行承兑的票据。在对应收票据进行分析时，主要关注以下两个方面：

1. 应收票据的规模、构成与企业的销售政策是否相符

看应收票据，一定得结合企业历史数据来看，不能只看当期数据。下面是企业应收票据可能出现的几种情况：

（1）企业应收票据数额少甚至为零，突然数量大增。

（2）企业有应收票据，银行承兑汇票占比高，商业承兑汇票占比低甚至为零。

（3）企业一直拥有大量的银行承兑汇票及商业承兑汇票。与前两种情况相反，这说明企业在下游的贸易环节中没有话语权，处于弱势地位；也可能是产品缺乏核心竞争力、销量低，从而在销售回款上做出了巨大让步。

（4）企业账上应收票据数额巨大，超过正常的经营规模。这种情况意味着企业专门在票据市场上通过买卖交易挣差价，我们需要考虑该企业的核心业务是不是做不下去了。如果一家主营白酒的企业天天不卖酒而是专门买卖票据，你觉得这靠谱吗？

2. 应收票据的变现性及财务风险

分析应收票据、强调其具有较强的变现性时，必须关注其可能给企业带来的财务风险。

我国《票据法》规定，票据贴现具有追索权，即如果票据承兑人到期不能兑付，背书人负有连带付款责任。企业已贴现的商业汇票是一种"或有负

债"，应列示于资产负债表的补充资料中；若已贴现的应收票据金额过大，也可能对企业的财务状况带来较大影响。因此，在分析该项目时，应结合会计报表附注中的相关披露信息，了解企业是否存在已贴现的商业汇票，据以判断其是否会影响企业未来的偿债能力。其次，对于到期的应收票据，因付款人无力支付或其他原因而发生拒付，企业要按应收票据的账面余额将其转入"应收账款"账户，从而将企业的商业债权由"有期"转为"无期"加以核算，这样一来，会在一定程度上影响该项目的变现性和周转性。

【例2-2】甲公司财务报表附注中应收票据的相关信息，如表2-7所示。

表2-7 甲公司应收票据分析表　　　　　　　　单位：元

项目	2011年	2010年	2011年占比（%）	2010年占比（%）	占比差异（%）
银行承兑汇票	1 535 326 631.09 0 0	1 390 054 521.25 0 0	100	99.9	0.001 0
商业承兑汇票		1 360 062.86 0 0	0	0.1	-0.001 0
合计	1 535 326 631.09 0 0	1 391 414 584.11 0 0	100	100	0.000 0

从表2-5中可以看出，银行承兑票据所占比重由2010年的99.9%上升到2011年的100%，表明甲公司采用了更加安全的银行承兑汇票结算方式。

(四)"应收账款"项目

应收账款是指企业在正常的经营过程中因赊销商品、产品、提供劳务等业务，应向购买单位收取的款项形成的商业债权，包括应由购买单位或接受劳务单位负担的税金、代购买方垫付的包装费及各种运杂费等。此外，在有销售折扣的情况下，还应考虑商业折扣和现金折扣等因素。

赊销实际上就是将企业产品转化为现金的时间跨度拉长，企业资金周转放慢，经营成本加大。由于时间跨度拉长，发生坏账的概率增大，企业不能收回账款的风险也就增大，时间越长，风险就越大。企业管理者唯有事先制定有效的保护措施，方能确保把失误和风险降至最低，这就要对客户的信用有一定的把握。所以，企业信用管理是企业销售部门向客户发放信用的唯一依据，客户信用评价差的，企业不应对其进行赊销。

对应收账款进行分析应重点关注以下几方面：

1. 企业的行业特点和经营方式

对大多数企业来说，销售商品和服务主要采取赊销和现销方式，债权规模与企业所处的行业和经营方式有直接联系。一般来说，商业行业的零售企业因相当一部分是现销业务，商业债权相对少；而工业企业大多采用赊销方式，商业债权相对多。在一定的赊账政策下，企业应收账款平均收账期越长，债权周转速度越慢,债权的变现性也就越差。应收账款周转率越高,说明企业收款速度越快,偿债能力越强。

2. 应收账款账龄分析

一般来说,企业应收账款规模越大,发生坏账的可能性就越大;应收账款规模越小,发生坏账的可能性就越小。企业应当定期对应收账款进行检查,并预计可能产生的坏账损失。对预计可能发生的坏账损失要计提坏账准备。在实务中,估计坏账损失有三种方法:应收账款余额百分比法,销货百分比法,账龄分析法。我国上市公司多采用账龄分析法。

账龄分析法,即按照应收账款账龄的长短,分别确定不同的比例来计算应提取的坏账准备。账龄分析法根据账龄的长短来估计坏账,比较符合实际情况。账龄是指债务人所欠账款超过结算期的时间。总的来说,拖欠时间越长,款项回收的可能性越小,应计提的坏账准备越大。一年期以内应收账款所占比重越大越好,三年以上应收账款比重越少越好。

【例2-3】甲公司对于传统燃油车的整车销售,通常要求客户以应收票据的形式提前支付款项。对于新能源车的整车销售,提供给主要客户的信用期通常为30天至360天,或为客户提供1至2年的分期付款方式。对于除上述产品以外的销售,应收账款信用期通常为30天,主要客户可以延长至90天;应收账款并不计息。甲公司坏账计提比例见表2-8和表2-9。

表2-8　20×9年甲公司新能源汽车坏账计提比例　　单位:千元

账　　龄	账面余额	坏账准备	计提比例
1年以内（含1年）	17 254 068	135 575	0.79%
1至2年（含2年）	9 256 734	102 520	1.11%
2至3年（含3年）	1 731 002	53 142	3.07%
3至4年（含4年）	688 214	64 830	9.42%
4至5年（含5年）	13 676	4 610	33.71%
5年以上	10 692	10 692	100.00%
合计	28 954 386	371 369	—

注:含新能源补贴款

表2-9　20×9年甲公司非新能源汽车坏账比例计提　　单位:千元

账　　龄	期末余额		
	账面余额	坏账准备	计提比例
一年以内（含一年）	15 088 521	69 093	0.46%
一年以上	424 993	193 200	45.46%
合计	15 513 514	262 293	—

表 2-10　20×9 年甲公司账龄分析表　　　　　　单位：千元

账　龄	期末余额	期初余额
1 年以内（含 1 年）	32 382 656	41 845 688
1 至 2 年	9 607 660	5 944 711
2 至 3 年	1 996 998	1 995 275
3 年以上	1 407 355	631 537
小计	45 394 669	50 417 211
减：应收账款坏账准备	1 460 874	1 133 677
合计	43 933 795	49 283 534

注：20×9 年计提坏账准备人民币 602 714 千元（20×8 年：人民币 535 541 千元），收回或转回坏账准备人民币 233 379 千元（20×8 年：人民币 128 380 千元）。

【思考】由该公司账龄结构占比以及坏账准备的计提比率，可以得出什么结论？

3. 应收账款债务人分析

对债务人进行分析，包括债务人的区域构成、所有者权益性质，及债务人的经营稳定程度和资金实力、信誉等，公司年报中通常会披露前五大债务人。不同行业的企业成长性差异可能很大，而处于同一行业内的企业往往在财务质量方面有较大的相似性。

（1）区域构成。不同地区的债权人，由于经济发展水平、法制建设条件以及特定的经济环境等方面的差异，对企业自身债务的偿还心态以及偿还能力有相当大的差异。

（2）所有者权益性质。从债务人的所有者权益性质来看，不同所有制的企业对其自身债务的偿还心态以及偿还能力也有较大的差异。

（3）债务人的稳定程度。债务人的偿债能力一般较好把握，同时要关注近期是否发生了财务困难。一般地，稳定的债务人过多，意味着企业的经营业务扩张有限；而临时性或不稳定的债务人虽然有可能是企业扩张其经营业务的结果，但其偿债能力一般较难把握。如表 2-11 所示。

表 2-11　20×9 年甲公司客户应收账款余额信息　　　　单位：千元

名　称	期末余额			
	账面余额	坏账准备	计提比例	计提理由
客户一	110 377	110 377	100.00%	预计无法收回
客户二	84 616	84 616	100.00%	预计无法收回
客户三	74 601	74 601	100.00%	预计无法收回
客户四	71 289	71 289	100.00%	客户已破产

续表

名称	期末余额			
	账面余额	坏账准备	计提比例	计提理由
客户五	47 452	47 452	100.00%	客户已破产
其他	538 434	438 877	81.51%	
合计	926 769	827 212	—	—

【思考】由该公司应收账款客户信息，可以得出什么结论？

（五）"预付账款"项目

预付账款是指企业按照购货合同的规定，预先以货币资金或货币等价物支付供应单位的款项。在日常核算中，预付账款按实际付出的金额入账，如预付的材料、商品采购货款、必须预先发放的在以后收回的农副产品预购定金等。对购货企业来说，预付账款是一项流动资产。预付账款一般包括预付的货款、预付的购货定金。施工企业的预付账款主要包括预付工程款、预付备料款等。

预付账款和应收账款都是企业的一项债权，二者的区别在于：应收账款是由销售或提供劳务所产生的债权，将来收回货币资金；而预付账款则是由购货所产生的债权，将来通过收回货物实现。

预付账款是一种特殊的流动资产。同别的流动资产不同，预付账款是外单位占用本企业的资金，因此，预付账款越少越好。如果某企业的预付账款较多，则可能是该企业向有关单位提供贷款、非法转移资金或抽逃资本的信号。

分析预付账款的账龄结构，需着重关注近三年的预付账款规模是否存在异常；要对预付账款单位未结算的原因进行分析。如表 2-12 所示。

表 2-12　20×9 年甲公司预付款项（按账龄）　　　单位：千元

账龄	期末余额		期初余额	
	金额	比例	金额	比例
1年以内	281 237	77.53%	296 377	82.60%
1至2年	25 035	6.90%	57 083	15.91%
2至3年	54 974	15.15%	4 274	1.19%
3年以上	1 515	0.42%	1 088	0.30%
合计	362 761	—	358 822	—

注：账龄超过1年且金额较多的预付款项未及时结算原因的说明：20×9 年 12 月 31 日，账龄超过一年的预付款主要是预付供应商未结算的款项。该公司近三年的预付账款请参看表 2-1。

(六)"其他应收款"项目

其他应收款是指企业除买入返售金融资产、应收票据、应收账款、预付账款、应收股利、应收利息、应收代位追偿款、应收分保账款、应收分保合同准备金、长期应收款等以外的其他各种应收及暂付款项,是由非购销活动所产生的应收债权。

1. 其他应收款的内容

其他应收款的主要内容包括应收的各种赔款、罚款,如因企业财产等遭受意外损失而向有关保险公司收取的赔款等;应收的出租包装物租金;应向职工收取的各种垫付款项,如为职工垫付的水电费、应由职工负担的医药费;备用金(向企业各职能科室、车间、个人周转使用等拨出的备用金);存出保证金(如租入包装物所支付的押金);预付账款转入;其他各种应收、暂付款项。

2. 其他应收款的分析要点

其他应收款仅仅是暂付款,一般期限较短。如果企业生产经营活动正常,其他应收款的数额不应该接近或大于应收账款;若其他应收账款数额过大,则属于不正常的现象,需要进一步分析、了解是否产生了一些不明原因的占用。

要通过报表附注仔细分析它的构成、内容、账龄和发生时间。特别是其中金额较大、时间较长的款项,要警惕企业利用该科目粉饰利润以及转移销售收入、偷逃税款等,也还是要注意分析判断是否存在操纵利润的情况。

【例 2-4】表 2-13 和表 2-14 分别列示了甲公司其他应收款的情况。

表 2-13 20×9 年甲公司其他应收款情况(按款项性质归集)

单位:千元

款项性质	期末账面余额	期初账面余额
保证金及押金	411 929	411 008
出口退税及税金	53 517	163 008
未发货预付款转入	94 616	143 174
员工借款	42 461	72 008
代扣代缴员工社保	90 313	92 461
政府补助	361 000	81 000
待摊费用	63 367	79 117
其他	539 481	112 365
减:坏账准备	95 490	143 763
合计	1 561 194	1 010 378

表 2-14　20×9 年甲公司期末余额前五名的其他应收款（按欠款方归集）

单位：千元

单位名称	款项的性质	期末余额	账龄	占其他应收款期末余额合计数的比例	坏账准备期末余额
其他应收款余额第一大客户	保证金及押金	274 975	一年以上	16.60%	275
其他应收款余额第二大客户	政府补助	200 000	一年以内	12.07%	
其他应收款余额第三大客户	其他	170 921	一年以内	10.32%	171
其他应收款余额第四大客户	政府补助	161 000	一年以内	9.72%	
其他应收款余额第五大客户	其他	146 143	一年以内	8.82%	
合计	—	953 039		57.53%	446

【思考】从以上两表及表 2-1，分析该公司其他应收账款。

3. 大股东利用其他应收款科目转移、侵占上市公司资金的方式

大股东占用上市公司大量资金，将上市公司作为"提款机"，所采用的方式主要有以下四种：

（1）大股东贷款，上市公司买单。大股东或其关联企业从银行贷款，让上市公司担保，最后大股东赖账由上市公司承担债务。这是比较传统的侵占资金方式，曾为很多上市公司的大股东采用，这就等于间接从上市公司套走一笔资产。

（2）假合作投资，真转移资产。这种方式多是以投资某一项目为名，上市公司与同属某大股东的一家控股子公司合资成立一家新公司，大股东的这家控股子公司在合资公司中占控股地位。而实际上，所谓的项目不过是幌子，大股东利用它在合资公司中的控制地位把上市公司的出资部分转移走，以侵占上市公司的资产。房地产类上市公司运用这种方式的比较普遍，多数是大股东出地，上市公司出现金，投资项目或真或假。

（3）自家人理财，肥水不外流。随着上市公司规模越来越大，闲置的资金会相应增加，上市公司进行委托理财、委托经营的越来越多，有的控股股东就打起了委托理财的主意。让上市公司把资产委托给予大股东有关联的金融企业或者干脆就委托给大股东经营，变相将上市公司的资产交到大股东手

里。这种做法比较隐蔽，审计师也只有从上市公司获得的承包费、经营费等名目中的蛛丝马迹追踪下去，才会发现问题；如果这类费用很小，则很容易被疏漏。

(4) 大股东打白条，直接"借款"。有的上市公司的控股股东干脆直接给上市公司打个招呼或者写张借条，直接划走一笔资金。这种方式一般存在于法人治理结构有严重问题的上市公司，随着我国对上市公司的监管越来越严格、规范，这类方式已不常用。

(七)"存货"项目

存货是指企业在正常生产经营活动中持有以备出售，或者为了出售而正处于生产过程中的各类物资，包括各类材料、库存商品、半成品、在产品（包括期末生产成本账户余额）和物料、包装物等。

1. 存货的计价方法分析

实际工作中是根据存货的成本流转假设来选择计价方法的。采用实际成本核算时，存货平时的收、发、存都以实际成本计价。购进时比较简便，直接按取得时的核算原则进行计价，但发出时要根据存货成本流转假设，选择不同的计价方法。实际成本法根据存货成本流转假设的不同，分为先进先出法、加权平均法、移动平均法、个别计价法。

日常生产经营活动中，企业取得与使用存货的频率是很高的。然而，由于取得存货的时间、方式等的不同，同一种存货的单位入账成本与经营有可能出现不同。发出存货时采用不同的计价方法，造成了当期成本费用与留存资产金额的不一致，从而为企业借助于不同计价方法来粉饰报表提供了可能。现行会计准则规定：企业所采用的会计方法一经选定，通常不得随意变更；确有必要变更时，应当说明变更的理由与变更的内容，以及变更对企业财务状况与以往经营成果的累积影响数额，其目的便是阻止企业利用不同处理方法的选择与变更而人为地调整报表信息。

2. 存货的构成及数量分析

与其他流动资产项目相比，存货的变现能力相对较弱。因而，存货过多将使存货在流动资产中所占的比重上升，流动资产总体的变现能力下降，从而影响企业的短期偿债能力。而且，存货过多将使企业的资金过多地占用在存货上，影响企业的资金周转。此外，存货过多会使存货的储存成本增加。但是，存货是企业生产经营的前提和条件，存货量不足就无法满足企业正常生产经营的需要，容易导致企业生产经营的中断，使企业失去获利的机会，影响企业的经济效益；而且，存货量过少，虽然可以减少存货的储存成本，但为了保证生产经营的需要，存货的订购次数就会增加，相应地，订购成本也会增加。

因此，作为企业的经营者，应当从生产经营的需要出发，采用科学的方法确定合理的存货水平。在这方面，经济订货批量模型将帮助企业经营者进行存货管理。经济订货批量的实质是实现最佳存货规模，即在保证企业生产需要的前提下，使存货总成本达到最低的订购数量。

经济批量法（EOQ，economic ordering quantity）被用来确定使存货的订货成本与储存成本之和最小时的订货量。采用经济批量法的前提条件：①在一定时期内已经确知某项存货的耗用量；②每次订货成本都作为固定成本保持不变；③单件存货的储存成本及单位时间的储存成本都固定不变；④存货能够得到及时的补充，不允许出现缺货情形；⑤存货价格稳定，不存在数量折扣。计算公式如下：

$$T = \sqrt{2SOC}$$

$$EOQ = \sqrt{\frac{2SO}{C}}$$

其中，T 为存货相关总成本（不包括购货进价成本），C 为单位存储成本，Q 为经济批量订货量，S 为年存货需求总量，O 为每次的订货成本。

保险储备与再订货点：

保险储备量 =（预计每天最大耗用量-平均每天正常耗用量）×交货时间

缺货损失 = 缺货数量×订货次数×缺货概率×单位缺货损失

订货点 = 平均每天正常耗用量×交货时间+保险储备量

【例 2-5】某企业存货购入的经济批量为 810 公斤，30 天订货一次，订货提前期确定为 10 天，平均每天正常耗用量为 27 公斤（810/30），如每天预计最大耗用量为 30 公斤，则其保险储备量和订货点是多少？

保险储备量 =（30-27）×10 = 30（公斤）

订货点 = 27×10+30 = 300（公斤）

3. 存货跌价准备分析

企业存货质量的恶化可通过一些外在的表现来判断。一般而言，这些迹象有以下几点：市价持续下跌，并且在可预见的未来无回升的希望；企业使用该项原材料生产的产品的成本大于产品的销售价格；企业因产品更新换代，原有的库存原材料已经不适应新产品的需要，而该原材料的市场价格又低于其账面成本；因企业所提供的产品或劳务过时或消费者偏好改变而使市场的需求发生变化，导致市场价格逐渐降低；存货已霉烂变质；存货已过期且无转让价值；现有存货在生产中已不再需要，并且已无实用价值和转让价值。

一旦出现以上迹象，企业应根据质量恶化的程度来计提存货跌价准备。会计准则规定，存货的期末计价采用成本与可变现净值孰低法，对于可变现净值低于成本的部分，应当计提存货跌价准备。存货跌价准备在质量方面的含义是反映企业对其存货贬值程度的认识水平和企业可接受的贬值水平。如表 2-15、表 2-16 所示。

表 2-15 20×9 年甲公司存货跌价准备　　　　　　　　　单位：千元

项目	期末余额			期初余额		
	账面余额	存货跌价准备或合同履约成本减值准备	账面价值	账面余额	存货跌价准备或合同履约成本减值准备	账面价值
原材料	3 680 536	188 135	3 492 401	5 027 358	192 884	4 834 474
在产品	11 019 562	36 781	10 982 781	11 869 061	121 580	11 747 481
库存商品	10 259 625	185 278	10 074 347	8 642 791	179 721	8 463 070
周转材料	1 063 304	41 269	1 022 035	1 318 267	32 947	1 285 320
合计	26 023 027	451 463	25 571 564	26 857 477	527 132	26 330 345

表 2-16 20×9 年甲公司存货跌价准备或合同履约成本减值准备

单位：千元

项目	期初余额	本期增加金额		本期减少金额		期末余额
		计提	其他	转回或转销	其他	
原材料	192 884	29 103		33 852		188 135
在产品	121 580	36 098		120 897		36 781
库存商品	179 721	69 900		64 343		185 278
周转材料	32 947	17 595		9 273		41 269
合计	527 132	152 696		228 365		451 463

说明：本期存货可变现净值的具体依据为以资产预计售价减去进一步加工成本和预计销售费用以及相关税费后的净值。本期转回或转销存货跌价准备的原因为产品价格回升或因产成品销售相应转销存货跌价准备。20×9 年 1~12 月，计入存货的资本化借款费用为人民币 86 473 千元（20×8 年 1~12 月：人民币 108 580 千元），本集团用于确定借款利息费用的资本化率为 6.39%（20×8 年：6.05%）

（八）"可供出售金融资产"项目

可供出售金融资产是指交易性金融资产和持有至到期投资以外的其他的债权证券和权益证券。企业购入可供出售金融资产的目的是获取利息、股利或市价增值。对于可供出售金融资产，也不会像对交易性金融资产那样积极管理。如果企业打算在一年内或超过一年的一个营业周期内卖出可供出售金融资产，那么就应该将这些可供出售金融资产归为短期投资；如果企业不打算在一年内或超过一年的一个营业周期内卖出可供出售金融资产，那么就应该将它们归为长期投资。

1. 可供出售金融资产的确认分析

可供出售金融资产的确认，与以公允价值计量且其变动计入当期损益的金融资产的确认有类似之处，但也有不同。具体而言：

（1）初始确认时，都应按公允价值计量，但对于可供出售金融资产，相关交易费用以初始入账金额确认；

（2）资产负债表日，都应按公允价值计量，但对于可供出售金融资产，公允价值变动不是计入当期损益，而通常应计入其他综合收益。

2. 可供出售金融资产减值分析

（1）可供出售金融资产发生减值时，即使该金融资产没有终止确认，原直接计入所有者权益中的因公允价值下降形成的累计损失应当予以转出，计入当期损益。该转出的累计损失，等于可供出售金融资产的初始取得成本扣除已收回本金和已摊余金额、当前公允价值和原已计入损益的减值损失后的余额。权益类资产可转回净资产，债权类资产可转回利润表。

在活跃市场中没有报价且其公允价值不能可靠计量的权益工具投资，发生减值时，应当将该权益工具投资或衍生金融资产的账面价值，与按照类似金融资产当时市场收益率对未来现金流量折现确定的现值之间的差额，确认为减值损失，计入当期损益。与该权益工具挂钩并须通过交付该权益工具结算的衍生金融资产发生减值的，也应当采用类似的方法确认减值损失。

（2）对于已确认减值损失的可供出售债务工具，在随后的会计期间公允价值已上升且客观上与确认原减值损失确认后发生的事项有关的，原确认的减值损失应当予以转回，计入当期损益。

（3）可供出售权益工具投资发生的减值损失，不得通过损益转回。另外，在活跃市场中没有报价且其公允价值不能可靠计量的权益工具投资，或与该权益工具挂钩并须通过交付该权益工具结算的衍生金融资产发生的减值损失，不得转回。

可供出售金融资产以股票、债券等资产形态存在的，资产收益率受到资产市场价值波动的直接作用，通过对历史收益率的分析和对企业现有投资资产存量的测度，可以大致估计企业投资收益。企业可通过重分类为持有到期投资来调节利润。

其风险主要来自两个方面：一是投资品种的价格波动的风险，二是因委托投资等方式将资金交由其他机构操作而产生的信用风险。不管是哪种风险，只要其有可能转化为现实的损失，就应当计提短期投资减值准备。

（九）"持有至到期投资"项目

持有至到期投资是指到期日固定、回收金额固定或可确定，且企业有明确意图和能力持有至到期的非衍生金融资产，包括企业持有的在活跃市场上有公开报价的国债、企业债券以及金融债券等各类债券。

持有至到期投资采用摊余成本计量，其中的实际利率用贴现利率计算。

这一项是把每年的利息算在内，再加上把实际买入的价格与面额的差值所得的利润分摊到每一年，计入资产负债表"持有至到期投资"账面价值的是摊余成本余额。

持有至到期投资可重分为：①"可供出售金融资产"；②减值准备，计入利润表"资产减值损失"科目。企业可通过大额减值准备将之前虚增的利润和收入消去，通过计提或转回减值准备调节当期利润。一些企业有可能处于粉饰业绩的目的，通过少提或多提减值准备的方式来达到虚增或虚减持有至到期投资账面价值和利润的目的。尤其是，按照我国现行会计准则的规定，大部分长期资产，如固定资产、无形资产、长期股权投资以及采用成本模式计量的投资性房地产所计提的资产减值准备一经计提不得再冲回，而对持有至到期投资、贷款和应收账款等金融资产，计提减值准备后如有客观证据表明该项目价值有所回升，且客观上与确认该损失后的事项有关（如债务人的信用评级已提高）的，原计提的减值准备允许予以冲回，所以要警惕企业通过该项目操纵利润的情况发生。

（十）"长期股权投资"项目

长期股权投资是指通过投资取得被投资单位的股份，长期持有，不准备随时出售的股份。企业对其他单位的股权投资通常视为长期持有，以及通过股权投资达到共同控制被投资单位，或对被投资单位施加重大影响，或为了与被投资单位建立密切关系，以分散经营风险，并且活跃没有报价、公允价值不能可靠计量的权益性投资市场。资产负债表中"长期股权投资"反映了企业期末所持有该项股权投资的账面价值。

与短期投资和长期债权投资不同，长期股权投资的首要目的并非为了获取近期的投资收益，而是为了强化与其他企业（如本企业的原材料供应商或商品经销商等）的商业纽带，或者是为了影响甚至控制其关联公司的重大经营决策和财务政策。股权代表一种终极的所有权，体现所有者对企业的经营管理和收益分配投票表决的权利。通过进行长期股权投资获得其他企业的股权，投资企业能参与被投资企业的重大经营决策，从而影响、控制或迫使被投资企业采取有利于投资企业利益的经营方针和利润分配方案。同时，长期股权投资还是实现多元化经营、减少行业系统风险的一种有效途径。

1. 长期股权投资计量方法分析

长期股权投资计量方法有成本法和权益法。若按成本法计量，则持股对象的分红会影响公司利润；若按权益法计量，则持股对象的经营盈亏会影响公司利润。

（1）成本法适用范围为：投资方能对被投资单位实施控制的长期股权投资；投资方对被投资单位不具有控制、共同控制、重大影响，而且在活跃市场中没有报价、公允价值无法可靠计量的长期股权投资。采用成本法时，除了追加或收回投资外，长期股权投资的账面价值一般保持不变。投资方在被投资单位实现净利润时不做账务处理，被投资单位宣告分派的利润或现金股利则确认为当期投资收益。

运用成本法计量时应该注意：

第一，成本法下，长期股权投资账户停留在初始或追加投资时的投资成本上，不能反映投资企业在被投资单位中的权益；

第二，当投资企业能够控制被投资单位，或对被投资单位施加重大影响的情况下，投资企业能够支配被投资单位的利润分配政策，或能对被投资单位的利润分配政策施加重大影响；投资企业可以凭借其控制和影响力操纵被投资单位的利润或股利的分配，为操纵利润提供了条件，此时其投资收益不能真正反映应当获得的投资收益。

（2）权益法核算范围为投资方对被投资单位有共同控制的长期股权投资，即：投资方对合营企业的长期股权投资；对被投资单位有重大影响，占股权20%~50%的长期股权投资，即投资方对联营企业的长期股权投资。

采用权益法时，投资单位要将成本和所享份额（按持股比例享有被投资单位所有者权益公允价值的份额）进行比较，如果前者大于后者，则不调整初始账面价值；反之，应按照享有或分担的被投资单位当年实现的净利润或净亏损的份额调整投资的账面价值，并确认为当期的投资损益，会计核算比较复杂。

运用权益法计量时应该注意：

第一，与法律意义上的企业法人的概念相悖。投资企业与被投资单位虽然从经济利益上看是一个整体，但从法律意义上看，仍然是两个分别独立的法人实体。被投资单位实现的利润不可能成为投资企业的利润，被投资单位发生的亏损也不可能形成被投资企业的亏损。投资企业在被投资单位分派利润或现金股利前，是不可能分回利润或现金股利的。

第二，在权益法下，投资收益的实现与现金流入的时间不吻合，即确认投资收益在先，实际获得利润或现金股利在后。

2. 长期股权投资价值分析

就长期股权投资所运用的资产种类而言，企业既可以货币资金对外投资、以表内非货币资源对外投资，还可以表外的无形资产对外投资。

在企业以货币资金对外投资的情况下，由于货币资金具有投资方向不受限制的特点，企业因此而形成的对外投资在方向上应该具有选择性强的特点，因而此类投资可以对投资方向的多元化形成直接贡献；在企业以表内的非货币资源对外投资的情况下，企业有可能是在实施资产重组战略，但其投资方向受原有资产结构和质量影响较大，在投资结构上可能与企业的原有经营活动联系较为紧密；在企业以表外的无形资产对外投资的情况下，这种投资的安排应该被认为是企业表外资源价值实现的一种方式。

(十一)"投资性房地产"项目

投资性房地产是指为赚取租金或资本增值（房地产买卖的差价），或两者兼有而持有的房地产。投资性房地产应当能够单独计量和出售。投资性房地产主要包括已出租的土地使用权、持有并准备增值后转让的土地使用权和已出租的建筑物。

1. 投资性房地产分类分析

投资性房地产是现行会计准则颁布实施后资产负债表中新增加的一个项目，对该项目的分析首先应注意企业对投资性房地产的分类是否恰当，即企业是否将投资性房地产与固定资产、无形资产做了正确的区分。

以下各项不属于投资性房地产：自用房地产，即为生产商品、提供劳务或者经营管理而持有的房地产；作为存货的房地产。投资性房地产属于正常经营性活动，形成的租金收入或转让增值收益确认为企业的主营业务收入，但对于大部分企业而言，是与经营性活动相关的其他经营活动。

2. 投资性房地产的计量方式分析

投资性房地产应当按照成本进行初始确认和计量。在对投资性房地产进行后续计量时，通常应当采用成本模式。企业只有存在确凿证据表明其公允价值能够持续可靠取得的，才允许采用公允价值计量模式。同一企业只能采用一种模式对所有投资性房地产进行后续计量，不得同时采用两种计量模式。

采用公允价值模式计量的，应当同时满足下列条件：

（1）投资性房地产所在地有活跃的房地产交易市场；

（2）企业能够从房地产交易市场上取得同类或类似房地产的市场价格及其他相关信息，从而对投资性房地产的公允价值给出合理的估计。

可以看出，对于大多数投资性房地产而言，若想采用公允价值计量模式，并非难事。而采取公允价值模式，其投资性房地产不计提折旧或进行摊销，以会计期末公允价值为基础调整其账面价值，公允价值与账面价值之间的差额计入当期损益。现行会计准则也规定，企业对投资性房地产的计量模式一经确定，不得随意更改。成本模式转为公允价值模式的，应当作为会计政策变更处理。已采用公允价值模式计量的投资性房地产，不得从公允价值模式转为成本模式。

(十二)"固定资产"项目

固定资产是指使用期限较长，单位价值较高，并且在使用过程中保持原有实物形态的资产。固定资产具有以下基本特点：使用期限超过一年，且在使用过程中保持原来物质形态不变；投资数额大，使用寿命有限，变现性较差；

目的是用于生产而不是为了出售。对固定资产项目的分析主要关注以下方面：

1. 固定资产的结构分析

固定资产结构分析是指各类固定资产的价值在固定资产总额中所占比重分析。其计算公式为：

$$某类固定资产所占比重 = \frac{某类固定资产价值}{固定资产总额} \times 100\%$$

固定资产按经济用途和使用情况可分为生产用固定资产、非生产用固定资产、未使用固定资产和不需用固定资产等。在各类固定资产中，生产用固定资产，特别是其中的生产设备，同企业生产经营直接相关，在全部资产中应占较大比重。非生产用固定资产应在发展生产的基础上，根据实际需要适当增加，但其增长速度一般不应超过生产用固定资产的增长速度。若未使用固定资产和不需使用固定资产对固定资产的有效使用是不利的，应该查明原因，采取措施积极处理。

对生产用固定资产、非生产用固定资产以及闲置固定资产的披露，可以了解企业固定资产使用方面的情况。正常情况下，非生产用固定资产的增速应该不超过生产用固定资产的增速。应引起重视的是，现在不少企业的非生产性固定资产投资过大，如盖高档办公楼、买高档汽车等，这是造成固定资产利用率低的重要原因。同时，固定资产应及时维护、保养和更新，对技术性能落后、消耗高、效益低的固定资产，要下决心处理，引进技术水平高、生产能力强、生产质量高的固定资产，并且要加强对固定资产的维护保管。

2. 固定资产减值准备分析

当固定资产的可收回金额低于其账面价值时，企业可以按照可回收金额低于其账面价值的差额计提资产减值准备，因此，在对企业固定资产的变现性进行分析时，还可以根据企业固定资产减值准备的计提情况对企业固定资产整体的变现性做出初步判断。在此基础上，再结合会计报表附注中有关项目构成的说明展开进一步分析。下面以甲公司为例。20×9 年甲公司固定资产情况如表 2-17 所示。

表 2-17 20×9 年甲公司固定资产情况 单位：千元

项目	房屋及建筑物	机器设备	运输工具	办公及其他设备	合计
一、账面原值					
1. 期初余额	19 492 268	49 491 593	1 380 404	7 198 099	77 562 364
2. 本期增加金额					
（1）购置	134 698	6 105 749	567 450	2 115 491	8 923 388
（2）在建工程转入	1 564 096	3 448 741	211	356 188	5 369 236

续表

项　　目	房屋及建筑物	机器设备	运输工具	办公及其他设备	合计
（3）企业合并增加					
3. 本期减少金额					
（1）处置或报废	-6 093	-1 728 471	-259 170	-250 543	-2 244 277
（2）转入投资性房地产	-9 947				-9 947
（3）外币报表折算差额	2 218	-2 744	1 534	662	1 670
4. 期末余额	21 177 240	57 314 868	1 690 429	9 419 897	89 602 434
二、累计折旧					
1. 期初余额	3 180 340	25 793 829	513 465	3 786 353	33 273 987
2. 本期增加金额					
（1）计提	609 167	5 999 659	291 595	1 203 894	8 104 315
3. 本期减少金额					
（1）处置或报废	-4 544	-1 481 530	-112 789	-227 837	-1 826 700
（2）转入投资性房地产	-615				-615
（3）外币报表折算差额	-510	-1 081	418	108	-1 065
4. 期末余额	3 783 838	30 310 877	692 689	4 762 518	39 549 922
三、减值准备					
1. 期初余额	42 353	567 394			609 747
2. 本期增加金额					
（1）计提					
3. 本期减少金额					
（1）处置或报废					
（2）转销		-595			-595
4. 期末余额	42 353	566 799			609 152
四、账面价值					
1. 期末账面价值	17 351 049	26 437 192	997 740	4 657 379	49 443 360
2. 期初账面价值	16 269 575	23 130 370	866 939	3 411 746	43 678 630

其他说明：甲公司于20×9年12月31日，以账面净值为人民币209 019千元（20×8年12月31日：人民币220 370千元）的土地及房屋建筑物、人民币2 088千元（20×8年12月31日：无）的运输工具作为抵押，取得长期借款人民币132 102千元（20×8年12月31日：人民币143 018千元），其中

一年内到期的长期借款人民币7 091千元（20×8年12月31日：人民币8 179千元），本年没有以在建工程（20×8年12月31日：人民币4 754千元）作为抵押取得的长期借款。

甲公司与第三方金融机构陆续签订售后回租协议，租赁期为3~5年。其按照实质重于形式原则判断该交易实质为出租方（金融机构）以租赁物作为抵押品向承租方（甲公司）提供借款。在此种交易情况下，甲公司将标的资产（出租物）的名义售价作为长期借款处理，标的资产（出租物）仍按照原账面价值入账，甲公司于2009年偿还借款人民币927 349千元，截至20×9年12月31日，该事项已清偿完毕。

（十三）"在建工程"项目

在建工程是指企业尚未完工交付使用的，正处于安装、新建、改扩建，或转入大修理及更新改造过程中的各项工程的账面价值。在我国，企业资产负债表中的在建工程项目，反映企业期末各项未完工工程的实际支出和尚未使用的工程物资的实际成本，反映企业固定资产新建、改扩建、更新改造、大修理等情况和规模。资产负债表的"在建工程"金额包括了交付安装的设备价值，未完工建筑安装工程已经耗用的材料、工资和费用支出、预付出包工程的价款、已经建筑安装完毕但尚未交付使用的建筑安装工程成本、尚未使用的工程物资的实际成本等。在建工程本质上是正在形成中的固定资产，它是企业固定资产的一种特殊表现形式。在建工程占用的资金属于长期资金，但是投入前属于流动资金。如果工程管理出现问题，会使大量的流动资产沉淀，甚至造成企业流动资金周转困难。因此，分析该项目时，应深入了解工程的工期长短，及时发现存在的问题。此外，还应重点关注企业的有关借款费用资本化问题。

对在建工程的分析，主要关注其结构方面的变动。上市公司一般要在其年报附注中披露在建工程中所包括的项目的名称、预计投资金额已投入金额以及完工进度等信息。我们对这些信息进行分析后，结合投资项目的行业特点和市场前景，可以初步判断在建工程的未来盈利潜力，也可以洞察企业在资源配置战略方面所采取的举措和做出的调整。一般来说，如果在建工程能够顺利完工并投入运营，通常会给企业带来增量收入和增量利润。然而，有些上市公司会在募集资金到位后变更用途，如转变为委托理财进行短期投资炒作，因此，在分析在建工程时，尤其要关注是不是按照募集资金之初设定的用途来安排使用。

在建工程是个"中转站"，通过消耗"工程物资"来创造固定资产，一旦建设完成，就应该转入固定资产，与固定资产不同的是不需要计提折旧。分析时要关注：

（1）长期挂账不结转固定资产，避免转成固定资产的折旧，美化利润；融资利息可资本化计入在建工程成本，减少当期财务费用；虚构采购流出资金，再以收入的形式流入，从而增加当期利润。

（2）在建工程减值准备不可转回，防止企业通过调节减值准备来调节当期利润。

例如，甲公司在建工程明细和变动情况，如表2-18和表2-19所示。

表2-18　20×9年甲公司在建工程明细表　　　单位：千元

项目	期末余额			期初余额		
	账面余额	减值准备	账面价值	账面余额	减值准备	账面价值
华南工业园	2 281 013		2 281 013	3 087 360		3 087 360
西北工业园	2 397 662		2 397 662	1 499 108		1 499 108
华中工业园	270 413		270 413	274 592		274 592
华东工业园	114 507		114 507	81 257		81 257
东北工业园	12 434		12 434	65 127		65 127
其他工业园	645 047		645 047	631 366		631 366
合计	5 721 076		5 721 076	5 638 810		5 638 810

注：以上工程项目均由若干相关的分项目组成

甲公司于20×9年12月31日，以账面净值为人民币209 019千元（20×8年12月31日：人民币220 370千元）的土地及房屋建筑物，人民币2 088千元（20×8年12月31日：无）的运输工具作为抵押，取得长期借款人民币132 102千元（20×8年12月31日：人民币143 018千元），其中一年内到期的长期借款人民币7 091千元（20×8年12月31日：人民币8 179千元），本年没有以在建工程（20×8年12月31日：人民币4 754千元）作为抵押取得的长期借款。

（十四）"无形资产"项目

无形资产是企业拥有或控制的没有实物形态的可辨认非货币资产，包括土地使用权、专利、商标等。其特点有：①持有目的是使用而不是出售，它所提供的未来经济效益具有高度不确定性。它会随着新产品、新技术的出现而立即失去或部分失去其价值。②能在较长的时期内使企业获得经济效益。③不存在实物形态，但并不是所有无实物形态的资产，如应收账款、长期投资等都是无形资产。④是企业有偿取得的。只有花费了支出的无形资产，才能作为无形资产，否则不能作为无形资产入账。⑤无形资产不能离开有形资产而独立存在。

表2-19 20×9年甲公司在建工程本期变动明细

单位：千元

项目名称	预算数	期初余额	本期增加金额	本期转入固定资产金额	本期其他减少金额	期末余额	工程累计投入占预算比例	工程进度	利息资本化累计金额	本期利息资本化金额	本期利息资本化率	资金来源
华南工业园	8 112 276	3 087 360	2 573 852	-3 379 561	-638	2 281 013	73.00%	建设中	13 745	12 483	5.73%	金融机构贷款
华中工业园	1 105 658	274 592	273 547	-277 726		270 413	63.00%	建设中	3 850			金融机构贷款
西北工业园	5 602 878	1 499 108	1 996 905	-1 098 351		2 397 662	63.00%	建设中	37 077	52 415	4.92%	金融机构贷款
华东工业园	527 373	81 257	133 322	-100 072		114 507	41.00%	建设中				其他
东北工业园	87 929	65 127	2 597	-55 290		12 434	77.00%	建设中				其他
其他工业园	1 834 529	631 366	471 917	-458 236		645 047	60.00%	建设中				其他
合计	17 270 643	5 638 810	5 452 140	-5 369 236	-638	5 721 076	—	—	54 672	64 898	—	—

注：资金来源，一般包括募股资金、金融机构贷款和其他来源等。利息资本化累计金额是指年末在建工程余额中截至资产负债表日该项目累计发生的符合资本化条件的借款利息合计。

无形资产尽管没有实物形态，但随着科技进步特别是知识经济时代的到来，无形资产对企业生产经营活动的影响越来越大。在知识经济时代，企业控制的无形资产越多，其可持续发展能力和竞争能力就越强。因此企业应重视培育无形资产。

1. 无形资产价值分析

在资产负债表中，无形资产项目披露的金额仅是企业外购的无形资产。对于自创的无形资产，在账上只确认金额极小的注册费、聘请律师费等费用作为无形资产的实际成本，大量在研究与开发过程中发生的材料费用、直接参与开发人员的工资及福利费，以及开发过程中发生的租金、借款费用等，均直接计入当期损益。也就是说，在资产负债表上所反映的无形资产的价值有偏颇之处，无法真实反映企业所拥有的全部无形资产的价值。因此，在对无形资产项目进行分析时，要详细阅读报表附注及其他有助于了解企业无形资产来源、性质等情况的说明。

2. 无形资产质量分析

在许多情况下，无形资产质量恶化是可以通过某些迹象来判断的。具体包括：某项无形资产已被其他新技术所替代，使其为企业创造经济利益的能力受到重大不利影响；某项无形资产的市价在当期大幅度下跌，并在剩余摊销年限内不会恢复；其他足以证明某项无形资产实质上已经发生了减值的情形。

3. 无形资产摊销的分析

无形资产摊销金额的计算正确与否，会影响无形资产账面价值的真实性。因此，在分析无形资产时，应仔细审核无形资产摊销是否符合会计制度的有关规定。此外，在分析时还应注意企业是否有利用无形资产摊销调整利润的行为。

4. 无形资产计提减值准备分析

在分析无形资产时，应注意分析企业是否按照企业会计制度规定计提了无形资产减值准备以及计提的合理性。如果企业应该计提无形资产减值准备而没有计提或者少计提，不仅会导致无形资产账面价值的虚增，而且会虚增当期的利润总额。一些企业往往通过少提或不提无形资产减值准备来达到虚增无形资产账面价值和利润的目的。示例见表2-20。

表 2-20　20×9 甲公司无形资产明细表　　　　　单位：千元

项　目	土地使用权	工业产权及专有技术	非专利技术	合　计
一、账面原值				
1. 期初余额	7 432 835	11 246 282	732 906	19 412 023
2. 本期增加金额	797 080	2 430 943	145 946	3 373 969

续表

项　目	土地使用权	工业产权及专有技术	非专利技术	合　计
（1）购置	797 080	2 474	145 946	945 500
（2）内部研发		2 428 469		2 428 469
（3）企业合并增加				
3. 本期减少金额	−561 071	−78 512	−24 959	−664 542
（1）处置	−561 085	−78 512	−25 034	−664 631
（2）外币报表折算差额	14		75	89
4. 期末余额	7 668 844	13 598 713	853 893	22 121 450
二、累计摊销				
1. 期初余额	1 006 441	6 461 133	425 232	7 892 806
2. 本期增加金额	155 123	1 204 808	117 017	1 476 948
（1）计提	155 123	1 204 808	117 017	1 476 948
3. 本期减少金额	−3 243	−78 512	−22 245	−104 000
（1）处置	−3 371	−78 512	−22 313	−104 196
（2）外币报表折算差额	128		68	196
4. 期末余额	1 158 321	7 587 429	520 004	9 265 754
三、减值准备				
1. 期初余额		205 388		205 388
2. 本期增加金额				
（1）计提				
3. 本期减少金额				
（1）处置				
4. 期末余额		205 388		205 388
四、账面价值				
1. 期末账面价值	6 510 523	5 805 896	333 889	12 650 308
2. 期初账面价值	6 426 394	4 579 761	307 674	11 313 829

注：甲公司于20×9年12月31日，通过内部研发形成的无形资产占无形资产期末账面价值的比例为45.90%（20×8年12月31日：40.48%）。

（十五）"商誉"项目

商誉是指能在未来期间为企业经营带来超额利润的潜在经济价值，或一家企业预期的获利能力超过可辨认资产正常获利能力（如社会平均投资回报率)的资本化价值。商誉是企业整体价值的组成部分。在企业合并时,它是购买企业投资成本超过被并购企业净资产公允价值的差额,是收购方给予估值溢价而产生的会计项目,即"在非同一控制下的企业合并时,合并成本大于标的公司可辨认净资产公允价值的差额"。

1. 商誉价值分析

商誉可以概括为一种协同价值、一种好感价值,具有以下特点:①商誉只有在企业并购时才会发生;②商誉不能脱离具体的企业独自存在;③商誉是指企业由于各种原因,在用户中享有较高信誉而形成的高于同行业一般水平的获利能力。

当并购一家公司时,目标公司的商誉大小取决于它在未来能否给并购公司带来收益,或者在未来卖出的时候,卖出价格是否高于现在收购它所花的成本。如果可以,就有商誉价值;如果不行,就没有商誉价值可言。

商誉的示例见表2-21。

表2-21　20×9年甲公司商誉原值明细表　　　　单位:千元

被投资单位名称或形成商誉的事项	期初余额	本期增加	本期减少	期末余额
		企业合并形成的商誉	处置	
甲汽车有限公司	63 399			63 399
甲公司电动大巴 & 卡车(匈牙利)有限公司	4 875			4 875
A模具公司	7 311			7 311
合计	75 585			75 585

2. 商誉减值分析

在实际操作中,很多并购标的和原股东都会提供业绩承诺,以提高并购方案的审核通过率。但往往口头的承诺与现实有差距,一旦业绩承诺到期、许诺落空,上市公司常需要对商誉进行减值测试,如商誉减值损失得以确认,损失直接影响盈利,且在以后会计期间不予转回。

在企业进行收购和兼并时,收购金额一般并不会与公允价值相同,而超出的部分就是相对于公允价值的溢价,这部分溢价由收购后的超额收益进行填补。若企业并购后无法按照承诺产生超额收益,那么商誉也会相对降低,而这种下降由于不可逆,就会对于收益产生负面的影响。

多数普通投资者喜欢炒作并购重组。并购能够给企业预期收益带来更高的预期,但同时也是存在风险的,如果溢价部分过高,将会为预期收益埋下地雷,但凡市场预期低于承诺预期,商誉的下降就会导致资产减少,且影响当期的利润，而很多重组只是为了蹭热度，并没有考虑企业长期的发展，这样就会存在很大的隐患。考察企业基本面时见到商誉，一定要仔细研究。根据相应的会计条款，商誉在每年底都要进行减值测试，看是否能分摊到相关的资产组或资产组合，如果资产出现减值迹象，那么商誉也会相应减值，商誉的减值就会相应影响资产总量，就会造成收益下降，因而导致股价下跌。

表 2-22 是商誉减值的示例。

表 2-22　20×9 年甲公司商誉减值明细表　　　　单位：千元

被投资单位名称或 形成商誉的事项	期初余额	本期增加	本期减少	期末余额
		计提	处置	
甲公司电动大巴 & 卡车（匈牙利）有限公司	4 875			4 875
甲公司汽车有限公司	4 796			4 796
合计	9 671			9 671

注：企业合并取得的商誉已经分配至下列资产组以进行减值测试：汽车及相关产品主要由收购公司构成，与购买日所确定的资产组组合一致。对甲公司汽车有限公司、甲公司电动大巴 & 卡车（匈牙利）有限公司、A 模具公司收购的协同效应受益对象是整个汽车及相关产品分部，且难以分摊至各资产组，所以将商誉分摊至汽车及相关产品资产组。汽车及相关产品资产组商誉的账面金额为人民币 65 914 千元。可回收金额采用资产组组合的预计未来现金流量的现值，根据管理层批准的 5 年期的财务预算基础上的现金流量预测来确定。该期间内现金流量的增长率均为 3%。现金流量预测所用的折现率是 13%（20×8 年：13%），用于推断 5 年以后的汽车及相关产品的现金流量的增长率是 3%（20×8 年：3%）。该增长率低于汽车行业长期平均增长率

（十六）"长期待摊费用"项目

长期待摊费用是账户用于核算企业已经支出，但摊销期限在 1 年以上（不含 1 年）的各项费用，包括固定资产修理支出、租入固定资产的改良支出以及摊销期限在 1 年以上的其他待摊费用。

长期待摊费用本质上是一种费用，但实务中并不能为企业直接使用，对于企业而言，这类资产越少越好，占资产比重越低越好。如果一个企业长期待摊费用占资产总额的比重高，说明企业的资产总价值比资产负债表上所反映的数字要小得多。实务中，一些企业根据自身需要，将长期待摊费用科目作为利润的调节器。在当期利润不足的情况下，将部门本应当期承担的费用资本化为长期待摊费用，或将长期待摊费用挂账而延期摊销；而在当期利润较为富裕的情况下，又会采用以丰补歉的做法，加大长期待摊费用的摊销力度，为今后经营业绩的保持奠定基础。

应注重长期待摊费用数量规模的分析。分析待摊费用数量是否有零的情况，这种情况在新上市公司中比较常见，而在其他小规模的公司中也会出现，

之所以这样做，要么因为资金比较充足，要么是因为经济效益良好，企图通过加快长期待摊费用的摊销速度以丰补歉，为以后经营业绩的提高奠定基础，虽然这样做有一定的稳健性，但不符合现行会计制度规定，而且会导致本期利润大幅降低。

一般来说，只要企业本期内没有大规模装修项目、完成技改项目、对租入资产进行改造、委托其他单位发行股票等情形发生，资产负债表中长期待摊费用规模应当呈减少趋势。如果企业长期待摊费用规模增加幅度较大，此时应注意会计报表附注中关于长期待摊费用确认标准和摊销的会计政策，重点检查会计报表附注中的各类长期待摊费用项目的明细表，核查每个项目产生以及摊销的合理性；同时，要特别注意本年度增加较多和未正常摊销的项目，如发现有利润操纵行为，应当加以调整。

甲公司 20×9 年长期待摊费用明细见表 2-23。

表 2-23　20×9 年甲公司长期待摊费用明细表　　　　单位：千元

项　　目	期初余额	本期增加金额	本期摊销金额	其他减少金额	期末余额
经营租赁固定资产改良支出	167 142	25 898	42 508	18 959	131 573
合计	167 142	25 898	42 508	18 959	131 573

二、负债项目分析

负债是指企业由于过去的交易或事项所形成的现时义务，履行这一义务预期会导致企业经济利益的流出。负债在报表中一般按照其偿还期限划分为流动负债与非流动负债。

流动负债是指企业需要在一年或超过一年的一个营业周期内偿付的债务，如短期借款、交易性金融负债、应付票据、应付账款、预收账款、应付职工薪酬、应交税费、应付利息、应付股利、其他应付款等。企业所承担的流动负债以外的债务归类为非流动负债，主要包括长期借款、应付债券、长期应付款等。由于这些债务无须在下一年或下一个经营周期等较短的时期内全额偿还，因此一般成为企业长期资金来源的一个重要组成部分。

（一）"短期借款"项目

短期借款是为了满足日常生产经营的短期需要而举借的，其利息费用作为企业的财务费用计入当期损益。短期借款包括短期流动资金借款、结算借款、票据贴现借款以及企业借入的在一年或长于一年的一个经营周期内的新产品试制借款、引进和技术借款、进口原材料短期外汇借款等。

短期借款分析应注意以下几点。

1. 与流动资产规模相适应

从财务角度观察，短期借款筹资快捷、弹性较大，任何一个企业在生产经营中都会或多或少发生短期借款。但短期借款必须与当期流动资产，尤其是存货项目相适应。一般而言，短期借款金额应当小于流动资产的金额。短期借款的规模也可能受到企业经营的季节性影响，比如：当季节性或临时性需要产生时，企业就可能通过短期借款来满足其资金需要；当这种季节性或临时性需要消除时，企业就会偿还这部分短期借款，从而造成短期借款的变动。

2. 与企业当期收益相适应

短期借款绝对数的高低并不代表企业营运状况的好坏，关键是企业的产出是否大于投入，即运营效率是否高于借款利率，对此，可利用财务杠杆进行分析。

短期借款示例见表 2-24。

表 2-24　20×9 年甲公司短期借款明细表　　　　单位：千元

项　　目	期末余额	期初余额
信用借款	40 332 365	37 788 977
合计	40 332 365	37 788 977

短期借款分类的说明：至 20×9 年 12 月 31 日，上述借款年利率为 1.48%~4.79%（20×8 年 12 月 31 日：0.99%~5.66%）。在 20×9 年 12 月 31 日及 20×8 年 12 月 31 日，甲公司无已到期但尚未偿还的短期借款。

（二）"交易性金融负债"项目

交易性负债指企业为了在近期内出售或回购而持有的，以及采用（对方）短期获利方式进行投融资管理的，或指定以公允价值计量且其变动计入当期损益的金融负债，如应付短期融资券。

符合以下条件之一的金融负债，企业应当划分为交易性金融负债：承担金融负债的目的，主要是为了近期内出售或回购；金融负债是企业采用短期获利模式进行管理的金融工具投资组合中的一部分；属于衍生金融工具。

企业公允价值能够可靠计量的金融负债，符合以下条件之一的，可以在初始确认时将其直接指定为交易性金融负债：该指定可以消除或明显减少该金融负债在计量方面存在较大不一致的情况；企业风险管理或投资策略的书面文件已载明，该金融负债以公允价值为基础进行管理和评价并向关键管理人员报告。

这类债务的报表数据反映的是截至资产负债表日企业承担的该项债务基于市场价格基础上确认的公允价值。至于该项债务的利息费用以及公允价值变动的部分，按照规定都计入当期损益之中了。在实务操作中，绝大部分企业习惯于将短期融资归类于"短期借款""短期应付债券""应付票据"等项目并按照实际成本法进行核算。

(三)"应付票据"项目

应付票据是指由出票人出票，并由承兑人允诺在一定时期内支付一定款项的书面证明。在我国，应付票据是在商品购销活动中由于采用商业汇票结算方式而发生的。商业汇票分为银行承兑商业汇票和商业承兑商业汇票。

应付票据是企业在商品购销活动和对工程价款进行结算时采用商业汇票结算方式而发生的，由出票人出票，委托付款人在指定日期无条件支付确定的金额给收款人或者票据的持票人，它包括商业承兑汇票和银行承兑汇票。在我国，商业汇票的付款期限最长为 6 个月，因而应付票据即短期应付票据。应付票据按是否带息分为带息应付票据和不带息应付票据两种。

1. 应付票据规模分析

应付票据是因商业信用产生的一种无资金成本或资金成本极低的资金来源，企业在遵守财务制度、维护企业信誉的条件下对其充分加以利用，可以减少其他筹资方式的筹资数量，节约利息支出。当企业销售规模扩大时，会增加存货需求，使应付账款、应付票据等债务规模扩大；应付票据的规模还与企业现金的充裕程度有关，企业资金相对充裕，应付账款、应付票据规模就小些，企业资金比较紧张时，就会影响到应付账款、应付票据的清欠。

2. 应付票据构成分析

通过分析应付票据的到期情况，可以预测企业未来的现金流量，保证按期偿付应付票据。如果应付票据长期挂账，则应警惕是否存在利用关联方造假。

20×9 年甲公司应付票据明细见表 2-25。

表 2-25 20×9 年甲公司应付票据明细表   单位：千元

种　类	期末余额	期初余额
商业承兑汇票	8 070 382	8 955 147
银行承兑汇票	5 577 256	12 185 613
合计	13 647 638	21 140 760

注：20×9 年 12 月 31 日，甲公司到期未付的应付票据余额为人民币 66 469 千元（20×8 年 12 月 31 日：人民币 48 825 千元）。

(四)"应付账款"项目

应付账款是企业因赊购材料、商品和接受劳务供应等经营活动应支付的款项，这是买卖双方在购销活动中由于取得物资与支付货款在时间上的不一致而产生的负债。

分析应付账款构成以及账龄信息披露，可了解企业应付账款的变动趋势、企业应付账款的内容及短期或长期支付压力。甲公司相关情况见表2-26及表2-27。

表2-26　20×9年甲公司应付账款　　　　　　　　　　单位：千元

项　　目	期末余额	期初余额
应付供应商及其他第三方款	22 520 530	25 142 127
合计	22 520 530	25 142 127

表2-27　20×9年甲公司账龄超过1年的重要应付账款　单位：千元

项　　目	期末余额	未偿还或结转的原因
供应商一	84 401	协商延后
供应商二	81 025	协商延后
合计	165 426	—

（五）"预收账款"项目

预收账款是企业商品销售尚未发生或劳务尚未提供，预先向购货方及接受劳务方收取的货款或定金。它形成了企业的一项债务，需要未来以转交商品或提供劳务等偿付。资产负债表中的预收账款即表示企业截至期末尚未以商品资产或劳务形式偿还的预收款金额。它既是企业以往现金流入所产生的未来非货币性债务，又以预收定金的形式，意味着企业后续履约时还应该会获得一定量的增量资金。预收这种交易支付模式通常用于生产周期长、资金需求量较大的商品销售。

预收账款一般被列为流动负债，如果有特别合约规定，企业预收款项可适用于一年或长于一年的营业周期，则应列为非流动负债。预收账款是企业对采购方预收的款项，是企业对其他企业资金的一种占用。对于企业来说，预收账款越多越好；越多，预示着企业的产品销售情况越好，供不应求。

（六）"应付职工薪酬"项目

应付职工薪酬是指企业为获得职工提供的服务或与其解除劳动关系而按有关规定应该支付而尚未支付给职工的各种形式的报酬或补偿，包括工资、奖金、津贴、补贴、职工福利费、社会保险费（医疗保险、失业保险、养老保险、生育保险及工伤保险）、住房公积金、工会经费和职工教育经费、非货币性福利、解除劳动关系应给予的补偿金及其他相关支出等。

分析应付职工薪酬，应注意企业是否存在利用职工薪酬的成本费用化与资本化的选择进行盈余管理。可以结合企业职工情况分析应付职工薪酬的合理性，分析是否存在少计或多计成本费用的情况。

20×9年甲公司应付职工薪酬和短期薪酬情况如表2-28及表2-29所示。

表2-28　20×9年甲公司应付职工薪酬明细　　　单位：千元

项　目	期初余额	本期增加	本期减少	期末余额
一、短期薪酬	3 855 399	20 795 633	-20 868 350	3 782 682
二、离职后福利：设定提存计划	255	1 494 368	-1 494 525	98
三、辞退福利	0	35 937	-35 937	0
合计	3 855 654	22 325 938	-22 398 812	3 782 780

表2-29　20×9年甲公司短期薪酬明细　　　单位：千元

项　目	期初余额	本期增加	本期减少	期末余额
1. 工资、奖金、津贴和补贴	2 104 122	15 411 444	-15 276 510	2 239 056
2. 职工福利费	139	184 951	-184 781	309
3. 社会保险费	120	566 246	-565 577	789
其中：医疗保险费	26	447 083	-447 087	22
工伤保险费	79	40 868	-40 946	1
生育保险费	15	48 606	-48 552	69
其他	0	29 689	-28 992	697
4. 住房公积金	2	361 951	-361 766	187
5. 工会经费和职工教育经费	1 411 537	528 224	-673 364	1 266 397
6. 劳务派遣费	339 479	3 742 817	-3 806 352	275 944
合计	3 855 399	20 795 633	-20 868 350	3 782 682

注：甲公司应付职工薪酬均依据企业薪酬制度及绩效考核管理办法足额发放

（七）"应交税费"项目

应交税费是指企业截至资产负债表日应交未交的各种税金，包括增值税、营业税、资源税、城市维护建设税、土地增值税、房产税、土地使用税、车船使用税、企业所得税、代扣代缴的个人所得税、教育费附加、矿产资源补偿费等。至于企业缴纳的印花税和耕地占用税，由于按照相关规定属于应税事项发生时一次性计算并交纳的，不包括在"应交税费"项目中。

通常，由于各项税金的计算确认与缴纳时间往往会不一致，所以"应交税费"账户常常存在一定程度的余额。资产负债表中的"应交税费"金额表明企业已经确认为相关成本费用但截至期末尚未缴纳的税费余额;如果资产负债表中这一项目前有"-"号,则表示企业截至目前多交或可以按规定抵扣但尚未抵扣的税金数额。应交税费分析需结合收入进行分析,借以验证收入的真实性。应交各项税金缴纳基础及税率参照财务报表附注。

(八)"其他应付款"项目

其他应付款是指企业除应付账款与预收账款之外的应付或暂收其他单位与个人的款项。一般包括暂收其他单位与个人的保证金和押金、应付的保险费、应付经营性租入资产的租金,以及应付统筹退休金等。

正常情况下,其他应付款金额一般不会太大。但若企业出现了长期、高额的其他应付款,就应该考虑有可能与公司之间的资金拆借有关,或者是因变相占用了子公司或其他关联方的资金所致。此时,它在报表上虽然是一笔短期债务,但实际上可能会是一项长期占用的无息或低息资金来源。其他应付款中应重点关注控股股东应付款、关联单位应付款和账龄超过3年的大额应付款。

示例见表2-30及表2-31。

表 2-30 甲公司主要的其他应付账款　　　　　　单位:千元

项 目	期末余额	期初余额
应付利息	560 198	389 851
应付股利	10 000	10 000
其他应付款	6 250 501	8 230 726
合计	6 820 699	8 630 577

表 2-31 甲公司按性质列示的其他应付账款　　　单位:千元

项 目	期末余额	期初余额
固定资产设备及维修备件款	2 760 063	2 786 065
保证金	850 322	943 852
房产工程款	2 894	1 583 822
医疗基金	177 394	168 485
其他	2 459 828	2 748 502
合计	6 250 501	8 230 726

(九)长期借款按项目分析

长期借款是指企业向银行或其他金融机构借入的、偿还期限在一年以上的款项。这些款项一般多用于满足企业购建或改建、扩建固定资产的需求，以及企业日常运营中对资产的正常需求等。

长期借款利息的处理，一是在发生时直接确认为当期费用（即费用化），二是在发生时直接计入该项资产（即资本化）。具体来说就是：为购建固定资产而发生的长期借款利息，在固定资产达到预定可使用状态之前所发生的，计入所建固定资产价值，予以资本化；为购建固定资产而发生的长期借款利息，在固定资产达到预定可使用状态之后所发生的，直接计入当期损益，予以费用化。属于流动负债性质的借款利息，或者虽然是长期负债性质但不是用于购建固定资产的借款利息，直接计入当期损益。为进行投资而发生的借款利息，直接计入当期损益。筹建期间发生的长期借款利息（除为购建固定资产而发生的长期借款利息外），应当根据其发生额先计入长期待摊费用，然后在开始生产经营当月一次性计入当期损益。

对长期借款利息费用的不同处理方式，会直接影响企业报表中资产、费用乃至利润的金额。企业若将不能资本化的利息费用予以资本化，会相应减少当期财务费用而虚增利润，同时虚增相关资产金额，这就有可能导致报表使用者因此盲目乐观，产生决策分析上的失误。因此，在阅读与分析报表时，对于企业借款费用的处理，也应引起必要的重视。

示例见表2-32。

表2-32　20×9年甲公司长期借款明细表　　　单位：千元

项　目	期末余额	期初余额
银行抵押借款	125 011	134 839
银行信用借款	11 822 921	5 849 165
其他抵押借款		863 599
合计	11 947 932	6 847 603

注：20×9年12月31日，以账面净值为人民币209 019千元（20×8年12月31日：人民币220 370千元）的土地及房屋建筑物、人民币2 088千元（20×8年12月31日：无）的运输工具作为抵押，取得长期借款人民币132 102千元（20×8年12月31日：人民币143 018千元），其中一年内到期的长期借款人民币7 091千元（20×8年12月31日：人民币8 179千元），本年没有以在建工程（20×8年12月31日：人民币4 754千元）作为抵押取得的长期借款。

本公司与第三方金融机构签订售后回租协议，租赁期为3~5年。本集团按照实质重于形式原则判断该交易实质为出租方（金融机构）以租赁物作为抵押品向承租方（本集团）提供借款。在此种交易情况下，本集团将标的资产（出租物）的名义售价作为长期借款处理，标的资产（出租物）仍旧按照原账面价值入账。本集团于本年偿还借款927 349千元，截至20×9年12月31日该事项已清偿完毕。20×9年12月31日，上述借款的年利率为3.00%~

6.60%（2018年12月31日：3.00%~6.60%）。20×9年12月31日及20×8年12月31日，本集团无已到期但尚未偿还的长期借款。

（十）"应付债券"项目

应付债券是指企业在符合债券发行条件的前提下，按照一定份额筹资策略所发行的、偿还期限在1年以上的各种债券，如普通债券、可转换公司债券等。由于债券发行不可避免地会受到经济、金融环境以及公司自身财务状况、债券期限、票面利率与实际市场利率等多种因素的影响，其发行价格便有溢价、平价和折价三种情况。

企业发行债券时，如果发行费用大于发行期间冻结资金所产生的利息收入，按发行费用减去发行期间冻结资金所产生的利息收入后的差额，根据发行债券筹集资金的用途，属于用于固定资产项目的，按照借款费用资本化的处理原则处理；属于其他用途的，计入当期财务费用。如果发行费用小于发行期间冻结资金所产生的利息收入，按发行期间冻结资金所产生的利息收入减去发行费用后的差额，视同发行债券的溢价收入，在债券存续期间于计提利息时摊销。

企业发行附有赎回选择权的可转换公司债券，其在赎回日可能支付的利息补偿金，即债券约定赎回期届满日应支付的利息减去应付债券票面利息的差额，应当在债券发行日至债券约定赎回届满日期间计提应付利息，计提的应付利息按借款费用资本化的原则处理。

企业发行债券与发行股票相比不会分散所有者的权益，利息可税前抵扣，由此债券利息会形成明显的财务杠杆作用。利息率的高低是与债券风险相关联的，因此，对发行债券企业的应付债券的分析要着重考察企业的风险水平，应对企业应付债券的数额、增减变动及其对企业财务状况的影响给予足够的重视。

（十一）"长期应付款"和"专项应付款"项目

长期应付款是指企业除长期借款和应付债券以外的其他各种长期应付款项，包括应付融资租入固定资产的租赁款、以分期付款方式购入固定资产等发生的应付款项等。

1. 融资租赁固定资产应付款

融资租赁固定资产应付款指用融资租赁方式租入固定资产所需支付的全部租赁费，包括租入固定资产的价款、运输费、保险费、安装调试费、手续费、利息等。租赁手续费计入财务费用，有关的利息支出和汇兑损益除在安装尚未使用前计入固定资产价值外，其他一律计入财务费用。

2. 应付分期付款方式租入固定资产

应付分期付款方式租入固定资产，是指购买固定资产的价款超过正常信用条件延期支付，实质上具有融资性质，固定资产的成本以购买价款的现值为基础确定。实际支付的价款与购买价款的现值之间的差额，应当在信用期间内采用实际利率法进行摊销，摊销金额除满足借款费用资本化条件应当计入固定资产成本外，均应当在信用期间内确认为财务费用，计入当期损益。

专项应付款是指企业取得政府作为企业所有者投入的具有专项或特定用途的款项，即企业取得政府（或其他渠道）拨入的、尚未完工核销的、具有专门或特定用途的款项，如专项用于技术改造、技术研究与开发的款项。这部分专项应付款在项目完成后，通常是核销并转入企业资本公积。

（十二）"预计负债"项目

预计负债又称或有负债，是指根据或有事项等相关准则确认的一些需要预计的债务，如因对外提供担保、未决诉讼、产品质量保证、重组义务以及固定资产或矿区权益弃置修复义务等产生，可以合理估算的预计经济资源的流出，主要包括担保、未决诉讼、应收票据贴现、应收账款抵借等。

根据《企业会计准则第13号——或有事项》的规定，预计负债应该在资产负债表中单独反映，并同时在报表附注中对导致各项预计负债的原因做相应的披露，这也有助于报表阅读者充分了解企业可能存在的未来义务，以及这些义务对企业的影响。对预计负债的分析，应关注企业预计负债的确认是否符合有关会计准则的规定、预计负债的计量是否准确。预计负债的计量应当考虑风险和不确定性、货币的时间价值、未来事项等因素。

20×9年甲公司预计负债情况见表2-33。

表2-33 20×9年甲公司预计负债　　　　单位：千元

项　目	期末余额	期初余额
售后服务费	1 824 194	1 854 627
合计	1 824 194	1 854 627

说明：甲公司对汽车等提供保修，并承诺维修或更换运行不良的产品部件。预计负债是基于销售量以及过往维修程度及退换记录而做出的保用金额预计。本集团持续对保用金额而产生的预计负债的估计标准进行复核，必要时进行调整。

三、所有者权益项目分析

所有者权益是指企业所有者（或股东）在企业资产中所享有的经济利益。从资金价值的对应关系上讲，相当于企业全部资产偿还全部债务之后的余值。一部分是投资者的投入资本，包括实收资本、资本公积；另一部分是生产过程中由资本积累形成的留存收益，包括盈余公积和未分配利润。

(一)"实收资本"项目

实收资本是指企业收到的、由投资者投入的、构成企业注册资本金的那部分投入资本(股份有限公司通常称为"股本"),一般包括国家资本金、法人资本金和个人资本金等。《公司法》及其他相关法律法规对企业成立时的注册资本金规定了最低限额,即所谓的法定注册资本金。企业在正常生产经营活动中一般应该保持实收资本的相对稳定。投资者除依法转让其所持有的股权份额之外,除非特殊情况,一般不能抽回投资。确有必要增减实收资本的,也必须经股东大会或相关决策机构的认可且不违反有关法律法规规定,在此前提下,通过必要的程序方可实施。因此,在没有进行增资扩股的情况下,资产负债表中所列示的企业各期的实收资本或股本一般是相同的。

实收资本分析应关注规模趋势的分析和股东构成变动的分析。

规模趋势分析:从投入资本几年的趋势变动分析其所有者权益资本的增长速度和变化趋势;分析投入资本的增加中有多少是资本公积或盈余公积转入的,有多少是增发新股转入的。

股东构成分析:按照股东对公司的影响程度,一般可以将股东分为控股股东、重大影响股东和非重大影响股东(即小股东)三种类型。分析实收资本项目时,要关注股权结构、股权性质以及股东构成情况。由于控股股东和重大影响股东在很大程度上控制着企业未来的发展战略和方向,因此,应着重分析这些股东的背景、资源优势、自身的经营状况、投资目的等。

(二)"资本公积"项目

资本公积是企业收到的投资者超出其在企业注册资本(或股本)中所占份额的投资,以及直接计入所有者权益的利得和损失等。资本公积包括资本溢价以及直接计入所有者权益的利得和损失等,是企业在非经营业务中产生的资本增值。可以从以下两个方面分析。

1. 投入资本增加的途径分析

此即分析资本公积有多少是资本公积或盈余公积转入,有多少是增发新股转入。我国《公司法》规定,资本公积的用途主要是转增资本,即增加实收资本(或股本)。虽然资本公积转增资本并不能导致所有者权益总额的增加,但资本公积转增资本,一方面可以改变企业投入资本结构,体现企业稳健、持续发展的潜力,另一方面,对股份有限公司而言,它会增加投资者持有的股份,从而增加公司股票的流动量,进而激活股价,提高股票的交易量和资本的流动性。

2. 投入资本结构分析

从投入资本的变动趋势,分析所有者权益资本的增长速度和变化趋势。

资本公积金分析实例见表2-34。

表2-34　20×9年甲公司资本公积明细表　　　单位：千元

项目	期初余额	本期增加	本期减少	期末余额
资本溢价（股本溢价）	24 260 554			24 260 554
其他资本公积	263 889	15 291	9 068	270 112
其中：指定增加资本公积的政府补助	154 441	402		154 843
视同处置子公司部分股权	-9 076			-9 076
视同处置联营合营公司部分股权	11 631		9 068	2 563
股份支付	68 940			68 940
少数股东投入	37 953	14 889		52 842
合计	24 524 443	15 291	9 068	24 530 666

（三）"盈余公积"项目

盈余公积是指企业按照规定从净利润中提取的各种积累资金。根据其用途不同，分为公益金和一般盈余公积两类。一般盈余公积分为两种：一种是法定盈余公积，另一种是任意盈余公积。法定盈余公积是指按照企业净利润和法定比例计提的盈余公积，是在年末一次计提，具体时间因地区和政策等的不同而有所差别。结转损益后的本年利润，先用于弥补亏损，然后提取所得税，所得税后利润再依次提取法定盈余公积、任意盈余公积，分配优先股股利，分配普通股股利，最后将未分配完的利润转入未分配利润。法定盈余公积累计额已达到注册资本的50%时可以不再提取。在计算法定盈余公积的基数时，不应包括企业年初未分配利润。企业提取的盈余公积可用于弥补亏损、扩大生产经营、转增资本（或股本）或派送新股等。

盈余公积分析主要关注其以下三个用途：

1. 弥补亏损

企业发生亏损时，应由企业自行弥补。弥补亏损的方式：

一是用以后年度税前利润弥补。按照现行制度规定，企业发生亏损时，可以用以后五年内实现的税前利润弥补，即税前利润弥补亏损的期间为五年。

二是用以后年度税后利润弥补。企业发生的亏损经过五年期间未弥补足额的，尚未弥补的亏损应用扣除所得税后的利润弥补。

三是以盈余公积弥补亏损。企业以提取的盈余公积弥补亏损时，应当由公司董事会提议，并经股东大会批准。

2. 转增资本

企业将盈余公积转增资本时，必须经股东大会决议批准。在实际将盈余公积转增资本时，要按股东原有持股比例结转。盈余公积转增资本时，转增后留存的盈余公积的数额不得少于注册资本的25%。

3. 分配股利

原则上，企业当年没有利润，不得分配股利。如为了维护企业信誉，用盈余公积分配股利，必须符合下列条件：用盈余公积弥补亏损后，该项公积金仍有结余；用盈余公积分配股利时，股利率不能太高，不得超过股票面值的6%；分配股利后，法定盈余公积金不得低于注册资本的25%。

盈余公积的提取实际上是对企业以当期实现的净利润向投资者分配利润的一种限制。提取盈余公积本身就属于利润分配的一部分，提取盈余公积相对应的资金一经提取形成盈余公积后，一般情况下不得用于向投资者分配利润或股利。盈余公积的用途并不是指其实际占用形态，提取盈余公积也并不是单独将这部分资金从企业资金周转过程中抽出。企业提取的盈余公积，无论是用于弥补亏损还是用于转增资本，只不过是企业所有者权益内部结构的转换，如企业以盈余公积弥补亏损时，实际上是减少盈余公积留存的数额，以此抵补未弥补亏损的数额，并不引起企业所有者权益总额的变动；企业以盈余公积转增资本时，也只是减少盈余公积结存的数额，但同时增加企业实收资本或股本的数额，也并不引起所有者权益总额的变动。至于企业盈余公积的结存数，实际上只表现为企业所有者权益的组成部分，表明企业生产经营资金的一个来源而已，其形成的资金可能表现为一定数量的货币资金，也可能表现为一定形式的实物资产，如存货和固定资产等，它随同企业其他来源所形成的资金一起进行循环周转。

20×9年甲公司盈余公积情况如表2-35所示。

表2-35　20×9年甲公司盈余公积明细　　　　　　　　　　单位：千元

项　目	期初余额	本期增加	本期减少	期末余额
法定盈余公积	3 842 416	258 118	1 221	4 099 313
合计	3 842 416	258 118	1 221	4 099 313

注：盈余公积说明（包括本期增减变动情况、变动原因说明）：根据公司法、本公司章程的规定，本公司按净利润的10%提取法定盈余公积金，法定盈余公积金累计额为本公司注册资本50%以上的，可以不再提取。本公司在提取法定盈余公积金后，可提取任意公积金。经批准，任意公积金可用于弥补以前年度亏损或增加股本

（四）"未分配利润"项目

上市公司报表中的"未分配利润"明细科目的余额，反映上市公司累计

未分配利润或累计未弥补亏损。由于各种原因，如平衡各会计年度的投资回报水平，以丰补歉，留有余地等。上市公司实现的净利润不允许全部分完，剩下一部分留待以后年度进行分配。这样，它一年年滚存下来，结余在"未分配利润"明细科目上，反映的是历年累计的未分配利润。同样道理，上一年度未弥补亏损，留待以后年度弥补，以后年度又发生亏损，继续滚存下来，结余在"未分配利润"明细科目上，它反映的是历年累计的亏损，记为负数。

企业当年实现的利润总额可按以下顺序进行分配：弥补以前年度亏损（用利润弥补亏损无须专门做会计分录），交所得税，提取法定盈余公积公益金（盈余公积用于弥补亏损或转增资本，公益金只能用于职工集体福利），提取任意盈余公积，分配优先股股利，分配普通股股利，最后剩下的就是年终未分配利润。

有些企业不经过企业权力机构的批准就分配利润，有些企业将未分配利润用于发放奖金和职工福利，损害企业投资者的利益。对未分配利润的分析可以从以下几个方面入手：

1. 对未分配利润内部控制制度健全性和有效性进行审查

可以编制未分配利润内部控制制度调查表，来对企业未分配利润内部控制制度的内容和执行情况进行审查。

2. 分析比较未分配利润账户余额的变动情况

应将本期未分配利润账户余额的实际数与上期进行比较，通过比较，分析有无异常情况，并对此做进一步检查。还应分析未分配利润账户本年度的变动情况。一般来说，"未分配利润"账户的贷方是从"本年利润"账户转入的净利润，借方记录当年经营净损失、分配的股利、提取盈余公积和法定公益金。对其他变动的记录应做进一步的检查。查账人员还应了解企业有关利润分配的限制性规定，查阅董事会的会议纪要，据以明确对利润分配做出限制的目的和利润分配批准情况；如果法律对企业的利润分配做出了限制，应检查企业实际的利润分配是否违反了这些限制性条款。

3. 分析未分配利润的真实性与合法性

未分配利润是企业年终结算时，当年所实现的利润与已分配利润调整的结果，其计算可以用下列公式表示：

年末累计未分配利润＝上年累计未分配利润＋本年全年实现净利润－本年已分配利润

本年已分配利润＝被没收财产损失和违反税法的滞纳金及罚款＋弥补以前年度亏损＋提取盈余公积和法定公益金＋分配给投资者的利润

因此，应按上述公式检查其数额的正确性，进而对实现利润和利润分配的合法性和真实性进行检查。

20×9年甲公司未分配利润明细见表2-36。

表 2-36　20×9 年甲公司未分配利润明细表　　　单位：千元

项　目	本期	上期
调整前上期末未分配利润	20 498 233	19 235 924
调整期初未分配利润合计数（调增+，调减-）		-449 439
调整后期初未分配利润	20 498 233	18 786 485
加：本期归属于母公司所有者的净利润	1 614 450	2 780 194
减：提取法定盈余公积	258 118	444 450
应付普通股股利	556 541	384 668
对其他权益所有者的分配	241 388	238 400
其他转出	402	928
期末未分配利润	21 056 234	20 498 233

练习题

一、单选题

1. 短期借款的特点是（　　）。
   A. 风险较大　　　　　　　　B. 利率较低
   C. 弹性较差　　　　　　　　D. 满足长期资金需求

2. 企业资本结构发生变动的原因是（　　）。
   A. 发行新股　　　　　　　　B. 资本公积转股
   C. 盈余公积转股　　　　　　D. 以未分配利润送股

3. 存货发生减值是因为（　　）。
   A. 采用先进先出法　　　　　B. 采用后进先出法
   C. 可变现净值低于账面成本　D. 可变现净值高于账面成本

4. 减少企业流动资产变现能力的因素是（　　）。
   A. 取得商业承兑汇票　　　　B. 未决诉讼、仲裁形成的或有负债
   C. 有可动用的银行贷款指标　D. 长期投资到期收回

5. 在企业编制的会计报表中，反映财务状况变动的报表是（　　）。
   A. 现金流量表　　　　　　　B. 利润表
   C. 资产负债表　　　　　　　D. 股东权益变动表

6. 财务报表分析中，投资人是指（　　）。
   A. 社会公众　　　　　　　　B. 普通股东
   C. 优先股东　　　　　　　　D. 金融机构

7. 以下不属于企业的或有负债的是（　　）。

A. 担保 B. 未决诉讼
C. 应收票据 D. 应收账款抵借

8. 在资产负债表中，为了保证生产和销售的连续性而投资的资产项目是（   ）。
A. 货币资金 B. 应收账款
C. 长期股权投资 D. 固定资产

9. 下列信息中不由资产负债表提供的是（   ）。
A. 企业资产状况 B. 企业的债务情况
C. 企业的债权人信息 D. 企业的自有资金

10. 反映出资产负债表各项目之间的相互关系及各项目所占比重的分析是（   ）。
A. 资产负债表水平分析 B. 资产负债表垂直分析
C. 资产负债表趋势分析 D. 资产负债表比率分析

二、多选题

1. 资产负债表分析的目的是（   ）。
A. 了解企业财务状况的变动 B. 评价企业会计对企业经营成果的反映
C. 修正资产负债表的数据 D. 评价企业的会计政策

2. 企业资产利用效率提高，形成相对节约是指（   ）。
A. 产值、收入不变，资产减少 B. 增产增收时增资，但增资幅度小
C. 增产增收时不增资 D. 减产减收时减资，但资产减少幅度大

3. 引起材料存货变动的原因有（   ）。
A. 期初结存量 B. 本期购入量
C. 本期耗用量 D. 材料单位价格

4. 引起股东权益结构变动的情况有（   ）。
A. 发行新股 B. 配股
C. 资本公积转股 D. 以送股进行利润分配

5. 进行负债结构分析时必须考虑的因素有（   ）。
A. 负债规模 B. 偿还期限
C. 财务风险 D. 债务人信誉

6. 进行股东权益结构分析应该考虑的因素有（   ）。
A. 企业控制权 B. 利润分配政策
C. 财务风险 D. 权益资金成本

7. 应收账款周转加快，可以说明（   ）。
A. 资金回笼相对加快 B. 坏账损失相对减少
C. 资产流动性变强 D. 营业收入有增加

8. 企业货币资金持有量的影响因素包括（   ）。

A. 企业规模　　　　　　　　B. 货币资金的构成
C. 企业所在行业　　　　　　D. 企业的负债结构

9. 资产负债表的作用表现在（　　　）。
A. 揭示企业资本结构和资产结构　B. 了解偿还能力
C. 预测财务状况的发展趋势　　　D. 反映现金支付能力

10. 决定企业货币资金持有量的因素有（　　　）。
A. 企业规模　　　　　　　　B. 所在行业特征
C. 企业的负债结构　　　　　D. 企业的融资能力

三、判断题

1. 资产负债表中某项目的变动幅度越大，对资产或权益的影响越大。
（　　　）
2. 如果本期总资产比上期有较大幅度增加，表明企业的经营卓有成效。
（　　　）
3. 只要本期盈余公积增加，就可以断定企业本期盈利。　（　　　）
4. 资产负债表结构分析通常采用水平分析。　　　　　　（　　　）
5. 固定资产比重越高，企业的弹性越差。　　　　　　　（　　　）
6. 如果企业的资金全是权益资金，则企业既无财务风险也无经营风险。
（　　　）
7. 企业应收账款周转率超过销售收入增长率是正常现象。（　　　）
8. 非生产用固定资产的增长速度一般不应超过生产用固定资产的增长速度。
（　　　）
9. 提取坏账准备表明企业应收款项的实际减少。　　　　（　　　）
10. 平衡结构的主要标志是流动资产的资金需要全部由短期资金来满足。
（　　　）

四、案例分析

蔚来汽车

蔚来是全球化的智能电动汽车品牌，于 2014 年 11 月成立。2014 年 11 月，蔚来由李斌、刘强东、李想、腾讯、高瓴资本、顺为资本等深刻理解用户的顶尖互联网企业与企业家联合发起创立，并获得淡马锡、百度资本、红杉、厚朴、联想集团、华平、TPG、GIC、IDG、愉悦资本等数十家知名机构投资。2018 年 9 月 12 日，蔚来汽车在美国纽约证券交易所成功上市。2020 年 2 月 25 日，蔚来中国总部项目落户合肥，合肥市政府对其投入 100 亿元战略性投资。

这个立足全球的初创品牌，已在圣何塞、慕尼黑、伦敦、上海、合肥等 13 地设立研发、设计、生产和商务机构，汇聚了数千名世界顶级的汽车、软件和用户体验的行业人才，在中国市场初步建立了覆盖全国的用户服务体系。

NIO 取意 A New Day（新的一天）。"NIO 蔚来"表达了蔚来追求美好明天和蔚蓝天空、为用户创造愉悦生活方式的愿景。全新 Logo 由象征着开放、未来的天空，以及象征着行动、前进的道路组成，诠释了蔚来 NIO 的品牌理念。其致力于提供高性能的智能电动汽车与极致用户体验，为用户创造愉悦的生活方式。

2019 年第 4 季度蔚来共交付车辆 8 224 台，环比第 3 季度增长 71.4%；全年交付 20 565 台，同比上涨 81.2%。2019 年第四季度，相比 2018 年同期，蔚来交付数提高 244 台。虽因车辆组成的变化，营收及毛利略有下降，但蔚来企业运营降本增效的成果在财报中得以体现。在实现了销量增长的同时，主营业务成本同比下降 9.3%。同时，研发费用同比下降 32.3%，销售及管理费用同比下降 20.5%。可见，经过一段时间的调整，蔚来不仅供应链成本有了明显改善，企业运营效率也得到了显著提高。第 4 季度车辆销售收入 26.8 亿人民币，环比上涨 54.8%；第 4 季度毛利为 -8.9%，环比上涨 3.2%；全年营收 78.2 亿人民币，上涨 58%。

作为一家新兴产业的汽车企业，该公司未来发展能否坚持初心并不断提高技术水平，成为新能源汽车中的翘楚？很多的信息都能从该公司的财报中体现出来。请先查阅相关财经网站，然后简要分析：

该公司资产结构是否合理？资本结构比例如何？是否需要优化？

第三章

利润表分析

> **学习目标**
> 通过学习,掌握利润表分析的基本理论和方法。主要包括:
> 1. 了解利润表的含义和内容;
> 2. 掌握利润表的结构;
> 3. 理解利润表的分析程序;
> 4. 掌握利润表的分析方法。

第一节 利润表概述

习惯上,衡量一家公司的经营业绩的指标就是其获取的利润。利润表作为企业财务报表主表之一,其主要内容是反映过去一年企业经营业绩情况以及利润是如何产生的。因此,分析利润表的主要目的是判断企业所报告的利润相关信息是好、不好还是一般。为了实现这一目标,分析者需要先做出一些初步结论,然后将当年利润表和以前期间的利润表进行比较,并且和同行公司的利润表进行比较。这些步骤可以使利润表中的数字活起来,清晰看到一家公司在过去一年是如何开展经营活动、最终赚取利润的。本章将围绕 MY 公司的利润表介绍利润表分析的基本思路与方法。

一、利润表的内容

利润表又称损益表,用来反映企业一定会计期间的经营成果。

(一) 利润表的结构

利润表有多步式利润表和单步式利润表两种结构。

1. 多步式利润表

在得到会计期间净利润总额前,多步式利润表就提供了数个中间利润衡量值——营业利润、利润总额(参见表3-1)。

表 3-1　MY 企业 2019 年度合并利润表（多步式）　　单位：亿元

项目	金额
一、营业总收入	202.21
营业收入	202.21
二、营业总成本	144.20
营业成本	129.51
研发费用	1.12
税金及附加	0.27
销售费用	1.11
管理费用	6.91
财务费用	5.28
其中：利息费用	5.66
利息收入	0.42
资产减值损失	0
三、其他经营收益	
加：投资收益	0.42
其中：对联营企业和合营企业的投资收益	0.17
汇兑收益	0.07
资产处置收益	0.06
信用减值损失（新）	-0.02
其他收益	4.60
四、营业利润	63.15
加：营业外收入	0.61
减：营业外支出	0.57
五、利润总额	63.19
减：所得税费用	-0.17
六、净利润	63.36
（一）按经营持续性分类	
持续经营净利润	63.36
（二）按所有权归属分类	
归属于母公司股东的净利润	61.14
少数股东损益	2.22
扣除非经常性损益后的净利润	59.38

续表

七、每股收益	
（一）基本每股收益（元）	2.82
（二）稀释每股收益（元）	2.82
八、其他综合收益	0.00
归属于母公司股东的其他综合收益	0.00
九、综合收益总额	63.37
归属于母公司所有者的综合收益总额	61.15
归属于少数股东的综合收益总额	2.22
公告日期	2020-02-27
数据来源	年报报告
审计意见（境内）	标准无保留意见

2. 单步式利润表

它将所有收入类项目合并在一起，然后减去所有费用类项目，就得到净利润的数字（参见表3-2）。为了分析的需要，一般使用多步式。如果公司采用单步式或者修正的单步式来填报利润表信息，财务报表的读者需要在分析前重新编制多步式利润表。

表3-2　MY企业2019年度合并利润表（单步式）　　单位：亿元

一、总收入	202.21
营业收入	202.21
利息收入	0.42
投资收益	0.42
汇兑收益	0.07
资产处置收益	0.06
信用减值损失（新）	−0.02
其他收益	4.60
二、总成本	144.58
营业成本	129.51
研发费用	1.12
税金及附加	0.27
销售费用	1.11
管理费用	6.91
利息费用	5.66

续表

加：营业外收入	0.61
减：营业外支出	0.57
减：所得税费用	−0.17
三、净利润	63.36

【思考】请结合表 3-1 和表 3-2 分析说明多步式利润表和单步式利润表的异同。

通过一张利润表，财务报表使用者将会获取一些有限但是有用的东西。以 MY 公司为例，在 2019 年该公司是盈利的（净利润 63.36 亿元）。此外，我们还可以看到公司 2019 年的营业成本、销售费用、管理费用等。显然，这些信息并不足够，我们还需要利用分析方法进一步去了解 MY 公司经营的细节。

（二）利润表的局限性

利润表的局限性主要有以下五个方面：

（1）由于采用货币计量，许多管理当局的努力对公司的获利能力有重大帮助或提升，却无法可靠地量化，因而无法在利润表中列示，例如企业形象和顾客满意度的提升。

（2）由于采用历史成本计价，所耗用的资产按取得时的历史成本结转，而收入按现行价格计量，进行配比的收入与费用未建立在同一时间基础上，使得收益的计量缺乏内在的逻辑上的统一性，成本无法得到真正的回收，使资本的完整不能从实物形态或使用效能上得到保证。在物价上涨的情况下，无法区别企业的持有收益及营业收益，常导致虚盈实亏、虚利实分的现象，进而影响企业持续经营能力。

（3）许多费用必须采用估计数，如坏账费用、产品售后服务成本、折旧年限及残值、或有损失等，可能需要在以后年度修正。

（4）由于一般公认会计原则允许采用不同的会计方法，例如存货计价按先进先出法或后进先出法，折旧按直线法或年数总和法，使不同公司收益的比较受到影响。

（5）目前利润表多半按功能分类，例如销售成本、营业费用、管理费用等，而非按活动水准分类，例如固定费用、变动费用，不利于预测未来利润及现金流量。

二、利润表分析的内容

（一）主表分析

通过利润表主表的分析，主要对各项利润的增减变动、结构增减变动及影响利润的收入与成本进行分析。

1. 利润额增减变动分析

通过对利润表的水平分析,从利润的形成角度观察利润额的变动情况,揭示企业在利润形成过程中的管理业绩及存在的问题。

2. 利润结构变动情况分析

利润结构变动分析主要是在对利润表进行垂直分析的基础上,揭示各项利润及成本费用与收入的关系,以反映企业的各环节的利润构成、利润及成本费用水平。

3. 企业收入分析

企业收入分析的内容包括收入的确认与计量分析、影响收入的价格因素与销售量因素分析、企业收入的构成分析等。

4. 成本费用分析

成本费用分析包括产品销售成本分析和期间费用分析两部分。产品销售成本分析包括销售总成本分析和单位销售成本分析,期间费用分析包括销售费用分析和管理费用分析。

(二)附表分析

利润表附表分析主要是对利润分配表及分部报表进行分析。利润分配表分析是通过对利润分配表的分析,观察企业利润分配的数量与结构变动,揭示企业在利润分配政策、会计政策以及国家有关法规变动方面对利润分配的影响。通过对分部报表的分析,反映企业在不同行业、不同地区的经营状况和经营成果,为企业优化产业结构、进行战略调整指明方向。

(三)附注分析

利润表附注分析主要是根据利润表附注及财务情况说明书等相关详细信息,分析说明企业利润表及附表中的重要项目的变动情况,深入揭示利润形成及分配变动的主观原因与客观原因。

三、利润表的作用

利润表属于动态报表,它是根据权责发生制的原则和配比原则,把一定期间的收入与相关的费用相配比,计算出企业一定时期的净利润或净亏损。利润表分析有两个作用:

一是可以分析企业的盈利能力。盈利能力就是公司赚取利润的能力。一般来说,公司的盈利能力是指正常营业状况下的盈利能力;非正常营业状况下公司也会有收益或损失,但这只是个别情况,不能说明公司的能力。因此,证券分析师在分析公司盈利能力时,应当排除以下因素:证券买卖等非正常项目，已经或将要停止的营业项目，重大事故或法律更改等特别项目，会计准则和财务制度变更带来的累计影响，等等。反映公司盈利能力的指标很多，通常使用的主要有销售净利率、销售毛利率、资产净利率、净资产收益率等。

二是可以判断企业未来发展趋势。通过利润表提供的不同时期的比较数字（本月数、本年累计数、上年数），分析企业盈利增长情况，了解投资者投入资本的保值增值情况，进而判断企业未来的发展趋势，为编制下期的利润预算、改进经营管理提供科学的依据。

第二节 利润表比较分析

由于利润表是动态报表，因此利润表分析主要是对各项利润的增减变动、结构增减变动及影响利润的收入与成本进行分析。由于分析目标不同，在实际分析时，必然要适应不同目标的要求，采用多种多样的分析方法，包括评价的标准、方法和预测方法。常用的比较分析方法有水平分析法、垂直分析法、趋势分析法等。

一、水平分析法

水平分析法是指将反映企业财务状况的信息与某一比较标准的信息进行对比，研究企业各项经营业绩或财务状况的发展变动情况的一种财务分析方法。

这种方法是对同一性质或类别的指标选定一个基准数，然后与实际完成数进行对比，从而分析其间的差异及差异产生的原因。这种方法要求被比较的数据指标要有可比性，如果被比较的指标含有不可比因素，那么就要进行必要的调整，然后再进行比较，否则会影响比较的结果，不能正确说明问题。

水平分析法作为比较的标准，可以是计划指标、历史指标，也可以是同行业的相应指标。

（1）与计划指标对比。这种方法是将本期的实际指标与计划指标对比，检查实际完成计划情况。应用这种方法进行对比时，除表明指标的绝对数差异外，往往还同时用百分比表明它们的相对数差异，从而增强分析的效果。

（2）与历史指标比。这种方法是将本期的实际指标与上期或上年同期或某年同期（往往是历史最佳水平）的实际指标进行对比，从差异变化中及时发现问题，以便了解该企业有关财务指标的升降变化。

（3）与同行业的相应指标对比。把企业的某项实际指标与同行业相应指标的平均水平或先进水平进行比较,通过与行业平均水平的对比,可以分析判断该企业在同行业中所处的位置。与先进水平对比,实际上是找出同先进水平的差距,有利于吸收先进经验。在企业内部,也可以进行类似的对比分析,以评价企业内部各单位的经营成果。

运用利润表比较分析法分析企业的盈利状况和经营成果时,必须要从利润表中获取财务资料,而且,即使分析企业偿债能力,也应结合利润表,因为一个企业的偿债能力同其获利能力密切相关。

【例3-1】MY公司的招股说明书指出:该公司主要从事工程机械的研发、制造、销售,产品包括建筑机械、筑路机械、起重机械等25大类120多个品种,主导产品有液压砖机、制砖机、免烧砖机设备;混凝土输送泵、混凝土输送泵车、混凝土搅拌站、沥青搅拌站、压路机、摊铺机、平地机、履带起重机、汽车起重机、港口机械等。

为了初步了解这家公司的真实情况,分析师利用比较分析法收集数据进行了如下分析:

(1) 寻找相关行业数据,判断其在行业内的基本位置(见表3-3)。

表3-3 2019年MY公司与行业数据比较分析表

名称	净资产收益率 ROE(%)	总资产报酬率 ROA(%)	资产负债率(%)	成本费用利润率(%)
MY公司	34.547 4	16.529 8	40.038 5	44.285 5
行业均值	5.8	2.8	63.6	4.2

(2) 2019年工程机械行业CR4(行业集中度)值为84.79%,由于集中度较高,因此,分析师寻找行业前四作为主要竞争对手并进行数据对比(见表3-4)。

表3-4 2019年MY公司与主要竞争对手数据比较分析表   单位:元

名称	行业排名	营业收入	净利润	净资产收益率(%)	总资产报酬率(%)	资产负债率(%)	成本费用利润率(%)
主要竞争者A	4	2 400 007 144.160 0	181 111 789.860 0	8.985 7	5.870 4	50.675 7	8.126 8
主要竞争者B	3	16 822 362 113.630 0	297 418 576.670 0	10.874 4	8.007 1	59.429 1	1.810 4
主要竞争者C	2	16 577 901 766.950 0	620 849 831.750 0	5.171 5	4.875 4	39.361 4	3.985 9
MY公司	1	20 221 332 525.640 0	6 336 458 087.530 0	34.547 4	16.529 8	40.038 5	44.285 5

(3) 分析师对 MY 公司 2017—2019 年数据进行对比（表 3-5）。

表 3-5 MY 公司利润水平分析表　　　　　　单位：亿元

	2019 年	2018 年	2017 年	2019 年与 2018 年相比较		2018 年与 2017 年相比较	
				变动额	变动率（%）	变动额	变动率（%）
一、营业总收入	202.21	133.88	100.42	68.33	51.04	33.46	33.32
营业收入	202.21	133.88	100.42	68.33	51.04	33.46	33.32
二、营业总成本	144.20	132.80	78.71	11.40	8.58	54.09	68.72
营业成本	129.51	120.74	70.49	8.77	7.26	50.25	71.29
研发费用	1.12	0.91		0.21	23.08	0.91	
税金及附加	0.27	0.22	0.17	0.05	22.73	0.05	29.41
销售费用	1.11	0.54	0.39	0.57	105.56	0.15	38.46
管理费用	6.91	5.00	4.54	1.91	38.20	0.46	10.13
财务费用	5.28	5.38	3.12	-0.10	-1.86	2.26	72.44
其中：利息费用	5.66	5.61		0.05	0.89	5.61	
利息收入	0.42	0.27		0.15	55.56	0.27	
资产减值损失		0.01	0.00	-0.01	-100.00	0.01	
三、其他经营收益				0.00		0.00	
加：投资收益	0.42	0.70	0.22	-0.28	-40.00	0.48	218.18
其中：对联营企业和合营企业的投资收益	0.17	0.17	0.07	0.00	0.00	0.10	142.86
汇兑收益	0.07	-0.28		0.35	-125.00	-0.28	
资产处置收益	0.06			0.06		0.00	
信用减值损失（新）	-0.02			-0.02		0.00	
其他收益	4.60	3.75	1.97	0.85	22.67	1.78	90.36
四、营业利润	63.15	5.24	23.90	57.91	1 105.15	-18.66	-78.08
加：营业外收入	0.61	0.56	0.19	0.05	8.93	0.37	194.74
减：营业外支出	0.57	0.54	0.43	0.03	5.56	0.11	25.58

续表

	2019 年	2018 年	2017 年	2019 年与 2018 年相比较		2018 年与 2017 年相比较	
				变动额	变动率（%）	变动额	变动率（%）
五、利润总额	63.19	5.26	23.66	57.93	1 101.33	-18.40	-77.77
减：所得税费用	-0.17	-0.02	0.00	-0.15	750.00	-0.02	
六、净利润	63.36	5.28	23.66	58.08	1 100.00	-18.38	-77.68
（一）按经营持续性分类				0.00		0.00	
持续经营净利润	63.36	5.28	23.66	58.08	1 100.00	-18.38	-77.68
（二）按所有权归属分类				0.00		0.00	
归属于母公司股东的净利润	61.14	5.20	23.66	55.94	1 075.77	-18.46	-78.02
少数股东损益	2.22	0.08		2.14	2 675.00	0.08	
扣除非经常性损益后的净利润	59.38	4.62	23.70	54.76	1 185.28	-19.08	-80.51
七、每股收益				0.00		0.00	
（一）基本每股收益（元）	2.82	0.17	2.12	2.65	1 558.82	-1.95	-91.98
（二）稀释每股收益（元）	2.82	0.17	2.12	2.65	1 558.82	-1.95	-91.98

【思考】（1）请与行业指标进行比较，说明 MY 企业盈利能力强弱。

（2）请与同业竞争者比较，说明 MY 公司经营过程有哪些需要改善的地方。

（3）请比较 MY 公司 2018—2019 年度相关财务指标，分析 MY 公司 2019 年的盈利能力并预测其未来的盈利情况。

二、垂直分析法

垂直分析法是比较同一会计时期的相关数据，求出它们之间的财务比率，以分析财务报表上所列项目之间的相互关系，从而评价财务状况和从中发现经营中存在的问题的方法。

经过垂直分析法处理的会计报表通常称为度量报表，或者称总体结构报表、共同比较报表等。具体分析步骤如下：

（1）确定报表中各项目占总额的比重或者百分比。

(2) 通过各项目的比重，分析各项目在企业经营中的重要性。一般项目比重越大，说明其重要程度越高，对总体的影响越大。

(3) 将本企业各项目的比重与同类企业的可比项目比重进行对比，研究本企业与同类企业的不同以及取得的成绩和问题。

【例 3-2】 2019 年 MY 公司实现净利润 63.36 亿元人民币，从总额看其盈利额很高，但它是如何实现这个盈利额的呢？这些利润来自主业还是副业呢？请利用垂直分析法（见表 3-6）了解它的利润结构，并判断其是如何实现盈利的。

表 3-6　MY 公司利润表垂直分析表　　　　单位：亿元

项目	2019年	2018年	2017年	2019年变动率（%）	2018年变动率（%）	结构变动（%）	2017年变动率（%）	结构变动（%）
一、营业总收入	202.21	133.88	100.42	100.00	100.00	0.00	100.00	0.00
营业收入	202.21	133.88	100.42	100.00	100.00	0.00	100.00	0.00
二、营业总成本	144.20	132.80	78.71	71.31	99.19	-27.88	78.38	20.81
营业成本	129.51	120.74	70.49	64.05	90.19	-26.14	70.20	19.99
研发费用	1.12	0.91		0.55	0.68	-0.13	0.00	0.68
税金及附加	0.27	0.22	0.17	0.13	0.16	-0.03	0.17	0.00
销售费用	1.11	0.54	0.39	0.55	0.40	0.15	0.39	0.01
管理费用	6.91	5.00	4.54	3.42	3.73	-0.32	4.52	-0.79
财务费用	5.28	5.38	3.12	2.61	4.02	-1.41	3.11	0.91
其中：利息费用	5.66	5.61		2.80	4.19	-1.39	0.00	4.19
利息收入	0.42	0.27		0.21	0.20	0.01	0.00	0.20
资产减值损失		0.01	0.00	0.00	0.01	-0.01	0.00	0.01
三、其他经营收益				0.00	0.00	0.00		
加：投资收益	0.42	0.70	0.22	0.21	0.52	-0.32	0.22	0.30
其中：对联营企业和合营企业的投资收益	0.17	0.17	0.07	0.08	0.13	-0.04	0.07	0.06
汇兑收益	0.07	-0.28		0.03	-0.21	0.24	0.00	-0.21
资产处置收益	0.06	0.00		0.03	0.00	0.03	0.00	0.00
信用减值损失（新）	-0.02			-0.01	0.00	-0.01	0.00	0.00
其他收益	4.60	3.75	1.97	2.27	2.80	-0.53	1.96	0.84
四、营业利润	63.15	5.24	23.90	31.23	3.91	27.32	23.80	-19.89

续表

项　目	2019年	2018年	2017年	2019年变动率（%）	2018年变动率（%）	结构变动（%）	2017年变动率（%）	结构变动（%）
加：营业外收入	0.61	0.56	0.19	0.30	0.42	-0.12	0.19	0.23
减：营业外支出	0.57	0.54	0.43	0.28	0.40	-0.12	0.43	-0.02
五、利润总额	63.19	5.26	23.66	31.25	3.93	27.32	23.56	-19.63
减：所得税费用	-0.17	-0.02	0.00	-0.08	-0.01	-0.07	0.00	-0.01
六、净利润	63.36	5.28	23.66	31.33	3.94	27.39	23.56	-19.62
（一）按经营持续性分类				0.00	0.00	0.00	0.00	0.00
持续经营净利润	63.36	5.28	23.66	31.33	3.94	27.39	23.56	-19.62
（二）按所有权归属分类				0.00	0.00	0.00	0.00	0.00
归属于母公司股东的净利润	61.14	5.20	23.66	30.24	3.88	26.35	23.56	-19.68
少数股东损益	2.22	0.08		1.10	0.06	1.04		0.06
扣除非经常性损益后的净利润	59.38	4.62	23.70	29.37	3.45	25.91	23.60	-20.15
七、每股收益				0.00	0.00	0.00	0.00	0.00
（一）基本每股收益（元）	2.82	0.17	2.12	1.39	0.13	1.27	2.11	-1.98
（二）稀释每股收益（元）	2.82	0.17	2.12	1.39	0.13	1.27	2.11	-1.98

分析：2019年投资收益占比2.1%，营业外收入占比3%，因此，MY公司主营业务清晰。营业利润占比31.23%，说明该公司主要产品创收能力强。

三、趋势分析法

趋势分析法是将利润表内不同时期进行的项目进行对比，了解企业目前的利润情况，也可分析其发展趋势。若利润表中的主要项目出现了异动，突然大幅上下波动，各项目之间出现背离，或者出现恶化趋势，则表明企业的某些方面发生了重大的变化，这些变化为判断企业未来的发展趋势提供了线索。利润趋势分析一方面可以揭示企业经营业绩与特征，另一方面可以为企业利润预测、决策及预算指明方向。

利润表趋势分析，既可以对利润表全部项目变动情况进行计算与分析，也可以对利润表中主要项目进行趋势计算与分析。分析期的确定应能体现趋势特点，因此，通常选取3~5年作为分析对象。

对利润表趋势分析表的评价可以从以下几方面进行：

（1）各项利润基本趋势评价；
（2）主营业务收入和成本变动趋势评价；
（3）净利润和利润分配变动趋势评价；
（4）企业运营总统状况评价。

【例3-3】请结合图表，利用趋势分析法分析以下内容：

（1）2015—2019年MY公司的净利润、销售毛利率和销售净利率变动趋势（表3-7）是否合理，并解释原因。

（2）结合图3-1，分析MY公司2016年及2018年销售毛利下降的原因。

表3-7　MY公司部分财务数据及指标　　　　单位：亿元

年份	净利润	销售净利率	销售成本率	销售毛利率
2015	5.95	19.838 7	75.376 5	24.623 5
2016	23.21	41.418 8	54.307 8	45.692 2
2017	23.65	23.555 4	70.192 2	29.807 8
2018	5.28	3.944 4	90.184 5	9.815 5
2019	63.36	31.335 5	64.046 9	35.953 1

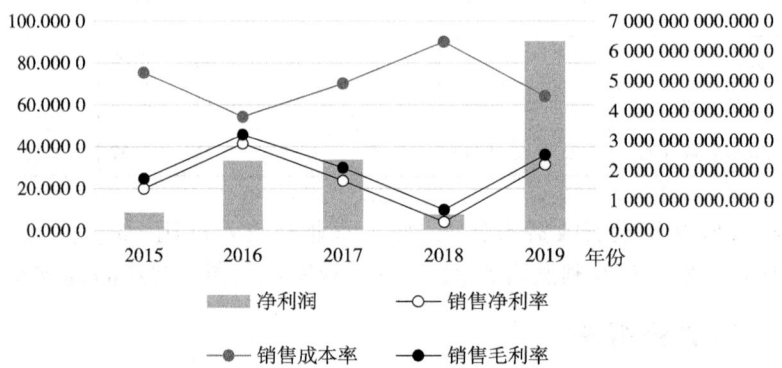

图3-1　MY公司部分财务数据趋势分析

结合以上资料，我们发现：①2015—2019年间净利润、销售毛利率和销售净利率三个指标变动趋势和方向一致，这种变动是合理的。原因在于以上指标计算基数均为营业收入，变动趋势一致的原因在于毛利润、净利润在金额增减变动方向上是一致的。②结合2016年与2018年销售成本率的异常波动，可知2016年及2018年销售毛利下降的原因是收入增幅异于成本的变动趋势，究其原因应该是销售单价的波动频繁所致。

第三节 利润表项目分析

利润表反映了企业在一定期间发生的收入、费用和利润，是企业经营业绩的综合体现，揭示了企业的前景及其为投资者创造财富的能力。利润表项目分析是对利润表的构成项目所进行的质量分析，包括收入类项目分析、成本费用类项目分析以及利润项目的质量分析。

一、收入项目分析

(一) 收入项目的定义及构成

1. 收入的定义

会计收入的定义：收入是指企业在日常活动中形成的、会导致所有者权益增加的、与所有者投入资本无关的经济利益的总流入。收入的确认条件：企业应当在履行了合同中的履约义务，即在客户取得相关商品控制权时确认收入。其中，取得相关商品控制权是指能够主导该商品的使用并从中获得几乎全部的经济利益。

2. 收入的构成（表3-8）

表3-8 收入的构成

项目	特征	分析方法
主营业务收入	企业经常性的、主要业务所产生的基本收入	水平分析法、垂直分析法、趋势分析法
其他业务收入	企业主营业务收入以外的所有通过销售商品、提供劳务收入及让渡资产使用权等在日常活动中形成的经济利益的流入	垂直分析法、趋势分析法
营业外收入	企业确认与企业生产经营活动没有直接关系的各种收入	垂直分析法、趋势分析法

【例3-4】背景资料：ZJRZ 公司是一家大型上市企业，其业务遍布大江南北，主要从事油田行业，围绕石油天然气钻井工程领域提供各类专业服务，从事各类油田化学品开发、生产、销售及新材料开发、生产、销售等国内进出口贸易，是国内服务能力较强、市场占有率较高的民营钻井液技术服务提供商，是国内能够提供一体化、一站式钻井液技术服务的优势企业，也是西南地区主要的油田特种设备检测维修技术服务及防腐工程技术提供商。

要求：根据利润表相关数据（见表3-9），分析该企业实际经营状况是否和其背景描述一致，并说明原因。

表 3-9　ZJRZ 公司 2017—2019 年相关财务数据表　　单位：亿元

项目	2019 年	2018 年	2017 年	2019 年 (%)	2018 年 (%)	2019 年与 2018 年结构变动 (%)	2017 年 (%)	2018 年与 2017 年结构变动 (%)
一、营业总收入	0.97	25.47	32.23	100	100	0	100	0
营业收入	0.97	25.47	32.23	100	100	0	100	0
二、营业总成本	1.18	30.12	32.6	121.65	118.26	3.39	101.15	17.11
营业成本	0.77	25.34	31.63	79.38	99.49	−20.11	98.14	1.35
资产减值损失	0	3.84	0.05	0.00	15.08	−15.08	0.16	14.92
三、其他经营收益				0.00	0.00	0.00	0.00	0.00
四、营业利润	−0.02	−4.54	−0.27	−2.06	−17.82	15.76	−0.84	−16.99
加：营业外收入	0.4	0	0	41.24	0.00	41.24	0.00	0.00
减：营业外支出	0.09	1.69	0.03	9.28	6.64	2.64	0.09	6.54
五、利润总额	0.29	−6.22	−0.29	29.90	−24.42	54.32	−0.90	−23.52
减：所得税费用	−0.01	0.01	0.02	−1.03	0.04	−1.07	0.06	−0.02
六、净利润	0.3	−6.23	−0.31	30.93	−24.46	55.39	−0.96	−23.50

该公司主要收入来源于主营业务，但是由于成本大于收入，所以导致连续三年亏损，但在 2019 年出现了 0.4 亿的营业外收入，因而当年净利润为正。

(二)"营业收入"项目

营业收入是企业创造利润的核心，最具有未来的可持续性，如果企业绝大部分收入来自营业收入，说明收入质量较高。

1. 营业收入产品结构及年度变化

企业销售的产品或服务是企业收入的主要来源，其结构的变化与企业的发展战略应该有着非常清晰的关系。应考察主要产品的规模变化和价格变动是否异常，衡量其稳定性和持续性。

【例3-5】MY公司和WS公司均来自工程机械行业，由于主业项目构成不同，导致两家公司最终盈利能力不同。参见表3-10和表3-11。

两家公司都是以"工程"为主题的机械装备制造业。主要产品为建筑机械、路面机械、挖掘机械、桩工机械、起重机械、非开挖施工设备、港口机械、煤炭机械、风电设备等全系列产品。

表3-10 MY公司收入分析表（按产品结构分类） 单位：亿元

报告日期	2019年	2018年	2017年
建筑机械			
营业收入	196.27	132.62	99.60
营业成本	123.55	119.58	69.69
营业利润	72.72	13.04	29.91
毛利率（%）	37.05	9.83	30.03
收入构成（%）	97.06	99.05	99.18
筑路机械			
营业收入	0.12	0.20	0.02
收入构成（%）	0.06	0.15	0.02
设备			
营业收入	5.68		
收入构成（%）	2.81		
起重机械			
营业收入		0.58	0.77
收入构成（%）		0.43	0.77
港口机械			
营业收入		0.04	0.02
收入构成（%）		0.03	0.02
其他			
营业收入	0.15	0.44	0.02
收入构成（%）	0.07	0.33	0.02

MY公司始创于1989年。三十多年来，公司秉持"创建一流企业，造就一流人才，做出一流贡献"的企业宗旨，打造了业内知名品牌。

表 3-11 WS 公司收入构成分析表（按产品结构分类） 单位：亿元

报告日期	2019 年	2018 年	2017 年
建筑机械			
营业收入	267.86	199.56	175.64
营业成本	197.39	153.11	156.02
营业利润	70.47	46.46	19.62
毛利率（%）	26.31	23.28	11.17
收入构成（%）	36.63	34.87	31.56
筑路机械			
营业收入	2.98	2.33	1.86
收入构成（%）	0.41	0.41	0.33
设备			
营业收入	1.89	0.91	0.97
收入构成（%）	0.26	0.16	0.17
起重机械			
营业收入	6.25	5.00	4.87
收入构成（%）	0.85	0.87	0.88
港口机械			
营业收入	7.28	5.92	4.90
收入构成（%）	1.00	1.03	0.88
桩工机械			
营业收入	418.12	337.66	350.49
营业成本	297.54	296.05	263.57
营业利润	120.57	41.61	86.92
毛利率（%）	28.84	12.32	24.80
收入构成（%）	57.18	58.99	62.97
其他			
营业收入	5.94	3.57	3.37
收入构成（%）	0.81	0.62	0.61

首先从结果来看，WS 公司业务规模比 MY 公司大，其产品也更加丰富，

所以当产品价格波动时，WS 公司的抗风险能力更强。但是如果观察主要产品的盈利能力会发现，WS 公司的平均毛利是低于 MY 公司的。

因此我们发现大而全的公司不一定比小而美的公司更好。按照产品结构分析公司的主营业务收入，可以找到企业的核心盈利点。

2. 营业收入的地区构成

不同的地区有着不同的市场潜力，会对企业的发展在很大程度上产生影响或制约。营业收入占比较大的地区是企业过去的主要增长点，若收入集中于较小区域，可能会遭遇天花板效应，存在一定的地域风险。

【例 3-6】表 3-12 是 MY 公司的地区收入分布情况。

表 3-12　MY 公司收入构成分析表（按地区构成分类）　单位：亿元

项　目	2019 年	2018 年	2017 年
营业收入			
国内	202.21	133.88	100.42
营业成本			
国内	129.51	119.58	70.49
营业利润			
国内	72.70	14.30	29.93
毛利率（%）			
国内	35.95	10.68	29.81
收入构成（%）			
国内	100.00	100.00	100.00
利润构成（%）			
国内	100.00	100.00	100.00

【思考】MY 公司地区收入的主要增长点是什么？

【例 3-7】表 3-13 为国内某大型运输 SF 公司 2017—2019 年营业收入的地区构成，分析该公司地区收入的主要增长点。

表 3-13　SF 公司营业收入分析表（按地区构成分类）　单位：亿元

项　目	2019 年	2018 年	2017 年
营业收入			
速运物流—港澳	23.90	14.78	12.76
速运物流—海外	11.23	9.06	7.58
速运物流—华北	243.92	193.49	153.22

续表

项　目	2019 年	2018 年	2017 年
速运物流—华东	329.96	268.16	210.62
速运物流—华南	265.17	219.64	174.17
速运物流—华西	88.77	70.96	54.07
速运物流—中南	146.05	120.68	93.66
商品及其他	12.92	12.66	4.86
收入构成（%）			
速运物流—港澳	2.13	1.63	1.79
速运物流—海外	1.00	1.00	1.07
速运物流—华北	21.74	21.28	21.55
速运物流—华东	29.41	29.49	29.63
速运物流—华南	23.64	24.15	24.50
速运物流—华西	7.91	7.80	7.61
速运物流—中南	13.02	13.27	13.17
商品及其他	1.15	1.39	0.68

分析：通过收入的地区分类，可以帮助我们分析公司主要的收入来源。以 SF 公司为例，这家公司最核心业务分布于华北、华东、华南和中南地区。相较而言，港澳和华西业务较少，这些地区还有可以开拓的市场，可成为后期企业扩展的潜在增长点。

3. 营业收入关联交易及客户构成

（1）关联交易。合理的关联交易可以节约大量商业谈判等方面的交易成本，提高交易效率。但是关联交易的最大特点就是可以反市场来制造业务。要关注报表附注中对于关联交易的披露，分析关联交易的合理性和公平性。市场运作越不规范，企业的收入与发展前景就越难确定。

【例 3-8】HYXD 传媒股份有限公司，中国大陆知名的综合性娱乐集团，于 1994 年创立，1998 年正式进入影视界，开发、制作及发行中国极受欢迎的影视作品；2009 年率先登陆创业板。近年来，HYXD 传媒股份有限公司以前瞻性的思维引领业务布局，不断坚持创新，被业界评价为中国娱乐行业的先锋和领军者。目前，HYXD 传媒股份有限公司投资及运营四大业务板块：以电影、电视剧、艺人经纪等业务为代表的影视娱乐板块，以电影城、电影世界、电影小镇、文化城等业务为代表的品牌授权与实景娱乐板块，以游戏、新媒体、粉丝社区等业务为代表的互联网娱乐板块，以及第四大业务板块——产业投资板块。

公司经营范围：制作、复制、发行：专题、专栏、综艺、动画片、广播剧、电视剧（凭节目制作经营许可证在核定期限内经营）；企业形象策划；影视文化信息咨询服务；影视广告制作、代理、发布；国产影片发行（凭电影发行经营许可证在核定期限内经营）；摄制电影（单片）；影视项目的投资管理；经营进出口业务（国家法律法规禁止、限制的除外）；股权投资，项目投资；投资管理；资产管理；投资咨询；企业管理咨询；经济贸易咨询；企业形象策划。

HYXD 公司 2017—2019 年营业收入构成见表 3-14。

表 3-14 HYXD 传媒股份有限公司营业收入分析表（按项目构成分类）

单位：亿元

项目	2019 年	2018 年	2017 年
互联网娱乐			
营业收入	0.30	0.53	3.07
营业成本	0.34	0.31	1.36
营业利润	-0.04	0.22	1.71
毛利率（%）	-13.43	41.72	55.74
收入构成（%）	1.42	1.37	7.84
利润构成（%）	-0.78	1.28	9.65
内部抵销			
营业收入	-0.16	-0.16	-0.26
营业成本	-0.15	-0.15	-0.25
营业利润	-0.01	-0.01	-0.01
毛利率（%）	4.71	5.97	3.19
收入构成（%）	-0.76	-0.40	-0.65
利润构成（%）	-0.15	-0.05	-0.05
品牌授权及服务			
营业收入	0.35	1.50	2.58
营业成本	0.25	0.98	0.03
营业利润	0.10	0.51	2.56
毛利率（%）	28.59	34.21	98.85
收入构成（%）	1.62	3.89	6.60
利润构成（%）	1.91	2.98	14.42
影视娱乐			
营业收入	20.87	36.57	33.74

续表

项　　目	2019年	2018年	2017年
营业成本	15.74	20.12	20.28
营业利润	5.13	16.45	13.46
毛利率（%）	24.59	44.98	39.90
收入构成（%）	97.71	95.14	86.21
利润构成（%）	99.02	95.80	75.98

通过上表，我们可以看到公司存在内部抵消业务，这意味着其利润将会受到影响，并且内部抵消业务金额越大，对企业影响也就越大。

（2）客户构成。上市公司年报的附注里面都会公布前五大、前十大客户的营业收入及占比。这就反映出企业收入来源的主要贡献者。若企业的客户过分集中，就需要引起注意。一方面，过分依赖某些大客户，企业的市场地位会比较被动；另一方面，若企业和某些客户深度捆绑，则可能该客户与企业存在某种特殊关系，交易并非正常的市场行为。比如利用关联交易操控利润、转移资产等。

4. 营业收入以外的其他收益和收入

（1）投资收益。投资收益指企业对外投资获得的收入（所发生的损失为负数），如企业对外投资的股利、债券利息收入及与其他单位联营利润等，包括企业处置交易性金融资产、交易性金融负债、可供出售金融资产实现的损益。其大小主要取决于被投资项目的经营情况和分配政策，因此分析企业的投资收益时应明确投资项目的经济效益、发展前景、增长潜力。

在企业主要以长期股权投资和长期债权投资为主的情况下，企业利润表中的投资收益项目的金额并非实际收入，它仅仅代表在权责发生制条件下按照长期投资会计处理的基本惯例与原则明确的收益，因此，在关注投资收益规模的同时，有必要关注其产生现金流量的能力。

（2）公允价值变动收益。公允价值变动收益指企业以各种资产，如投资性房地产、债务重组、非货币交换、交易性金融资产等公允价值变动形成的应计入当期损益的利得或损失，即公允价值与账面价值之间的差额。通过支付一定的成本取得一项资产后，后续采用公允价值计量模式时，期末资产账面价值与公允价值间形成的差额对上市公司的净利润与应交所得税有影响，需要按持有期间与处置期间分别确定。此外，可供出售金融资产公允价值变动应计入"其他综合收益"，不在此项目核算。

在正常经营条件下，公允价值变动收益不应该成为企业利润贡献的主体项目，即使在某一特定时期，其对利润贡献较大，这种贡献也难以持久。

（3）营业外收入。营业外收入是指企业发生的与其日常活动无直接关系的各项利得。此类项目不具有经常性的特点，但对利润的影响也不可小视。分析时应注意检查营业外收入明细项目的增减，考察其合法性与合理性。需要特别注意的是，营业外收入增加了企业盈利结构的不稳定因素。在具体分析过程中，可以阅读财务报表相关附注并关注以下两方面的问题：

第一，企业有无混淆营业收入和营业外收入。会计人员应正确界定营业外收入的范围，内部审计人员主要审查有无该列不列、不该列反而列入、混淆营业收入和营业外收入的界限、弄虚作假的现象。为了加强对营业外收支的管理，国家统一规定了营业外收支的具体项目。按有关规定可以列入营业外收入的项目有：无法支付的应付款项；没收逾期未收回包装物的押金收入；教育费附加返还款，罚款收入；固定资产盘盈，处理固定资产收益；等等。企业必须按照规定的收支范围执行，不得任意扩大。营业外收入是不属于企业正常经营范围的各项收入。因此，在对财务报表分析时，我们需要阅读财务报表附注，了解判断各项收入的性质，以揭示其是否有错弊风险。

第二，利用趋势分析查明企业是否将某些营业外收入长期挂账不处理。如没收随同产品出售的包装物押金收入，无法偿还的应付款等长期挂在"付账款"或"其他应付款"上，等等；还应了解企业构成营业外收入的业务内容，并对短期负债明细科目的贷方发生额进行分析，看有无误列或隐匿情况。

（三）收入类项目的结构分析

1. 经常性收入的比重

从收入的连续性和持续性上看，企业的收入类项目又可以分为经常性收入和非经常性收入。经常性收入主要来自主营业务，通常具有持续发展能力；还有一些偶发或间断性收入，即便在性质上属于营业性收入，也因为不具有持续性，归属于非经常性收入。对企业来说，保持经常性收入有一个较高的比例无疑是必要的。查看这个结构变化，可以分析企业持续经营的能力。

2. 有效收入的比重

会计上的收入是依据权责发生制的原则来确认的。按照这个原则可能出现这一种情况：收入已经被确认并体现在报表上，实际上还没收到甚至有可能出现坏账，这种收入就是无效收入。无效收入占比过高可能会给企业带来或多或少的经济损失。衡量营业收入的含金量可以用销售收现率来考察：

$$销售收现率 = 销售收到的现金 / 销售净收入 \times 100\%$$

说明：若该指标数值等于1，说明企业的销售在当年已全部收现，为无风险收入；若该指标数值大于1，说明企业不仅已将当年的销售全部收现，而且还回笼了部分以往年度的欠款，也为高质量收益；若该指标数值小于1，说明当年销售中仍有部分货款没有在年内回笼或以非现金形式回笼，反映企业仍存在收益上的风险。一旦货款在今后的某一时间成为坏账损失，则收益中的潜在风险就变成了现实。该比值的理想数据应该是1.17倍。

3. 营业收入的影响因素

企业营业收入的大小主要受到销售量和销售价格的影响，因此进行营业收入分析，应在分析营业收入总量变动的基础上，进一确认销售量和销售价格分别的影响程度。分析步骤如下：

营业收入增长额 = 本期实际营业收入 - 基期营业收入

营业收入增长率 = 营业收入增长额 / 基期营业收入 × 100%

销售量变动对营业收入的影响 = 基期营业收入 × 销售量的增长率

销售量增长率 = 销售量增长额 / 基期销售量 × 100%

价格变动对收入的影响 = 营业收入增长额 - 销售量变动对营业收入的影响

通过销售量与销售价格对收入的影响分析，不仅可以明确企业销售量及销售价格对收入的影响程度，而且可以了解企业的竞争战略选择及效果。

二、成本费用项目分析

(一) 成本费用项目的定义及构成

1. 成本费用的定义

总成本费用是指项目在一定时期内（一般指一年）为生产和销售产品而花费的全部成本和费用。总成本费用由生产成本、管理费用、财务费用和销售费用等组成。

2. 成本费用的构成

所谓"成本"，是指企业为生产商品和提供劳务而发生的各种耗费。产品总成本的构成主要包括：直接材料费用、直接人工费用和制造费用。

所谓"费用"，是指企业在日常活动中发生的，与所有者利润分配无关的，会导致所有者权益减少的经济利益的总流出。费用可以分为直接费用和间接费用。直接费用包括营业成本和营业税金；间接费用包括销售费用、管理费用和财务费用。

(二) 成本费用的项目分析

1. 产品成本解读与分析

如果是生产型企业，需要关注产品成本分析。产品成本主要由直接材料、直接人工和制造费用三个部分构成。因此，需要进行以下几个部分的分析：

（1）产成品成本趋势分析。产成品成本趋势分析就是分析单位成本的发展趋势。企业要确定各个月的产品成本是否合理，可以借助工具与图形，画出成本线，设定差异值，用图形将整体趋势表示出来。这也是进行产品成本趋势分析最直观的方法。

（2）成本项目构成变动分析。成本项目构成的变动分析就是分析构成成本的项目所发生的变化。比如，当发现材料费、人工费、制造费发生变化时，首先就要思考原因，如果是材料费上升，就要分析材料项目所发生的改变，通过项目对比，找到项目的控制点与异动点，从而明确引起材料成本变动的项目。

（3）直接材料项目分析。直接材料不论在产品成本还是企业总成本中，占的比重都相当大，因此，在企业的产品成本分析中，直接材料的分析和改善尤为重要。在对直接材料分析前，企业首先需要讨论四个方面：第一，检讨产品清单中的项目和用量是否合理，如果材料清单不准确，接下来的材料分析就缺乏依据；第二，检讨产品制造过程中的损耗率是否合理；第三，检讨标准单位成本是否合理；第四，界定材料的单位价格。

（4）直接人工项目的效率与工资率分析。通俗来讲，效率差异就是工时差异。引起效率差异的原因有五个：一是老员工流失率过高；二是生产员工的标准配置不合理；三是公司制程发生改变；四是机器故障；五是停工待料。引起工资率差异的原因有两个：一是单位工作发生改变时，没有调整标准工资率；二是计算方法前后不一致，如前一个月是计时工资，后一个月是计件工资。

（5）制造费用的可变制造费用与固定制造费用分析。变动性的制造费用包括原材料的消耗、辅料的消耗、变化的用电费用等。固定性的制造费用包括员工工资、车间租金、机器设备折旧和摊销等。一般来说，固定性费用越高的企业，经营风险越高。因此，降低固定制造费用的比重是企业控制制造费用的关键。

2. "营业成本"项目

企业所销售商品或者所提供劳务的成本，是分析产品毛利率的基础工作之一，营业成本应与所销售商品或者所提供劳务而取得的收入进行配比。制造企业的生产成本占据营业成本的很大一部分，包括所有生产材料和人工成本。注意有少数企业通过推迟结转生产成本来调节利润。

影响企业的营业成本水平的因素，既有企业不可控的因素（如受市场因素的影响而引起的价格波动），也有企业可以控制的因素（如在一定的市场价格水平条件下，企业可以通过选择供货渠道、采购批量等控制成本水平），还有企业通过成本会计系统的会计核算对营业成本的人为处理。因此，对营业成本的质量评价应综合考虑多种因素。一般地，在分析中至少应关注以下几方面：

（1）营业成本的计算是否真实？会计核算方法（如存货计价方法、固定资产折旧方法等）的选择是否恰当、稳健？当期有无发生变更？其变更是否对营业成本产生较大影响？

（2）营业成本是否存在异常波动？导致其异常波动的因素可能有哪些？哪些是可控因素？哪些是不可控因素？哪些是暂时性因素？哪些可能是对企

业长期发展造成影响的因素？影响程度如何？

（3）对企业全部销售成本的本年度实际完成情况与上年度实际情况进行对比分析，从产品类别角度分析各类产品或各主要产品销售成本升降的幅度，以及对全部销售成本的影响程度。分析差异产生的原因，分析销售成本与营业收入的变动幅度是否一致。

【例3-9】由表3-15、表3-16及图3-2的数据，根据MY公司利润表，对MY公司2015—2019年营业收入与成本进行对比分析。

表3-15 MY公司营业收入、营业成本水平分析表（以2015年为基准进行定基分析）

单位：元

年份	营业收入	营业成本	收入增长率（%）	成本增长率（%）
2015	3 003 474 722.790 0	2 263 913 601.920 0	100.00	100.00
2016	5 605 907 003.090 0	3 044 443 181.940 0	86.65	34.48
2017	10 042 415 931.260 0	7 048 993 912.330 0	234.36	211.36
2018	13 388 157 685.940 0	12 074 044 989.840 0	345.76	433.33
2019	20 221 332 525.640 0	12 951 140 545.640 0	573.26	472.07

表3-16 MY公司营业收入、营业成本垂直分析表　　单位：元

年份	营业收入	营业成本	营业成本占比营业收入
2015	3 003 474 722.790 0	2 263 913 601.920 0	75.38%
2016	5 605 907 003.090 0	3 044 443 181.940 0	54.31%
2017	10 042 415 931.260 0	7 048 993 912.330 0	70.19%
2018	13 388 157 685.940 0	12 074 044 989.840 0	90.18%
2019	20 221 332 525.640 0	12 951 140 545.640 0	64.05%

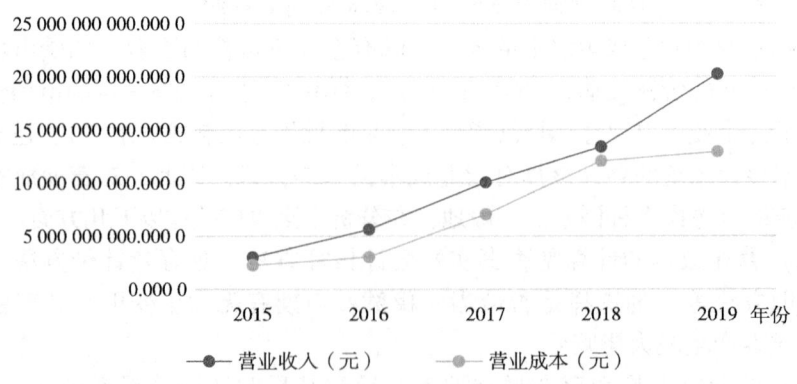

图3-2 MY公司营业收入与营业成本趋势分析

3. "销售费用"项目

销售费用指企业在销售产品或提供劳务过程中发生的各项费用,包括由企业负担的包装、运输装卸、展览广告、租赁费(不包括融资租赁费),及为销售产品而专设的销售机构费用,包括职工工资、福利、差旅、办公、折旧、修理和其他经费。通常情况下,销售费用的增减与营业收入的增减是相应关系,可由此检测销售成效。销售费用的质量分析应着重考察以下几个方面:

(1) 计算销售费用与营业收入和核心利润的比率。通过同行业比较和前后期比较,结合行业竞争状况和企业在销售费用控制方面的措施,考察销售费用支出的有效性。

(2) 分析销售费用中诸如广告费、促销费、展览费、销售网点费等与企业营销策略有关的项目所占比重的变化情况,关注这些项目对企业长期销售能力改善、企业长期发展可能做出的贡献,考察销售费用的长期效应。

(3) 在销售费用存在异常波动的情况下,结合行业竞争状态和竞争格局变化、企业营销策略的变化以及相关会计政策的变化等因素,判断销售费用波动的合理性,关注是否有人为主观操纵的迹象。

通常,销售费用异常的原因有两个:其一,销售费用过大;其二,预定的销售收入目标没有实现。

【例3-10】MY公司2015—2019年利润表"销售费用"项目,见表3-17、表3-18、表3-19及图3-3。

表3-17　MY公司销售费用分析信息披露　　　　　　　　单位:元

项　目	2015年	2016年	2017年	2018年	2019年
工资薪酬	3 977 854.100	7 905 359.460	21 334 620.040	39 242 915.300	67 283 320.800
折旧摊销	145 188.380	169 015.470	177 519.390	594 663.130	4 295 168.860
租赁水电物业费	0	0	0	0	1 955 533.930
仓储运输费	1 196 507.040	4 467 912.860	13 685 482.520	3 354 071.720	——
广告宣传推广费	236 905.000	41 425.000	934 302.800	475 539.440	142 046.570
差旅费	64 834.000	191 638.860	758 649.810	1 414 938.370	2 125 281.590
其他	580 038.240	787 891.400	1 958 705.340	9 057 554.800	34 944 320.980
销售费用合计	6 201 326.760	13 563 243.050	38 849 279.900	54 139 682.760	110 745 672.730

表3-18　MY公司销售费用水平分析(同比2015年)

项　目	2016年(%)	2017年(%)	2018年(%)	2019年(%)
工资薪酬	98.73	436.33	886.53	1 591.45
折旧摊销	16.41	22.27	309.58	2 858.34

续表

项 目	2016年（%）	2017年（%）	2018年（%）	2019年（%）
租赁水电物业费	—	—	—	—
仓储运输费	273.41	1 043.79	180.32	—
广告宣传推广费	-82.51	294.38	100.73	-40.04
差旅费	195.58	1 070.14	2 082.40	3 178.04
其他	35.83	237.69	1 461.54	5 924.49
销售费用合计	118.72	526.47	773.03	1 685.84
营业收入	86.65	234.36	345.76	573.26

分析：如表3-18所示，通过对销售费用的水平分析，可以看出销售费用的整体增长速度超过营业收入的增长速度，其中差旅费、折旧摊销及其他三项增幅最为显著。从折旧费增幅可以看出，MY公司这段时间处于快速扩张期，其新增的养猪场导致折旧增幅巨大，需要关注养猪场数量是否与经营规模一致。

表3-19　MY公司2015—2019年销售费用垂直分析　　单位：%

项 目	2015年	2016年	结构差异	2017年	结构差异	2018年	结构差异	2019年	结构差异
工资薪酬	64.15	58.29	-5.86	54.92	-3.37	72.48	17.56	60.75	-11.73
折旧摊销	2.34	1.25	-1.09	0.46	-0.79	1.10	0.64	3.88	2.78
租赁水电物业费	0.00	0.00	0.00	0.00	0.00	0.00	0.00	1.77	1.77
仓储运输费	19.29	32.94	13.65	35.23	2.29	6.20	-29.03	0.00	-6.20
广告宣传推广费	3.82	0.31	-3.51	2.40	2.09	0.88	-1.52	0.13	-0.75
差旅费	1.05	1.41	0.36	1.95	0.54	2.61	0.66	1.92	-0.69
其他	9.35	5.81	-3.54	5.04	-0.77	16.73	11.69	31.55	14.82
销售费用合计	100.00	100.00	0.00	100.00	0.00	100.00	0.00	100.00	0.00

分析：如表3-19所示，通过销售费用水平分析，我们发现其明细项目均增幅巨大，但是如果结合MY公司销售垂直分析来看，发现各项结构相对稳定。这一情况反映出MY公司处于快速扩张期，随着经营分支机构的增长，各项费用同比例增长。但是2018年存在重大异常波动，需要查明原因。

第三章 利润表分析

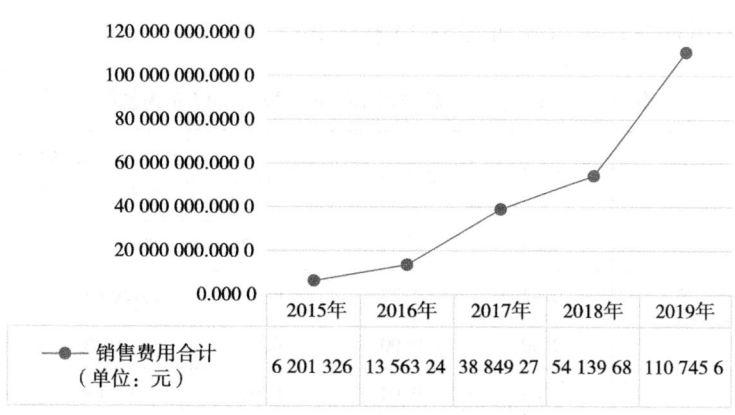

图 3-3 MY 公司销售费用趋势分析

4."管理费用"项目

管理费用指企业行政管理部门为组织和管理生产经营活动而发生的各种费用，包括企业统一负担的公司经费、工会会费、社保、董事会、聘请中介机构、咨询诉讼费、业务招待费、办公费、折旧存货跌价准备、坏账计提准备、土地绿化费、行政人员工资等费用，管理费用是企业保持经营运转的基础保障。管理费用开支过多，可能意味着企业经费控制不得力，管理效率低下，存在一定程度的浪费和虚报行为。但是，管理费用过低，也可能是过度压缩了必要的开支，如缩减职工教育经费、降低研究开发费用等，这种短期行为反而有可能会影响企业长期的经营管理绩效。

具体而言，管理费用可以分为四大类：

（1）管理性费用：包括工资、福利、差旅费、办公费、业务招待费、董事会经费等。管理费用的高低可以反映一家公司管理水平的好坏。一般来说，好的企业的管理费用比重非常低。

（2）发展性费用：指企业对未来发展服务的投入，包括企业研发费用、职工教育费用等。

（3）保护性费用：包括计提坏账损失、商业保险费用、劳动保险费用和待业保险等费用。

（4）不良费用：包括产品材料的盘亏、三包损失、坏账等。

5."财务费用"项目

财务费用是企业发生的各类财务费用，虽是为取得营业收入而发生，但与营业收入的实现没有明显因果关系，不宜计入生产经营成本，包括利息支出、汇兑损失、银行手续费等。

一般来说，如果企业借款规模较大，利息费用就比较高；如果企业为出口型，可能存在汇兑损失的问题；而中小企业基本上是手续费问题。所以，财务分析一定要结合企业现况。

MY 公司财务费用情况如表 3-20 和表 3-21 所示。

表 3-20　MY 公司财务费用水平分析表（2017 年为基期）　　单位：亿元

	2019 年	2018 年	2017 年	2018 年增长率（%）	2019 年增长率（%）
利息支出	5.60	5.52	3.17	74.13%	76.66%
减：利息收入	0.42	0.27	0.13	107.69%	223.08%
汇兑损失	0.00	0.00	0.00	0.00%	0.00%
手续费	0.04	0.04	0.00	0.00%	0.00%
其他	0.06	0.10	0.09	11.11%	-33.33%
合计	5.28	5.38	3.12	72.44%	69.23%

表 3-21　MY 公司财务费用垂直分析表　　单位：亿元

	2019 年	2018 年	2017 年	2019（%）	2018（%）	结构差异（%）	2017（%）	结构差异（%）
利息支出	5.60	5.52	3.17	106.06	102.60	3.46	101.60	1.00
减：利息收入	0.42	0.27	0.13	7.95	5.02	2.94	4.17	0.85
汇兑损失	0.00	0.00	0.00	0.00	0.00	0.00	0.00	0.00
手续费	0.04	0.04	0.00	0.76	0.74	0.01	0.00	0.74
其他	0.06	0.10	0.09	1.14	1.86	-0.72	2.88	-1.03
合计	5.28	5.38	3.12	100.00	100.00	0.00	100.00	0.00

一般情况下，经营期间所发生的利息支出会构成企业财务费用的主体。而企业借款利息水平高低主要取决于三个因素：借款规模、借款利息率和借款期限。

（1）借款规模。企业贷款规模的降低会导致计入利润表的财务费用下降，增加企业的当期利润。但是，我们更关注借款规模下降的恰当性，即是否与企业经营战略调整相适应，是否与企业未来的资金需求相适应，是否有可能因借款规模下降而限制企业的未来发展。

（2）借款利息率。从企业融资角度来看，借款利息率的具体水平主要取决于以下几个因素：一定时期资本市场的供求关系、借款规模、借款的担保条件以及借款企业的信誉等。在利率选择上，可以采用固定利率、变动利率或浮动利率等。可见，影响借款利率的既有企业不可控的因素，也有企业可以控制的因素。在不考虑借款规模和借款期限的条件下，企业的利息费用将随着利率水平波动。在分析中，应主要关注可控因素的影响，了解企业借款利率升降背后所揭示的融资环境、企业信誉等方面的变化，对企业因国家宏观调控等不可控因素而导致的财务费用降低，则不应给予过高的评价。

（3）贷款期限。在企业借款方面，企业需要关注的问题主要有三个：

第一，借款的结构，即长期借款与短期借款的问题。

第二，借款的渠道。向银行借与向地下钱庄借的利息成本是不一样的。

第三，资金结构是否合理。当企业的资金充裕时，不要让资金闲置，可以提前归还还没有借款到期的贷款或者投资项目，使资金运转顺畅，以产生更大的回报。

财务费用分析应该从三个方面着手：

第一，财务费用的总体增长及趋势分析；

第二，财务费用构成及变化趋势；

第三，财务费用与资金存量连带分析。

销售费用、管理费用、财务费用俗称"三费"，同属于期间费用，在发生当期就应计入当期损益，结转后该项目应无余额。近年来有企业根据特定意图，通过虚减或虚增费用来操纵利润，分析者需警惕。

6. "资产减值损失"项目

根据《企业会计准则——基本准则》中对资产的定义，资产应该是企业拥有或控制的，能为企业带来经济利益的资源。实际经济活动中，随着对资产的使用和经济、技术环境的发展变化，经济资源的作用难免会发生相应的改变，其未来预期给企业带来的经济利益也会出现调整。一旦某项资产能为企业带来的预期经济利益已不复存在或明显低于其账面价值，说明该项资产发生了减值损失，即出现了潜在的损失。此时，财务应当对该资产的账面价值进行必要的调整，调减至该资产未来可回收金额，以便在资产负债表上真实反映资产的实际可以利用价值，而因此调减的部分即确认资产减值损失反映在利润表中。

资产减值损失是企业资产当期发生的无形损失，它不会直接产生货币资金的流出，仅属于资产使用过程中的潜在亏损，因此会减少企业的当期利润。然而，由于资产日后会为企业带来的经济利益毕竟只是一种预期，具有不确定性，在某些时期还可能发生预期的亏损，而在另一时期或者环境条件下也可能出现预期收益增加。我国《企业会计准则第8号——资产减值》第17条明确规定，"资产减值损失一经确认，在以后会计期间不得转回"。这主要是为了防止个别企业借用资产预期价值变动人为调节和粉饰报表，但同时也意味着在某些特定情况下，一些已经确认了资产减值损失的资产，未来也有可能出现价值回升，从而为企业带来潜在利益。

因此，对资产减值损失的理解与分析，应结合资产的具体特性和特定的经济运行环境来考虑，包括对未来的合理预期。

（1）在谨慎性原则下，需要选择账面价值与公允价值中较低的一个作为资产价值披露标准。也就是说，只要资产按照其账面价值进行披露而不计提任何减值准备，就表明该项资产的质量良好，实现了保值；而只有在资产由于某种原因发生贬值时，才需要通过计提减值准备将其账面价值降至公允价值。因此，资产减值损失反映了企业资产项目的贬值程度及规模，在一定程度上揭示出这些资产的保值质量以及企业对资产的管理质量，涉及的资产主要包括债权、存货、固定资产、无形资产以及长期股权投资等。

（2）在对各项资产进行减值测试时，关键环节是要恰当地确定各项资产的公允价值，而从某种程度上说，公允价值的确定不可避免会用到主观上的估计和判断，因此，资产减值损失的确认问题实质上属于会计估计问题。既然是估计，就存在人为因素，即存在企业利用主观因素蓄意操纵利润的可能。因此，资产减值损失计提恰当与否，将直接影响企业利润的真实性与利润质量。

7. "营业外支出"项目

营业外支出是指与企业日常经营活动没有直接关系的各项支出。其中包括企业处置固定资产、无形资产等非流动资产的净损失和企业已有资产的盘亏净损失、非货币性资产的交换损失，以及债务重组损失、捐赠支出、罚款支出、非正常财产损失等。

管理费用与营业外支出主要存在以下三点区别：

其一，管理费用和营业外支出二者的区别主要是与生产经营有无直接关系。存货盘亏中与经营管理直接相关原因造成的一般损失，计入管理费用；与经营管理无关的意外原因造成的非常损失计入营业外支出。

其二，二者都是计入了当期损益，但前者影响的是营业利润和利润总额，后者只影响利润总额而不影响营业利润。

其三，营业外支出范围是有严格规定的。国家多次明文规定，非经国务院和财政部门同意，任何单位和个人都不得擅自扩大范围，增列营业外支出项目。按现行制度规定，营业外支出包括：因固定资产盘亏、毁损和出售固定资产净损失，非常损失，职工子弟学校经费和技工学校经费，劳动保险支出、赔偿金、违约金、公益性救济捐赠，非季节性和非大修理期间的停工损失等。

8. "所得税费用"项目

所得税是指企业按照税法规定，就其一定时期的应纳税所得，按照规定税率计算缴纳税款。利润表上的"所得税费用"，是指企业经营利润应缴纳的所得税。"所得税费用"核算企业负担的所得税，是损益类科目；这一般不等于当期应缴所得税，而是当期所得税和递延所得税之和，即从当期利润总额中扣除的所得税费用。此处应特别强调以下两个问题：

（1）企业当期应该向国家缴纳的所得税金额，并不一定等于企业当期的利润总额与当期适用的所得税税率的乘积。

利润表上的利润总额，一般是依据企业会计准则的相关原则与方法核算确认的，目的是为了全面、如实地反映企业一定会计期间的财务与其变动状况与经营成果，强调的是"真实性"和完整性。而计算缴纳所得税时采用的利润基数则是根据税法及相应的税收法规计算确认的应纳税所得额，突出的是"经济合理、公平税负、有力竞争"的原则。由于会计制度与税收法规之间在收益的实现以及费用的扣减问题上存在着确认口径或者确认时间等方面的不同，因此，按照会计制度计算的税前会计利润（即利润总额）与按照税法规定计算的应纳税所得额之间不可避免地存在着差异。例如：会计上将持有国债所获得的利息收入作为投资收益列入利润总额中，但是按照税法规定，国债利息收入无须缴纳所得税，也就是不必计入应纳税所得额中；再如企业发生的非公益性赞助支出、行政处罚支出，会计上都作为营业外支出在税前利润总额中全部扣除，但是按照税法规定，这些开支在计算应纳税所得额时不允许先行扣除。由此可见，企业当期是否应该缴纳所得税，以及应该缴纳多少企业所得税，并不完全由当期实现的利润总额决定，而是与当期调整后的应纳税所得额和相应的税率直接相关。

（2）利润表上的"所得税费用"，并不一定等于企业当期实际应交的所得税税额，而仅仅只是财务上当期确认的所得税"费用"。

实务中，纳税影响会计法可以分为递延法和债务法两种，主要区别在于税率出现变动时对"递延所得税资产"或"递延所得税负债"是否调整的问题。根据《企业会计准则第18号——所得税》中的规定，应对已确认的"递延所得税资产"或"递延所得税负债"重新计算调整，并将其变动影响数计入当期"所得税费用"中。显然，在这种方法下，利润表上的"所得税费用"金额便不一定等于企业当期实际承担的所得税税额了。

三、利润项目分析

（一）利润项目分析的内容

利润表的重点项目是主营业务利润、营业利润、利润总额和净利润。这几个利润项目的内涵及实际意义均不同，应分别进行分析。

1. 主营业务利润

主营业务利润又称基本业务利润，是主营业务收入减去主营业务成本和主营业务税金及附加费用得来的利润。通常情况下,企业的主营业务利润应是其利润总额的最主要的组成部分,其比重应是最高的,其他业务利润、投资收益和营业外收支相对来讲比重不应很高。如果出现不符常规的情况,那就需要多加分析研究。

主营业务利润的计算公式:

主营业务利润 = 主营业务收入 - 主营业务成本 - 主营业务税金及附加

$\quad\quad\quad = \sum$ 主营业务销售数量 × (单位产品售价 - 单位产品成本 - 单位产品税金及附加)

$\quad\quad\quad = \sum$ (主营业务销售数量 × 单位产品利润)

从上面公式可以看出:影响主营业务利润总额的因素有销售数量、销售产品品种结构、单价、主营业务税金及附加、主营业务成本。这五项因素任何一项发生变动,都会影响主营业务利润。

【例 3-11】下面以 MY 公司 2×18 年和 2×19 年主要产品销售利润明细资料为例,见表 3-22 和表 3-23。

表 3-22　2×18 年产品销售利润明细表　　　单位:千元

产品名称	销售数量	单位产品销售价格	单位产品销售成本	单位产品销售利润	产品销售利润
A	750	100	79	21	15 750
B	450	124	102	22	9 900
C	250	200	153	47	11 750
合计					37 400

表 3-23　2×19 年产品销售利润明细表　　　单位:千元

产品名称	销售数量	单位产品销售价格	单位产品销售成本	单位产品销售利润	产品销售利润
A	700	100	85	15	10 500
B	500	121	104	17	8 500
C	200	200	149	51	10 200
合计					29 200

要求:根据表 3-22 和表 3-23 的资料对企业产品销售利润进行因素分析。

分析:首先确定分析对象:37 400 - 29 200 = +8 200(千元)

接着进行因素分析:

(1) 销售量变动对利润的影响:

$$产品销售量完成率 = \frac{750 \times 100 + 450 \times 121 + 250 \times 200}{700 \times 100 + 500 \times 121 + 200 \times 200} \times 100\%$$

$$= \frac{179\ 450}{170\ 500} \times 100\%$$

$$= 105.25\%$$

销售量变动对利润的影响 = 29 200×105.25% − 29 200

= 30 733 − 29 200

= +1 533（千元）

（2）销售品种构成变动对利润的影响：

750×15 + 450×17 + 250×51 − 30 733 = 31 650 − 30 733

= +917（千元）

（3）单位价格变动对利润的影响：

450×（124 − 121）= +1350（千元）

（4）销售成本变动对利润的影响：

750×（85 − 79）+ 450×（104 − 102）+ 250×（149 − 153）= +4 400（千元）

可见，企业主要产品销售利润比上年增加 820 万元，是各因素共同作用的结果，其中降低成本、销售量增加是利润增加的主要原因。

2. "营业利润"项目

营业利润是企业主营业务利润加上其他业务利润，减去销售费用、管理费用、财务费用、资产减值损失，再加上公允价值变动损益、投资收益后的金额。企业营业利润的多少代表了企业总体的管理水平和效果。通常，营业利润越多的企业效益越好。营业利润较高时，分析时应该从主营业务利润与其他业务利润的结构分析和投资收益的规模分析两个方面入手。相反，营业利润较低时，应该重点分析销售费用、管理费用和财务费用的构成情况，找出三项费用高居不下的原因，提高经营管理效率和营业利润。

3. "利润总额"项目

营业利润是一家公司在营业收入中扣除折扣、成本消耗及营业税后的剩余，这就是人们通常所说的盈利，它与利润总额间的关系为：

利润总额 = 营业利润 + 营业外收入 − 营业外支出净利润

说明：

（1）当利润总额为负时，企业一年经营下来，其收入还抵不上成本开支及应缴的营业税，这就是通常所说的发生亏损。

（2）当利润总额为零时，企业一年的收入正好与支出相等，企业经营不亏不赚，这就是通常所说的盈亏平衡。

（3）当利润总额大于零时，企业一年的收入大于支出，这就是通常所说的企业盈利。

4. "净利润"项目

净利润是指企业当期利润总额减去所得税后的金额,即企业的税后利润。其是指在利润总额中按规定缴纳了所得税后公司的利润留存,一般也称为税后利润或净收入。净利润的多寡取决于两个因素,一是利润总额,二是所得税费用。

净利润的计算公式为:

$$净利润 = 利润总额 - 所得税费用$$

净利润是一个企业经营的最终成果,净利润多,企业的经营效益就好;净利润少,企业的经营效益就差,它是衡量一个企业经营效益的主要指标。

假若一家公司公布的净利润较上一年取得了不俗增长,但仔细阅读该报表,发现"营业外收入"一栏中显示公司最近刚刚出售了一些非战略性资产,这种一次性事件并不会经常发生,但它推高了公司每股净利润,因此,这部分应该从公司的净利润中剔除出去。这样,就得到了调整后的每股净利润,实际结果可能较上年同期还有所下跌。持续的净利润增长应该来自公司核心业务,而不是这种一次性的收入。

(二) 利润的质量分析

1. 利润的结构质量分析

一般来说,企业净利润表示企业盈利能力强,企业发展前景看好。但是正如前面对利润项目的分析中指出的,利润还存在着结构问题,而盈利的结构是否合理,决定着企业的长远发展。

利润结构示意见表3-24。

表3-24 利润结构类型示意图

项 目	A						B					
主营业务利润	盈利						亏损					
营业利润	盈利			亏损			盈利			亏损		
利润总额	盈利		亏损	盈利		亏损	盈利		亏损	盈利		亏损
净利润	盈利	亏损	亏损	盈利	亏损	亏损	盈利	亏损	亏损	盈利	亏损	亏损
类别编号	A1	A2	A3	A4	A5	A6	B1	B2	B3	B4	B5	B6

表3-24分为两大板块,其中A类显示主营业务正常,B类意味着主营业务出现问题。

(1) A1、A2、A3为扩张企业的经营状况。表3-24中,A1的利润质量最高。主营业务实现的盈利不仅可以弥补各项期间费用,还可以向国家上缴所得税,并最终形成可供企业发展或向股东分红的净利润,保证了企业具有可持续发展的能力，是企业利润结构的理想状态。A2 产生亏损的原因在于应税所得与会计收益出现了巨大的差额。究其原因无外乎两种：暂时性差异和永久性差异。暂时性差异会随时间的推移逐渐消失，它对净利润的影响是暂时的。如果 A2 产生亏损是暂时性差异造成的，尽管亏损，也可视同 A1 来理解。若是由于永久性差异造成的，如支付赞助费、减值准备计提等，则应对具体原因进行具体分析。A3 出现的原因是企业发生了投资损失或过大的营业外支出。若是投资原因造成的损失，则需要分析回撤投资的可能性，以确保主业不受影响。

（2）A4、A5、A6 表明企业毛利率偏低、投资收益少、不足以弥补各项期间费用。

表 3-24 中，A4 的盈利是投资收益和营业外收入带来的，但是需要考虑这种收益的可持续性；A5 则说明本期应税所得大于会计收益的现象，A6 意味着期间费用过高，需要分析企业经营效率低下的原因。

（3）B1、B2、B3 的共同特点是主营业务利润为负，而营业利润为正。

出现这种现象，表明企业其他业务突出或企业拥有巨大的存量现金，或者拥有较多的对外投资，能够产生足够的其他业务收益、利息收入或者投资收益来弥补主业不足。作为管理者需要考虑调整产业结构，或寻找新项目替代主业，以形成新的利润增长点。B1、B2 拥有一定的营业外收入，但 B3 则需要考虑减少营业外支出的金额。

（4）B4、B5、B6 表明企业需要考虑深层次的改革或转型，否则会面临破产危机。

B4 盈利是由于大量营业外收入的存在，但是利润质量不高，B6 企业深陷危机之中。

【例 3-12】将 MY 公司 2015—2019 年利润进行统计并进行利润结构质量分析（见表 3-25），不难看出 MY 公司 2017—2019 年期间均属于 A1 类企业。

表 3-25　MY 公司利润结构质量分析表

项　　目	2015 年	2016 年	2017 年	2018 年	2019 年
主营业务利润	盈利	盈利	盈利	盈利	盈利
营业利润	盈利	盈利	盈利	盈利	盈利
利润总额	盈利	盈利	盈利	盈利	盈利
净利润	盈利	盈利	盈利	盈利	盈利

2. 利润质量低下的表现

（1）企业的业绩过度依赖非主营业务。一般来说，企业有主营业务利润、投资收益以及营业外收入形成企业利润总额的支点。正常情况下，上述三类应当在利润总额中占有一定的比例,而这种比例的形成也应当反映企业各类活动的实际。但是,在企业主要利润增长点潜力挖尽的情况下,企业为了维持一定的利润水平,就有可能通过非主营业务实现的利润来弥补主营业务利润、投资收益的不足。例如,通过对企业固定资产的出售利得来增加利润,或大量从事主营业务以外的其他业务以求近期盈利等。显然,这类活动在短期内使企业维持住表面繁荣但同时会使企业的长期发展战略受到冲击。

(2) 企业有足够的可供分配的利润,但不进行现金股利分配。企业的股东投资建立企业,或者出资购买企业的股权,主要目的有:获取现金股利,控制被持股企业以实现企业的战略目标,耐心持有以实现投资的增值,等等。企业的经营者实现上述股东目标的主要手段,就是支付现金股利。但是,企业要想向股东支付现金股利,必须具备两个条件:第一,企业应有足够的可供分配利润;第二,企业要有足够的货币支付能力。显然,企业如果有足够的可供分配的利润但不进行现金股利分配的情况,不论企业如何解释,人们首先会认为企业没有现金支付能力,或者表明企业的管理层对未来的前景信心不足。

(3) 企业反常压缩酌量性成本。酌量性成本是指企业管理层可以通过自己的决策而改变其规模的成本,如研究和开发成本、广告费支出等。我们在前面的分析中已经看出,此类支出对企业的未来发展有利。如果企业相对于营业收入的规模而降低此类成本的话,应该属于反常压缩。这种压缩有可能是企业为了当期的利润规模而降低或推迟了本应发生的支出。

(4) 企业扩张过快。企业发展到一定程度以后,必然在业务规模、业务种类等方面寻求扩张。在企业的创业发展过程中,企业有自己熟悉的业务领域。正是由于对自己业务领域的熟悉,企业才有了发展的基础。但是,在走向多样化经营的过程中必然出现的一个问题就是企业对开拓的其他领域不论从技术、管理还是市场等多方面的规律有逐步适应、探索的过程。如果企业在一定时期内扩张过快,涉及的领域过多、过宽,那么,企业在这个时期的利润状况可能正在恶化。

(5) 企业计提的各种准备过低。从企业目前的会计实践来看,企业应当在其对外披露的资产负债表上为短期债权、短期投资、存货以及长期投资计提贬值准备,此外,企业还要对其固定资产计提折旧。但是,企业计提贬值准备以及计提折旧的幅度,取决于企业对有关资产贬值程度的主观认识以及企业会计政策和会计估计的选择。在企业期望利润高估的会计期间,企业往往选择计提较低的准备和折旧,这就等于把应当由现在或以前负担的费用或损失人为地推移到企业未来的会计期间,从而导致企业的后劲不足。因此,以计提过低准备和折旧的方法使企业利润得到的业绩,不应获得好评。

(6) 企业利润表中的经营(销售)费用、管理费用等项目出现不正常的降低。企业利润表中的经营（销售）费用、管理费用等基本上可以分成固定部分和变动部分。其中，固定部分包括折旧费、人头费等不随企业业务变化而变化的费用，变动部分则是指那些随企业业务变化而变化的费用。这样，企业各个会计期间的总费用将随企业业务的变化而变化，不太可能发生随着企业业务的增长而降低费用的情况。但在实务中，经常会发现在一些企业的利润表中收入项目增加、费用项目降低的情形。在这种情况下，信息使用者完全可以怀疑那是企业在报表中"调"出利润的痕迹。

（7）企业举债过度。企业举债过度，除了发展、扩张性原因以外，还有可能是企业通过正常经营活动、投资活动难以获得正常的现金流量的支持。在回款不利、难以支付经营活动所需要的现金流量的情况下，企业只能依靠扩大贷款规模来解决。

（三）利润的内涵质量分析

利润表为我们提供了企业的盈利过程和结果的财务信息，报表使用者都非常重视和关心这类信息。下面我们就沿着企业利润创造的过程，来看一看分析师如何利用数据分析企业利润的内涵质量。

1. 毛利率分析

毛利率是毛利与销售收入（或营业收入）的百分比，其中毛利是收入和与收入相对应的营业成本之间的差额，用公式表示为：

$$毛利率 = 毛利/营业收入 \times 100\%$$
$$= (主营业务收入 - 主营业务成本)/主营业务收入 \times 100\%$$

从构成上看，毛利是收入与营业成本的差，但实际上这种理解将毛利率的概念本末倒置了。其实，毛利率反映的是一个商品经过生产转换内部系统以后增值的那一部分。也就是说，增值得越多，毛利自然就越多。比如产品通过研发的差异性设计，对比竞争对手增加了一些功能，而边际价格的增加又为正值，这时毛利也就增加了。

2. 营业利润率分析

营业利润率是反映企业经营成果的一个关键指标，营业利润的大小反映了企业盈利能力的大小。用公式表示为：

$$营业利润 = 营业收入 - 营业成本 - 销售费用 - 管理费用 - 财务费用 - 各项营业税金及附加营业利润率$$
$$= 营业利润/营业收入 \times 100$$

简单来说，营业利润反映了整个集团核心经营活动产生的盈利能力，毛利高低代表了企业的竞争能力，费用高低则代表了企业的费用控制能力。整体而言，公司的营业利润越高，盈利能力越强，盈利质量就越高。

3. 投资收益占营业利润的比重分析

在操纵净收益的手段中，最直接有效的是通过投资收益增加利润。投资者应对利润表中的投资收益给予非常重视。对于投资收益占营业利润比重较大的企业，应该仔细分析投资收益的来源，辨别这种投资收益的持久性。假如一次性的投资收益比如出售投资所得的收益数目较大，这种投资收益的长期性就很难保证。

4. 异常的营业外收入和支出分析

营业外收入是指与企业经营活动没有直接关系的各种收入。营业外收入和支出具有偶然性，且金额一般不会太大。如果出现营业外收支净额占营业收入比重较大，则需要警惕，一般优秀的企业往往营业外收支净额在营业收入中占比很小，还要看财报注释是否合理，如果不合理，企业可能存在重大隐患，发生了重大事项，有可能在借这一项调节利润、财务作假。

【例3-13】表3-26所列数据为 MY 公司 2015—2019 年的相关财务数据，请围绕这些数据对 MY 公司 2015—2019 年利润质量进行分析。

表 3-26 MY 公司年相关财务数据 单位：元

	2015 年	2016 年	2017 年	2018 年	2019 年
营业收入	3 003 474 722.790	5 605 907 003.090	10 042 415 931.260	13 388 157 685.940	20 221 332 525.640
营业成本	2 263 913 601.920	3 044 443 181.940	7 048 993 912.330	12 074 044 989.840	12 951 140 545.640
毛利润	739 561 120.870	2 561 463 821.150	2 993 422 018.930	1 314 112 696.100	7 270 191 980.000
营业利润	505 431 577.310	2 228 005 065.810	2 389 569 913.880	523 975 834.490	6 314 833 418.140
投资收益	1 332 736.910	8 122 911.100	21 516 320.950	70 489 691.620	42 260 737.050
营业外收入	91 575 519.680	96 653 084.230	18 793 686.330	55 849 717.810	61 440 912.270
营业外支出	1 156 255.430	2 759 437.820	42 804 184.370	53 711 683.330	56 922 053.910

解析：

(1) 计算毛利率，分析主要产品毛利。首先分析 2015—2019 年间 MY 公司营业收入及营业成本的变动趋势，如图 3-4 所示。

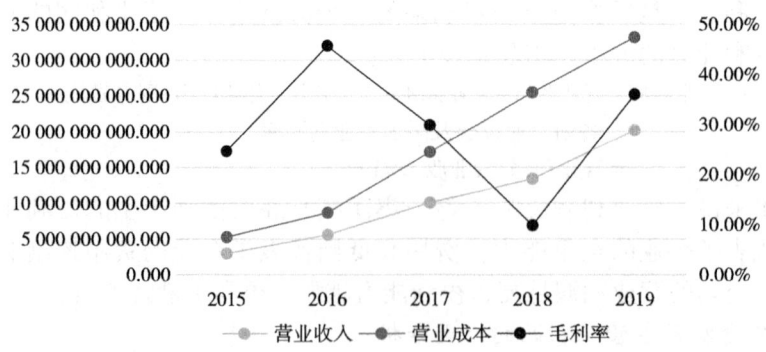

图 3-4 2015—2019 年 MY 公司营业收入、营业成本及毛利的变动趋势

（2）通过收入、成本及利润的环比增长率计算分析 2015 年和 2019 年毛利变动异常的原因，见表 3-27 及图 3-5。

表 3-27　MY 公司收入分析（以 2014 年数据为基期）

	2015 年	2016 年	2017 年	2018 年	2019 年
定基收入增长率	267.08%	1 171.39%	1 385.79%	552.26%	3 508.57%
定基成本增长率	15.31%	115.22%	285.54%	413.99%	676.32%
定基毛利增长率	-5.80%	26.68%	193.31%	402.40%	438.89%

注：以 2014 年数据为基期计算

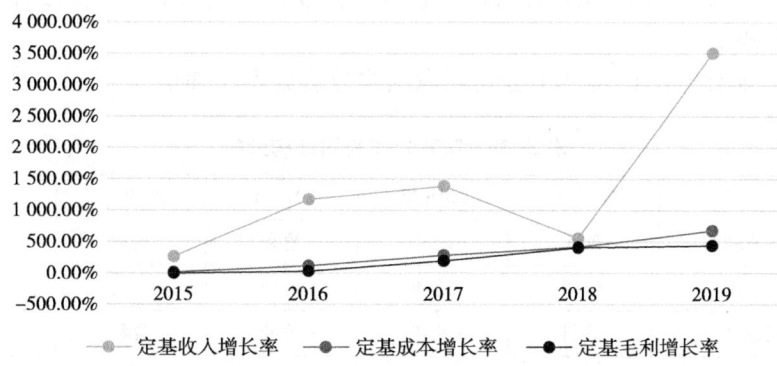

图 3-5　2015—2019 年定基比较收入增长率、成本增长率及毛利增长率

由图 3-5 可知：

第一，成本和毛利润变动趋势一致，说明成本并非毛利润变动的主要影响因素。

第二，收入变动趋势与毛利变动趋势不同，说明造成毛利率波动的原因是收入中的单价因素导致毛利在 2015 年和 2019 年异常。

（3）比较毛利润、营业利润及净利润关系判断 MY 公司主业的盈利能力，各自的营业收入占比如表 3-28 所示。

表 3-28　MY 公司主业的盈利能力分析（垂直分析）

	2015 年	2016 年	2017 年	2018 年	2019 年
毛利占比	28.39%	85.28%	53.40%	13.09%	54.30%
营业利润占比	19.40%	74.18%	42.63%	5.22%	47.17%
利润总额占比	22.88%	77.31%	42.20%	5.24%	47.20%
净利润占比	22.88%	77.31%	42.20%	5.26%	47.33%

由表 3-28 可知：该公司毛利占比收入比重较大说明主业突出，非主业因素对业绩干扰较小。

（4）分析投资收益及营业外收支对利润的影响，见表 3-29。

表 3-29 MY 公司投资收益及营业外收支分析表（垂直分析）

	2015 年	2016 年	2017 年	2018 年	2019 年
投资收益占比营业收入	0.05%	0.27%	0.38%	0.70%	0.32%
营业外收入占比营业收入	3.52%	3.22%	0.34%	0.56%	0.46%
营业外支出占比营业收入	0.04%	0.09%	0.76%	0.53%	0.43%

由表 3-29 可知：MY 公司投资收益、营业外收支对利润贡献度小，对利润干扰较小。

（5）2015—2019 年 MY 公司利润结构分析见表 3-30。

表 3-30 MY 公司利润结构分析

	2015 年	2016 年	2017 年	2018 年	2019 年
主营业务利润	盈利	盈利	盈利	盈利	盈利
营业利润	盈利	盈利	盈利	盈利	盈利
利润总额	盈利	盈利	盈利	盈利	盈利
净利润	盈利	盈利	盈利	盈利	盈利

由表 3-30 可知，MY 公司盈利结构为 A1 类企业，属于利润质量最高的一类企业。

总结：

MY 公司是一家主业清晰、盈利质量较高的企业。其主营业务实现的盈利不仅可以弥补各项期间费用，还可以向国家上缴所得税，并最终形成可供企业发展或向股东分红的净利润，保证企业具有可持续发展的能力。该企业盈利的主要风险点在于，产品盈利取决于销售单价，因此需要关注潜在的价格波动对企业利润的影响。

 练习题

一、单选题

1. 反映企业全部财务成果的指标是（　　）。
A. 主营业务利润　　　　　　B. 营业利润
C. 利润总额　　　　　　　　D. 净利润

2. 企业商品经营盈利状况最终取决于（　　）。
   A. 主营业务利润　　　　　　　　B. 营业利润
   C. 利润总额　　　　　　　　　　D. 投资收益
3. 企业提取法定盈余公积金是在（　　）。
   A. 提取法定公益金之后
   B. 弥补企业以前年度亏损之后
   C. 支付各项税收的滞纳金和罚款之后
   D. 支付普通股股利之前
4. 企业用盈余公积金分配股利后，法定盈余公积金不得低于注册资本的下述比例（　　）。
   A. 10%　　　　　　　　　　　　B. 20%
   C. 25%　　　　　　　　　　　　D. 50%
5. 产生销售折让的原因是（　　）。
   A. 激励购买方多购商品　　　　B. 促使购买方及时付款
   C. 进行产品宣传　　　　　　　D. 产品质量有问题
6. 销售品种构成变动会引起产品销售利润变动，主要是因为（　　）。
   A. 各种产品的价格不同　　　　B. 各种产品的单位成本不同
   C. 各种产品的单位利润不同　　D. 各种产品的利润率高低不同
7. 如果企业本年销售收入增长快于销售成本的增长，那么企业本年营业利润（　　）。
   A. 一定大于零　　　　　　　　B. 一定大于上年营业利润
   C. 一定大于上年利润总额　　　D. 不一定大于上年营业利润
8. 假设某企业的存货计价方法由先进先出法改为后进先出法，这项会计政策的变更对利润的影响是（　　）。
   A. 利润增加　　　　　　　　　B. 利润减少
   C. 利润不变　　　　　　　　　D. 不一定
9. 与利润分析无关的资料是（　　）。
   A. 利润分配表　　　　　　　　B. 应交增值税明细表
   C. 分部报表　　　　　　　　　D. 营业外收支明细表
10. 在各种产品的利润率不变的情况下，提高利润率低的产品在全部产品中所占的比重，则全部产品的平均利润率（　　）。
    A. 提高　　　　　　　　　　　B. 降低
    C. 不变　　　　　　　　　　　D. 无法确定

二、多选题

1. 影响主营业务利润的基本因素有（　　）。
   A. 销售量　　　　　　　　　　B. 单价

C. 期间费用 D. 销售品种构成
E. 产品等级

2. 企业的收入从广义上讲应包括（　　）。
   A. 主营业务收入 B. 其他业务收入
   C. 股利收入 D. 利息收入
   E. 营业外收入

3. 下列项目属于期间费用的有（　　）。
   A. 营业费用 B. 制造费用
   C. 财务费用 D. 销售费用
   E. 管理费用

4. 销售费用结构分析主要分析以下（　　）指标。
   A. 销售费用变动率 B. 销售费用变动额
   C. 销售费用构成率 D. 百元销售收入销售费用
   E. 百元销售收入销售费用增长率

5. 财务费用项目分析的内容包括（　　）。
   A. 借款总额 B. 利息支出
   C. 利息收入 D. 汇兑收益
   E. 汇兑损失

6. 利润表的作用包括（　　）
   A. 判断企业的经营成果和获利能力
   B. 预测企业未来的偿债能力
   C. 预测企业未来的现金流状况
   D. 评价经营管理人员的业绩
   E. 为经营成果分配提供重要依据

7. 企业应当在附注中披露的与收入有关的信息有（　　）
   A. 收入确认所采用的会计政策，包括确定提供劳务交易完工进度的方法
   B. 本期确认的商品销售收入、提供劳务收入、利息收入和使用费收入的金额
   C. 主营业务产品的销售单价
   D. 主营业务产品的销售成本
   E. 投资收益的来源及主要内容

8. 不影响产品价格高低的最主要因素是（　　）。
   A. 销售利润 B. 营业税税金
   C. 产品成本 D. 财务费用
   E. 增值税税金

9. 企业收入从广义上是指（　　）。

A. 主营业务收入　　　　　　B. 营业收入
C. 投资收入　　　　　　　　D. 营业外收入
E. 其他业务收入

10. 利润表的局限性包括（　　）
A. 不包括未实现利润和已实现的未摊销费用
B. 未考虑物价变动的影响
C. 销售成本未反映现实实际价值
D. 未列示利润形成过程
E. 不能为经营成果分配提供依据

三、判断题

1. 营业利润是企业营业收入与营业成本费用及税金之间的差额。它既包括产品销售利润，又包括其他业务利润，并在二者之和的基础上减去管理费用与财务费用。（　　）

2. 息税前利润是指没有扣除利息和所得税前的利润，即等于营业利润与利息支出之和。（　　）

3. 利润表附表反映了会计政策变动对利润的影响。（　　）

4. 销售成本变动对利润有着直接影响，销售成本降低多少，利润就会增加多少。（　　）

5. 税率的变动对产品销售利润没有影响。（　　）

6. 价格变动对销售收入的影响额与对利润的影响额不一定总是相同的。（　　）

7. 价格变动的原因是多种多样的，但是，概括地说，价格变动无非是质量差价和供求差价两种。（　　）

8. 价格因素是影响产品销售利润的主观因素。（　　）

9. 按我国现行会计制度规定，企业当期实现的净利润即为企业当期可供分配的利润。（　　）

10. 企业成本总额的增加不一定意味着利润的下降和企业管理水平的下降。（　　）

四、计算题

1. 利润完成情况分析

A 公司 20×9 年度有关利润的资料见表 3-31。

表 3-31　A 公司 20×9 年度简化利润表　　　　　　单位：元

项　目	计划	实际
主营业务利润	962 112	1 070 740
其他业务利润	38 000	32 000

续表

项　目	计划	实际
投资收益	70 000	75 000
营业外收支净额	-33 944	-28 514
利润总额	1 036 168	149 226

要求：根据上述资料，运用水平分析法对该公司20×9年度利润的完成情况进行分析。

2. 利润结构分析

B公司20×9年度利润表见表3-32。

表 3-32

编制单位：B公司　　　　　20×9年度利润表　　　　　单位：元

项　目	20×9年度	20×8年度
主营业务收入	1 943 758	2 209 653
减：主营业务成本	1 083 493	1 451 109
营业税金及附加	79 469	92 624
减：管理费用	188 980	170 500
财务费用	69 500	58 000
营业利润	522 316	437 420
加：投资净收益	42 500	30 000
营业外收入	60 000	80 000
减：营业外支出	29 000	22 000
利润总额	595 816	525 420
减：所得税	196 619	173 389
净利润	399 197	352 031

要求：根据上述资料，运用垂直分析法对公司的利润结构进行分析。

3. 成本水平分析

某企业生产甲产品的有关单位成本资料见表3-33。

表 3-33　A产品单位成本表　　　　　　　　单位：元

成本项目	20×9年实际成本	20×8年实际成本
直接材料	655	602
直接人工	159	123

续表

成本项目	20×9 年实际成本	20×8 年实际成本
制造费用	322	356
产品单位成本	1 136	1 081

要求：根据上述资料，运用水平分析法对单位成本完成情况进行分析。

4. 销售成本完成情况分析

某企业 20×9 年度和 20×8 年度的销售成本资料见表 3-34。

表 3-34　产品销售成本资料表　　　　　　　　　单位：元

产品名称	实际销售量（吨）	实际单位销售成本		实际销售总成本	
		20×9	20×8	20×9	20×8
主要产品				19 100	18 000
其中：A	120	80	75	9 600	9 000
B	100	95	90	9 500	9 000
非主要产品				2 300	2 380
其中：C	20	70	75	1 400	1 500
D	10	90	88	900	880
…全部产品				21 400	20 380

要求：根据上述资料，对该企业全部销售成本的完成情况进行分析。

五、业务题

1. 产品销售利润分析

D 公司 20×9 年和 20×8 年的主要产品销售利润明细表如表 3-35 所示。

表 3-35　D 公司 20×9 年和 20×8 年的主要产品销售利润明细表

单位：千元

产品名称	销售数量（千件）		销售单价		单位销售成本		单位销售税金		单位销售利润		销售利润总额	
	20×8	20×9	20×8	20×9	20×8	20×9	20×8	20×9	20×8	20×9	20×8	20×9
A	400	390	600	600		490	36	36			74	
B	295	305	1 500	1 450	1 284		90	87		79		
C	48	48	500	500			30	30				
合计	—	—	—	—	—	—	—	—	—	—		

要求：

(1) 根据所给资料填表；

(2) 确定销售量、价格、单位成本、税金和品种结构等各因素变动对产品销售利润的影响。

2. 销售费用分析

E 公司有关销售收入和销售费用的明细资料见表 3-36。

表 3-36　E 公司销售费用明细表　　　　　　单位：元

序号	项　目	20×9 年	20×8 年
1	工资	2 930 445	1 010 377
2	差旅费	3 876 044	1 805 062
3	运输费	4 540 432	6 139 288
4	包装费	1 530 240	168 243
5	销售佣金	2 900 000	—
6	仓储费	732 000	810 410
7	广告费	2 410 386	446 876
8	展览费	467 504	1 140 878
9	会议费	1 087 414	63 688
10	其他	959 120	370 420
11	销售费用合计	21 433 585	11 955 242
12	销售收入合计	1 345 687 440	997 868 434

要求：(1) 计算销售费用构成率；

(2) 计算百元销售收入销售费用；

(3) 评价企业销售费用情况。

六、典型案例

澳远公司是一家上市公司，它主要生产小型及微型处理电脑，其市场目标主要定位于小规模公司和个人使用。该公司生产的产品质量优良，价格合理，在市场上颇受欢迎，销路很好，因此该公司也迅速发展壮大起来。公司当前正在做 20×9 年度的财务分析，下一周，财务总监小董将向总经理汇报 20×9 年度公司的财务状况和经营成果，汇报的重点是公司经营成果的完成情况，并要出具具体的分析数据。

小李是该公司的助理会计师，主要负责利润的核算、分析工作，小董要求小李对公司 20×9 年度有关经营成果的资料进行整理分析，并对公司经营成果的完成情况写出分析结果，以供公司领导决策考虑。接到财务总监交给的任务后，小李立刻收集有关经营成果的资料，如表 3-37、表 3-38、表 3-39 及表 3-40 所示。

表 3-37　20×9 年度利润表

编制单位：澳远公司　　　　　　　　　　　　　　　　　　　　　　单位：千元

项　　目	20×9 年度	20×8 年度
一、营业收入	1 508 449	1 332 004
减：营业成本	1 070 955	968 091
营业税金及附加	14 396	6 805
减：存货跌价损失	2 095	0
销售费用	2 723	1 961
管理费用	124 502	108 309
财务费用	-24 122	105 541
二、营业利润	101 033	-39 449
加：投资收益	23 604	68 976
营业外收入	80	0
减：营业外支出	3 113	1 961
三、利润总额	121 604	27 566
减：所得税	23 344	4 268
四、净利润	98 260	23 298

表 3-38　澳远公司投资收益表

　　　　　　　　　　　　　　　　　　　　　　　　　　　　　　　　单位：千元

项　　目	20×9 年度	20×8 年度
长期股权投资收益	26 274	21 176
长期股权投资差额摊销	-2 400	-2 200
长期股权转让收益		50 000
短期投资跌价损失	-270	
投资收益合计	23 604	68 976

表 3-39　澳远公司财务费用表

　　　　　　　　　　　　　　　　　　　　　　　　　　　　　　　　单位：千元

项　　目	20×9 年度	20×8 年度
利息支出	970	128 676
减：利息收入	26 854	25 320
汇兑损失	3 108	2 809
减：汇兑收益	1 480	756
其他	134	132
财务费用	-24 122	105 541

表 3-40　澳远公司管理费用明细表　　　　单位：千元

项　目	20×9 年度	20×8 年度
工资及福利费	64 540	64 320
劳动保险费	4 340	4 308
业务招待费	8 988	4 211
工会经费	1 150	1 048
折旧费	1 540	1 540
技术开发费	38 600	27 856
其他	5 344	5 026
管理费用	124 502	108 309

请运用案例中提供的信息，协助小李做好以下几个分析工作：

1. 运用水平分析法编制利润增减变动分析表。
2. 对公司 20×9 年利润与上期相比的增减变动情况进行分析评价。
3. 运用垂直分析法编制利润结构分析表。
4. 对公司 20×9 年利润结构变动情况进行分析评价。

第四章

现金流量表分析

> **学习目标**
> 通过学习，掌握现金流量表的基本内容和不同的分析方法。主要包括：
> 1. 了解现金及现金等价物的含义及内容；
> 2. 理解现金流量表的意义；
> 3. 掌握现金流量表的内容和编制方法、分析内容；
> 4. 了解现金流量表的结构；
> 5. 能够运用比较分析法、比率分析法、项目分析等方法分析现金流量表。

第一节 现金流量表概述

一、现金流量表的含义

当代社会日益以"现金为王"，企业现金流的重要性日益增强。而现金流量表作为企业主要的财务报表之一，主要反映企业在一定期间内现金及现金等价物的流入、流出情况的动态报表。与资产负债表以及利润表的编制基础不同，现金流量表以收付实现制为编制基础，反映企业现金流的流动情况。

现金流量表的"现金"，主要包括现金以及现金等价物。"现金"一般是指企业的货币资金，包括企业的库存现金、存放在金融机构且随时可用于支付的存款以及银行汇票存款、银行本票存款等其他货币资金。不能随时用于支付的资金不属于"现金"的范畴。而"现金等价物"，是指企业所持有的期限短、流动性强、到期易于转换为已知金额、价值变动风险较小的金融资产投资。这里的"期限短"，通常是指变现时间为3个月以内，如3个月以内到期的国库券等债券投资；股权投资往往由于其最终变现金额的不确定性，不计入现金等价物的范畴。

二、现金流量表的意义

现金管理是企业财务管理的一项重要内容。实务中，企业的内部管理人员、投资者、债权人以及政府相关部门越来越关注企业在一定时期形成的现金流量。尤其是当企业利润表的数据显示有较大盈利，却又没有产生相应的现金流量时。究其原因，除了财务舞弊以外，这种差异是由于两张报表的编制基础不同所导致的。这时，对企业财务报表的相关使用者来说，代表企业实际偿债能力的现金流量表的作用不言而喻。

现金流量表的主要作用包括：

（1）反映企业一定时期的现金流量，预测企业未来产生现金流量的能力。企业的现金流量表反映了企业本期以及往期所产生的现金流量，根据企业以往现金流量表的数据，报表相关使用者可以应用比较分析法、趋势分析法等分析方法来预测企业在未来时期能够产生现金流量的能力。

（2）反映企业到期偿债能力、支付能力以及筹资能力，进一步判断企业的财务状况。不同于权责发生制编制基础下的利润表，基于收付实现制编制基础下的现金流量表由于反映了企业当前真正的现金流，而并不是停留在权责发生制下的数据，因此，能够更加客观地反映企业实际的偿债能力、支付能力以及未来的筹资能力，有助于投资者、债权人等报表相关使用者进一步评价和判断企业的财务状况。

（3）分析企业净利润和经营活动产生的现金流量之间的差异。企业净利润是企业利润表的核算内容，经营活动产生的现金流量则是企业现金流量表的核算内容，二者之间在数据上往往存在不相等的情形。产生差异的原因，排除人为因素对会计报表的影响外，通常是由于这两张报表的编制基础不同所导致的。会计上，企业收益确认的时间与现金收付的时间不完全同步，导致企业在某会计期间产生利润的同时，不一定能够形成相应的现金流量；同理，企业在某会计期间形成现金流量的同时，也不一定能够产生对等的利润。

（4）分析企业发生的与现金无关的筹资、投资活动。企业现金流量表正表主要反映的是企业某一会计期间所产生的经营活动现金流量、投资活动现金流量以及筹资活动现金流量。对于企业发生的与现金收付无关的筹资以及投资活动，则是通过现金流量表补充资料反映的，这对于报表相关使用者在进行投资决策时评价企业未来的现金流量具有一定的分析意义。

三、现金流量表的内容

企业现金流量表反映的内容主要包括"经营活动产生的现金流量""投资活动产生的现金流量""筹资活动产生的现金流量"。对于持有外币的企业，现金流量表同时还包括"汇率变动对现金及现金等价物的影响"。经营活动、投资活动以及筹资活动产生的现金流量分别反映各自的现金流入以及现金流出的总额，以使企业的现金流信息更加清晰明了。

（一）经营活动产生的现金流量

经营活动是指企业所发生的除了投资活动和筹资活动以外的所有交易或事项。

经营活动产生的现金流量主要包括："销售商品、提供劳务收到的现金""收到的税费返还""收到的其他与经营活动有关的现金"等经营活动现金流入项目；以及"购买商品、接受劳务支付的现金""支付给职工以及为职工支付的现金""支付的各项税费""支付的其他与经营活动有关的现金"等经营活动现金流出项目。

（1）"销售商品、提供劳务收到的现金"项目。该项目反映企业本期及往期销售商品、提供劳务在本期收到的现金（含商品销售收入以及向购买方收取的增值税销项税额）以及本期预收的与销售商品、提供劳务收到的款项之和，减去本期及往期销售商品在本期发生销售退回所支付的现金。该项目同时还包含企业销售材料以及代购代销业务所收到的现金。

（2）"收到的税费返还"项目。该项目反映企业本期收到返还的增值税、消费税、所得税、关税以及教育费附加返还款等各项税费。

（3）"收到的其他与经营活动有关的现金"项目。该项目主要反映企业本期经营活动中所发生的，与销售商品、提供劳务收到的现金以及收到的税费返还等现金流入无关的其他现金收入，例如企业本期收到的罚款收入、经营租赁活动收到的现金等。

（4）"购买商品、接受劳务支付的现金"项目。该项目反映企业本期及往期购买商品、接受劳务在本期支付的现金（含支付的增值税进项税额）以及本期预付的与购买商品、接受劳务支付的现金之和，减去发生在本期的购货退回收到的现金。

（5）"支付给职工以及为职工支付的现金"项目。该项目反映企业本期实际支付给企业职工的工资、奖金、各项津贴补贴等职工薪酬，但不包含由在建工程、无形资产等长期资产应支付的职工薪酬以及为离退休人员支付的职工薪酬。

（6）"支付的各项税费"项目。该项目反映企业本期及往期发生，在本期支付的各项税费，以及本期预缴的各项税费。

（7）"支付的其他与经营活动有关的现金"项目。该项目主要反映企业本期经营活动中所发生的，与购买商品、接受劳务支付的现金、支付给职工以及为职工支付的现金以及支付的各项税费等现金流出无关的其他现金支出，例如企业本期支付的罚没支出、经营租赁活动支付的现金等。

（二）投资活动产生的现金流量

投资活动是指企业所发生的非流动资产的购建及其处置活动。具体反映在现金流量表中，投资活动产生的现金流量还需要进一步划分为企业的对外投资产生的现金流量和对内投资产生的现金流量。

投资活动产生的现金流量主要包括："收回投资收到的现金"，"取得投资收益收到的现金"，"处置固定资产、无形资产和其他长期资产收回的现金净额"，"处置子公司及其他营业单位收到的现金净额"，"收到的其他与投资活动有关的现金"等投资活动现金流入项目；以及"购建固定资产、无形资产以及其他长期资产支付的现金"，"投资支付的现金"，"取得子公司及其他营业单位支付的现金净额"，"支付的其他与投资活动有关的现金"等投资活动现金流出项目。

（1）"收回投资收到的现金"项目。该项目反映企业本期处置长期股权投资和长期债权投资所收到的现金。对于企业处置现金等价物所收到的现金不计入该项目。企业处置长期债权投资收到的利息也不计入该项目，而计入"取得投资收益收到的现金"项目。

（2）"取得投资收益收到的现金"项目。该项目反映企业本期收到的股权投资所分配的现金股利、子公司以及其他营业单位分回利润收到的现金以及收到债权投资利息的现金。

（3）"处置固定资产、无形资产和其他长期资产收回的现金净额"项目。该项目反映企业本期处置非流动资产（包括固定资产、无形资产以及其他长期资产等）收到的现金收入，剔除处置费用后的现金净额。

（4）"处置子公司及其他营业单位收到的现金净额"项目。该项目反映企业本期处置子公司以及其他营业单位收到的现金收入剔除处置费用后的现金净额。

（5）"收到的其他与投资活动有关的现金"项目。该项目主要反映企业本期投资活动中所发生的，与收回投资收到的现金、取得投资收益收到的现金、处置固定资产、无形资产和其他长期资产收回的现金净额以及处置子公司及其他营业单位收到的现金净额等与现金流入无关的其他现金流入。

（6）"购建固定资产、无形资产以及其他长期资产支付的现金"项目。该项目反映企业本期通过外购、自行建造等方式取得非流动资产（包括固定资产、无形资产以及其他长期资产等）所支付的现金（包括价款和增值税进项税额）。该项目不包括支付的融资租赁的租金、支付的固定资产等借款费用产生的资本化利息支出。

（7）"投资支付的现金"项目。该项目反映企业本期为获取除现金等价物以外的长期股权投资以及长期债权投资所支付的现金。

（8）"取得子公司及其他营业单位支付的现金净额"项目。该项目反映企业本期取得子公司以及其他营业单位支付的现金，剔除子公司及其他营业单位所持有的现金及现金等价物后的现金净额。

(9)"支付的其他与投资活动有关的现金"项目。该项目主要反映企业本期投资活动中所发生的,与购建固定资产、无形资产以及其他长期资产支付的现金、投资支付的现金以及取得子公司及其他营业单位支付的现金净额等现金流出无关的其他现金流出。

(三) 筹资活动产生的现金流量

筹资活动是指会引起企业股权资本和债务资本的构成和规模发生变化的活动。具体反映在现金流量表中,筹资活动产生的现金流量主要分为通过股权筹资活动产生的现金流量和通过债务筹资活动产生的现金流量。

筹资活动产生的现金流量主要包括:"吸收投资收到的现金"、"取得借款收到的现金"、"发行债券收到的现金"、"收到的其他与筹资活动有关的现金"等筹资活动现金流入项目;以及"偿还债务支付的现金"、"分配股利、利润或偿付利息支付的现金"、"支付其他与筹资活动有关的现金"等筹资活动现金流出项目。

(1)"吸收投资收到的现金"项目。该项目反映企业本期利用股权筹资方式收到的现金,包括吸收国家投资、法人投资以及个人投资等方式收到的现金。

(2)"取得借款收到的现金"项目。该项目反映企业本期通过向银行借款等债务筹资方式收到的现金,包括短期银行借款和长期银行借款等。

(3)"发行债券收到的现金"项目。该项目反映企业本期通过发行企业债券等债务筹资方式收到的现金。

(4)"收到的其他与筹资活动有关的现金"项目。该项目主要反映企业本期筹资活动中所发生的,与吸收投资收到的现金、取得借款收到的现金以及发行债券收到的现金等现金流入无关的其他现金流入。

(5)"偿还债务支付的现金"项目。该项目反映企业本期偿还银行借款、债券筹资等债务筹资方式本金部分的现金支出。

(6)"分配股利、利润或偿付利息支付的现金"项目。该项目反映企业本期支付股权资本以及债务资本的资本成本,主要包括支付股权资本的现金股利、以现金支付其他投资单位的利润以及银行借款和企业债券的利息支出。

(7)"支付其他与筹资活动有关的现金"项目。该项目主要反映企业本期筹资活动中所发生的,与偿还债务支付的现金以及分配股利、利润或偿付利息支付的现金等现金支出无关的其他现金流入。如支付的融资租赁租金、支付的固定资产借款费用产生的资本化利息支出等。

(四) 汇率变动对现金及现金等价物的影响

汇率变动对现金及现金等价物的影响是指企业持有的外币因汇率变动而产生的汇兑损益。汇率变动产生的汇兑损益尽管不会产生现金的流入与流出,但为了反映汇率变动对企业现金及现金等价物产生的影响,需要将汇兑损益在现金流量表中予以反映。

(1)企业外币现金流量以及境外子公司的现金流量折算为记账本位币时,采用现金流量发生日的即期汇率或者按照系统合理的方法确定与现金流量发生日的即期汇率近似的汇率折算现金流量的金额。

(2)"现金及现金等价物净增加额"中外币现金净增加额则按期末汇率折算现金流量的金额。

(五)现金及现金等价物净增加额

现金及现金等价物净增加额反映企业本期各类活动产生现金流量的最终结果,是企业本期现金及现金等价物的现金流入与流出的差额。当现金流入大于现金流出时,该差额表现为正数,表示净流入;反之为负数,表示净流出。

四、现金流量表的编制方法

现金流量表的编制方法包括工作底稿法、T形账户法等。在现金流量表中,最能代表企业真实业绩水平的是经营活动产生的现金流量。因此,在现金流量表中,我们还需要分别应用直接法和间接法来计算经营活动产生的现金净流量。

(一)直接法和间接法

1. 直接法

由于经营活动中产生的净利润与其产生的现金净流量之间往往出现不一致,要从利润表的角度计算经营活动中产生的现金净流量,必须将以权责发生制为基础编制的会计数据转换为以收付实现制为基础编制的会计数据。这里的转换方法包括直接法和间接法。

直接法,是指直接按照现金流入和现金流出的类别分别列示企业经营活动现金流量的方法。在直接法下,以营业收入等项目为核算起点,调整与经营活动相关项目的增减变动,最终计算出经营活动中产生的现金净流量。其编制流程见表4-1。

表4-1 直接法编制流程一览表

权责发生制		收付实现制
营业收入	+应收款项减少额-应收款项增加额 +增值税销项税额	销售收现
营业成本	+应付款项减少额-应付款项增加额+增值税进项税额+存货增加额-存货减少额	购进付现
其他收入	+应收收入减少或预收收入增加 -应收收入增加或预收收入减少	其他收入收现

续表

权责发生制		收付实现制
其他费用	+应付费用减少或预付费用增加 −应付费用增加或预付费用减少	其他费用付现
不涉及现金的收入 不涉及现金的费用 营业外收支	与对应科目相抵消	
本期净利润		经营活动现金净流量

2. 间接法

与直接法不同，间接法是以本期利润表中的净利润为核算起点，调整经营活动中不涉及现金的收入、费用、营业外收支等项目，剔除投资和筹资活动对现金流量的影响后，计算出经营活动产生的现金净流量。

在间接法下，需要调整的项目有如下三种：

第一，不涉及现金流入的收入以及不涉及现金流出的费用。在利润表净利润的计算过程中，包含了没有增加现金的收入，同时也包含了没有支付现金的费用，这些项目都没有发生相应的现金流。因此，在计算经营活动产生的现金净流量时，需要剔除这些项目的影响。例如确认的公允价值变动损益以及计提的固定资产折旧费、无形资产摊销费以及各项资产的减值准备等项目。

第二，不属于经营活动的现金流量。利润表中还有些项目，会使得企业的现金流量发生增减变化，但由于这些项目不属于企业的经营活动，因此，在计算经营活动产生的现金净流量时，也需要剔除这些项目的影响。如投资收益以及为筹资活动支付的借款利息等现金流量。

第三，利润表中未反映的经营性应收应付项目的增减变动。我们知道，利润表是反映企业本期损益类项目增减变动的会计报表，它未能反映企业本期发生的与经营活动有关的流动资产与流动负债类项目的增减变动。如企业本期发生的与经营活动有关的流动资产与流动负债类项目的增减变动，同时使得现金流量发生相应变化，此时的净利润的数据并未包含该现金流。因此，在计算经营活动产生的现金净流量时，同时还需要考虑这些项目的影响。例如企业本期使用现金采购的存货，属于经营活动的现金流出，但是未包含在利润表中反映。

具体调整过程可用下列表达式表示：

经营活动产生的现金净流量＝净利润＋当期计提的固定资产折旧费、无形资产摊销费以及长期待摊费用摊销额＋计提的资产减值准备＋公允价值变动损失（−收益）＋处置固定资产、无形资产和其他长期资产的损失（-收益）+固定资产报废损失+财务费用+投资损失（-收益）+递延所得税资产减少（-增加）+递延所得税负债增加（-减少）+存货减少（-增加）+经营性应收项目减少（-增加）+经营性应付项目增加（-减少）

3. 直接法与间接法的关系

直接法与间接法都是确定企业本期经营活动现金净流量的基本方法。直接法能较为详细地列示企业经营活动产生的各项现金流入和现金流出项目，从而计算出经营活动现金净流量，有利于报表相关使用者预测、评价企业未来的经营活动现金流，以便做出相应的财务决策。而间接法则是根据利润表数据倒挤出企业本期经营活动的现金净流量，有利于报表相关使用者分析净利润和经营活动现金净流量之间的差异，对于评估企业真实的经营业绩等具有一定的现实意义。

同时，无论是直接法还是间接法，都存在一定的不足。直接法是直接按照现金流入和现金流出的类别分别列示企业经营活动现金流量的方法，因此，当企业现金收支项目类别繁多，无疑会增加现金流量表的编制难度；除此以外，直接法也不能揭示净利润和经营活动现金净流量之间的差异。而间接法是根据利润表数据倒挤出企业本期经营活动的现金净流量，因此该方法不能直观反映企业当期经营活动产生的现金流入量和现金流出量，不利于预测企业未来的现金流。

为了便于分析数据之间的勾稽关系，确保数据采集和计算的准确性，我国现金流量表的编制，要求主表采用直接法，附表（现金流量表补充资料）采用间接法。

（二）工作底稿法和T形账户法

1. 工作底稿法

工作底稿法是以工作底稿为手段，以资产负债表、利润表为编制基础，对报表项目进行逐一分析并编制调整分录后，编制现金流量表的方法。工作底稿法的编制流程一般包括：

（1）将资产负债表的余额（包括期初和期末余额）以及利润表的本期发生额过渡到工作底稿的期初数和期末数栏中。

（2）分析本期发生的业务并编制调整分录。调整分录的编制要从利润表"营业收入"项目开始，结合资产负债表逐一分析。调整分录中，影响现金及现金等价物的事项需分别计入"经营活动产生的现金流量""投资活动产生的现金流量""筹资活动产生的现金流量"的有关项目，借记表示现金流入，贷记则表示现金流出。

（3）将调整分录过渡到工作底稿并核对。

（4）根据工作底稿，编制现金流量表。

工作底稿的具体格式见表4-2。

表 4-2 现金流量表工作底稿

项目	期初数	调整分录		期末数
		借方	贷方	
一、资产负债表项目				
借方项目:				
货币资金				
交易性金融资产				
应收票据				
应收账款				
预付账款				
应收利息				
应收股利				
其他应收款				
存货				
一年内到期的非流动资产				
其他流动资产				
可供出售金融资产				
持有至到期投资				
长期应收款				
长期股权投资				
投资性房地产				
固定资产				
在建工程				
工程物资				
固定资产清理				
无形资产				
开发支出				
长期待摊费用				
递延所得税资产				
其他非流动资产				
借方项目合计				

续表

项　　目	期初数	调整分录		期末数
		借方	贷方	
贷方项目：				
坏账准备				
累计折旧				
资产减值准备				
累计摊销				
短期借款				
应付票据				
应付账款				
预收账款				
应付职工薪酬				
应交税费				
应付利息				
应付股利				
其他应付款				
一年内到期的非流动负债				
其他流动负债				
长期借款				
应付债券				
长期应付款				
预计负债				
递延所得税负债				
其他非流动负债				
实收资本				
资本公积				
盈余公积				
未分配利润				
贷方项目合计				
二、利润表项目				
营业收入				

续表

项　　目	期初数	调整分录		期末数
		借方	贷方	
营业成本				
税金及附加				
销售费用				
管理费用				
财务费用				
资产减值损失				
公允价值变动收益				
投资收益				
营业外收入				
营业外支出				
所得税费用				
净利润				
三、现金流量表项目				
（一）经营活动现金流量				
销售商品、提供劳务收到的现金				
现金流入小计				
购买商品、接受劳务支付的现金				
支付给职工以及为职工支付的现金				
支付的各项税费				
支付其他与经营活动有关的现金				
现金流出小计				
经营活动现金净流量				
（二）投资活动现金流量				
收回投资收到的现金				
取得投资收益收到的现金				
处置固定资产、无形资产和其他长期资产收回的现金净额				
现金流入小计				
购建固定资产、无形资产和其他产期资产支付的现金				

续表

项　　目	期初数	调整分录 借方	调整分录 贷方	期末数
现金流出小计				
投资活动现金净流量				
（三）筹资活动现金流量				
取得借款收到的现金				
现金流入小计				
偿还债务支付的现金				
分配股利、利润或偿付利息支付的现金				
现金流出小计				
筹资活动现金净流量				
（四）现金及现金等价物净增减额				
调整分录合计数				

2. T形账户法

与工作底稿法不同的是，T形账户法就是以T形账户为手段，对资产负债表和利润表项目进行分析、编制调整分录后编制现金流量表的方法。T形账户法的编制流程一般包括：

（1）对资产负债表和利润表所有非现金项目开设T形账户，并过渡各项目的金额到相应账户。

（2）开设"现金及现金等价物"T形账户，借贷双方分别设置经营活动、投资活动和筹资活动，借方记录现金流入，贷方记录现金流出。

（3）以利润表项目为基础，结合资产负债表分析每个非现金项目的增减变动，并据此编制调整分录。

（4）调整分录过渡到各T形账号后进行核对。

（5）根据"现金及现金等价物"T形账户编制现金流量表。

五、现金流量表的结构

根据《企业会计准则第31号——现金流量表》的规定，企业现金流量表的结构具体包括现金流量表主表和现金流量表附注（现金流量表补充资料）两部分。按照企业发生经济业务的性质，现金流量表主表应当列示经营活动产生的现金流量、投资活动产生的现金流量、筹资活动产生的现金流量以及汇率变动对现金及现金等价物的影响。现金流量表主表及其补充资料的结构如表4-3所示。

表 4-3 现金流量表

编制单位：　　　　　　　　20××年度　　　　　　　　单位：元

项　　目	本期金额	上期金额
一、经营活动产生的现金流量		
销售产品、提供劳务收到的现金		
收到的税费返还		
收到其他与经营活动有关的现金		
经营活动现金流入小计		
购买商品、接受劳务支付的现金		
支付给职工以及为职工支付的现金		
支付的各项税费		
支付其他与经营活动有关的现金		
经营活动现金流出小计		
经营活动产生的现金流量净额		
二、投资活动产生的现金流量		
收回投资收到的现金		
取得投资收益收到的现金		
处置固定资产、无形资产和其他长期资产收回的现金净额		
处置子公司及其他营业单位收到的现金净额		
收到其他与投资活动有关的现金		
投资活动现金流入小计		
购建固定资产、无形资产和其他长期资产支付的现金		
投资支付的现金		
取得子公司及其他营业单位支付的现金净额		
支付其他与投资活动有关的现金		
投资活动现金流出小计		
投资活动产生的现金流量净额		
三、筹资活动产生的现金流量		
吸收投资收到的现金		
取得借款收到的现金		
发行债券收到的现金		

续表

项　　目	本期金额	上期金额
收到其他与筹资活动有关的现金		
筹资活动现金流入小计		
偿还债务支付的现金		
分配股利、利润或偿付利息支付的现金		
支付其他与筹资活动有关的现金		
筹资活动现金流出小计		
筹资活动产生的现金流量净额		
四、汇率变动对现金及现金等价物的影响		
五、现金及现金等价物净增加额		
加：期初现金及现金等价物余额		
六、期末现金及现金等价物余额		
补充资料		
1. 将净利润调节为经营活动现金流量		
净利润		
加：资产减值准备		
固定资产折旧		
无形资产摊销		
长期待摊费用摊销		
处置固定资产、无形资产和其他长期资产的损失（收益以"－"号填列）		
固定资产报废损失（收益以"－"号填列）		
公允价值变动损失（收益以"－"号填列）		
财务费用（收益以"－"号填列）		
投资损失（收益以"－"号填列）		
递延所得税资产减少（增加以"－"号填列）		
递延所得税负债增加（减少以"－"号填列）		
存货的减少（增加以"－"号填列）		
经营性应收项目的减少（增加以"－"号填列）		
经营性应付项目的增加（减少以"－"号填列）		
其他		

续表

项　目	本期金额	上期金额
经营活动产生的现金流量净额		
2. 不涉及现金收支的重大投资和筹资活动		
债务转为资本		
一年内到期的可转换公司债券		
融资租入固定资产		
3. 现金及现金等价物净变动情况		
现金的期末余额		
减：现金的期初余额		
加：现金等价物的期末余额		
减：现金等价物的期初余额		
现金及现金等价物净增加额		

现金流量表附注的内容除了补充资料以外，还包括取得子公司及其他营业单位支付的现金净额、处置子公司及其他营业单位收到的现金净额以及现金和现金等价物的构成等有关信息。具体内容见表4-4、表4-5。

表4-4　取得或处置子公司及其他营业单位支付的现金净额　单位：元

项　目	金额
一、取得子公司及其他营业单位的有关信息	
1. 取得子公司及其他营业单位的价格	
2. 取得子公司及其他营业单位支付的现金和现金等价物	
减：子公司及其他营业单位持有的现金和现金等价物	
3. 取得子公司及其他营业单位支付的现金净额	
4. 取得子公司的净资产	
流动资产	
非流动资产	
流动负债	
非流动负债	
二、处置子公司及其他营业单位的有关信息	
1. 处置子公司及其他营业单位的价格	
2. 处置子公司及其他营业单位支付的现金和现金等价物	

续表

项 目	金额
减：子公司及其他营业单位持有的现金和现金等价物	
3. 处置子公司及其他营业单位支付的现金净额	
4. 处置子公司的净资产	
流动资产	
非流动资产	
流动负债	
非流动负债	

表 4-5　现金及现金等价物　　　　　单位：元

项 目	期末余额	期初余额
一、现金		
其中：库存现金		
可随时用于支付的银行存款		
可随时用于支付的其他货币资金		
可随时用于支付的存放中央银行款项		
存放同业款项		
拆放同业款项		
二、现金等价物		
其中：3 个月内到期的债券投资		
三、期末现金及现金等价物		
其中：母公司或集团公司内子公司使用受限制的现金及现金等价物		

六、现金流量表分析的内容

现金流量表分析的内容主要包括几下几方面：

（1）现金流量表变动情况分析。现金流量表变动情况分析一般应用比较分析（包括水平分析和垂直分析）进行，用以预测企业未来的现金流量，具体内容见本章第二节。

（2）现金流量表比率分析。现金流量表比率分析主要是根据现金流量表的数据计算相关指标，用以分析、评价企业的支付能力、偿债能力、营运能力等。

（3）现金流量表项目分析。现金流量表项目分析是对现金流量表各类活动产生的现金流进行质量分析，进一步评价企业收益质量及影响现金净流量的因素。

第二节 现金流量表比较分析

一、现金流量表比较分析

（一）现金流量表比较分析的内涵

现金流量表比较分析法属于现金流量表分析方法的一种，其内容具体包括现金流量表水平分析和现金流量表垂直分析。水平分析是根据现金流量表的数据，用现金流量表的本期数与选定的标准（如往期数或计划数）进行比较，计算现金流量的变动情况，编制出现金流量表水平分析表进行具体的分析评价并以此预测、评价企业未来现金流量的趋势；而垂直分析则是通过计算现金流量表中各现金流入项目占各活动现金流入小计或现金总流入的比重，以及各现金流出项目占各活动现金流出小计或现金总流出的比重，进一步分析评价企业各类活动现金流结构的变动情况及合理程度。

（二）现金流量表比较分析的意义

现金流量表比较分析的意义主要包括：

（1）水平分析揭示了本期现金流量与往期现金流量的变动差异，能够了解企业现金流量的变化幅度，为企业未来资金预算提供相应依据。

（2）通过垂直分析可以了解企业某期不同现金流入渠道所占的比重以及和不同现金流出方向所占的比重，为企业未来经营活动、投资活动以及筹资活动提供相关决策参考。

二、现金流量表水平分析

现金流量表水平分析的目的是从总体上概括了解各类现金流量的变动情况，揭示现金流量的变动差异，并分析其差异产生的原因。水平分析是根据现金流量表的数据，用现金流量表的本期数与选定的标准（如往期数或计划数）进行比较，计算现金流量的变动情况，编制出现金流量表水平分析表进行具体的分析评价并以此预测、评价企业未来现金流量的趋势。因此，水平分析是对现金流量表某一项目在不同时期数据的比较分析。

（一）现金流量表水平分析表的编制

水平分析可以将连续两期的现金流量直接比较分析，也可以同时比较连续数期的现金流量，例如比较企业连续三期及三期以上的现金流量，此时我们可以将各时期的现金流量两两进行比较。ABC 公司现金流量表水平分析表的具体内容见表 4-6。

表 4-6 ABC 公司现金流量表水平分析表
20××年度   单位：元

项　目	本期金额	上期金额	变动额	变动率（%）
一、经营活动产生的现金流量				
销售产品、提供劳务收到的现金				
……				
经营活动产生的现金流量净额				
二、投资活动产生的现金流量				
收回投资收到的现金				
……				
投资活动产生的现金流量净额				
三、筹资活动产生的现金流量				
吸收投资收到的现金				
……				
筹资活动产生的现金流量净额				
四、汇率变动对现金及现金等价物的影响				
五、现金及现金等价物净增加额				
加：期初现金及现金等价物余额				
六、期末现金及现金等价物余额				

（二）现金流量表水平分析的内容

现金流量的水平分析主要是企业不同时期现金流量的变动分析。具体内容包括：

（1）与基期比较，报告期现金及现金等价物发生了怎样的变化，包括绝对数形式的变动额和相对数形式的变动率。

（2）与基期比较，报告期内哪一类活动的现金流量变化对企业现金及现金等价物影响较大。同时，进一步评价现金流量变动的合理性，以便为企业未来的现金流量预测与相关决策提供依据。

下面以上市公司 ABC 公司的资料为例，编制该公司现金流量表水平分析表，如表 4-7 所示。

表 4-7 ABC 公司现金流量表水平分析表

2020 年度　　　　　　　　　　　　　　　　　　　　　　　　单位：元

项　　目	2020 年度	2019 年度	变动额	变动率（%）
一、经营活动产生的现金流量				
销售产品、提供劳务收到的现金	45 008 874	34 078 133	10 930 741	32.08
收到的税费返还	3 972 631	2 649 273	1 323 358	49.95
收到其他与经营活动有关的现金	325 759	199 881	125 878	62.98
经营活动现金流入小计	49 307 264	36 927 287	12 379 977	33.53
购买商品、接受劳务支付的现金	30 430 667	24 683 459	5 747 208	23.28
支付给职工以及为职工支付的现金	6 160 806	4 778 567	1 382 239	28.93
支付的各项税费	2 515 238	1 729 913	785 325	45.40
支付其他与经营活动有关的现金	6 552 640	5 646 958	905 682	16.04
经营活动现金流出小计	45 659 351	36 838 897	8 820 454	23.94
经营活动产生的现金流量净额	3 647 913	88 390	3 559 523	4 027.07
二、投资活动产生的现金流量				
收回投资收到的现金	15 392	26 803	-11 411	-42.57
取得投资收益收到的现金	89 862	34 479	55 383	160.63
处置固定资产、无形资产和其他长期资产收回的现金净额	52 554	18 295	34 259	187.26
处置子公司及其他营业单位收到的现金净额	78 101 225	0	78 101 225	—
收到其他与投资活动有关的现金	0	0	—	—
投资活动现金流入小计	78 259 033	79 577	78 179 456	98 244
购建固定资产、无形资产和其他长期资产支付的现金	1 911 923	0	1 911 923	—
投资支付的现金	233 536	60 000	173 536	289.23
取得子公司及其他营业单位支付的现金净额	0	0	—	—
支付其他与投资活动有关的现金	0	0	—	—
投资活动现金流出小计	2 145 459	60 000	2 085 459	3476
投资活动产生的现金流量净额	76 113 574	19 577	76 093 997	388 691

续表

项 目	2020年度	2019年度	变动额	变动率（%）
三、筹资活动产生的现金流量				
吸收投资收到的现金	43 342	503 138	-459 796	-91.39
取得借款收到的现金	9 365 004	6 981 386	2 383 618	34.14
发行债券收到的现金	3 961 444	0	3 961 444	—
收到其他与筹资活动有关的现金	0	0	—	—
筹资活动现金流入小计	13 369 790	7 484 524	5 885 266	78.63
偿还债务支付的现金	8 896 625	3 117 701	5 778 924	185.36
分配股利、利润或偿付利息支付的现金	830 481	538 488	291 993	54.22
支付其他与筹资活动有关的现金	0	0	—	—
筹资活动现金流出小计	9 727 106	3 656 189	6 070 917	166.04
筹资活动产生的现金流量净额	3 642 684	3 828 335	-185 651	-4.85
四、汇率变动对现金及现金等价物的影响	-268 535	8 607	-277 142	3 220
五、现金及现金等价物净增加额	83 135 636	3 944 909	79 190 727	2 007
加：期初现金及现金等价物余额	71 101 525	67 156 616	3 944 909	5.87
六、期末现金及现金等价物余额	154 237 161	71 101 525	83 135 636	116.93

由表4-7可以看出，ABC公司2020年现金及现金等价物净增加额较2019年增加了7 919万元，增长20.07倍。其中，经营活动现金净流量较上年增加355万元，增长4 027.07%；投资活动现金净流量增加7 609万元，增长388 691%；筹资活动现金净流量减少18万元，降低4.85%。汇率变动对现金及现金等价物的影响较上年减少27万元，降低3 220%。

经营活动现金流入量和流出量分别比上年增加1 237万元和882万元，增长率分别为33.53%和23.94%，经营活动现金流入量的增长幅度超过现金流出量，使得经营活动现金净流量有了一定程度的增长。2020年经营活动中，变化幅度较大的项目是："收到其他与经营活动有关的现金"，增长率为62.98%；"收到的税费返还"，增长率为49.95%；"支付的各项税费"，增长率为45.40%。

投资活动现金流入量和流出量分别比上年增加7 817万元和208万元；增长率分别为98 244%和3 476%，投资活动现金流入量的增长幅度显著高于现金流出量，使得投资活动现金净流量有了巨幅增长。2020年投资活动中，变化幅度较大的项目是"投资支付的现金"，增长率为289.23%；以及"处置固定资产、无形资产和其他长期资产收回的现金净额",增长率为187.26%。

筹资活动现金流入量和流出量分别比上年增加588万元和607万元,增长率分别为78.63%和166.04%;筹资活动现金流入量的增长幅度明显低于现金流出量,使得筹资活动现金净流量有了一定程度的降低。2020年筹资活动中,变化幅度较大的项目是"偿还债务支付的现金",增长率为185.36%,以及"吸收投资收到的现金",降低91.39%。

三、现金流量表垂直分析

现金流量表垂直分析是通过计算现金流量表中各现金流入项目占各活动现金流入小计或现金总流入的比重,以及各现金流出项目占各活动现金流出小计或现金总流出的比重,进一步分析评价企业各类活动现金流结构的变动情况及合理程度。因此,垂直分析与水平分析不同,它是对现金流量表某一项目在同一时期数据所进行的一种比较分析。

(一) 现金流量表垂直分析表的编制

现金流量表垂直分析,首先需要编制现金流量表垂直分析表,并据此分析现金流量的结构。

(二) 现金流量表垂直分析的内容

现金流量表垂直分析的内容具体包括现金流入结构分析和现金流出结构分析。

1. 现金流入结构

现金流入结构分析又分为现金总流入结构分析和三项活动(经营、投资、筹资)现金流入的内部结构分析。现金总流入结构只计算企业经营活动、投资活动以及筹资活动的现金流入占现金总流入的比值,以此分析评价企业现金流入量的构成情况,而现金流入的内部结构分析则需要分别计算分析企业经营活动、投资活动以及筹资活动的现金流入项目的结构。

2. 现金流出结构

现金流出结构分析也分为现金总流出结构分析和三项活动(经营、投资、筹资)现金流出的内部结构分析。现金总流出结构只计算企业经营活动、投资活动以及筹资活动的现金流出占现金总流出的比值,以此分析评价企业现金流出量的构成情况。而现金流出的内部结构分析则需要分别计算分析企业经营活动、投资活动以及筹资活动的现金流出项目的结构。

3. 现金净流量结构

现金净流量结构计算的是企业经营活动、投资活动以及筹资活动的现金净流量占三类活动现金净流量总额的比值,以此分析各类活动现金净流量的结构。

4. 现金流入流出比

现金流入流出比的分析表中需要计算的是企业经营活动、投资活动以及筹资活动的现金流入与其现金流出的比值,以此分析评价企业各类活动现金流入流出的结构。

以 ABC 公司为例,编制现金流量表垂直分析相关表格如表 4-8 至表 4-12 所示。

表 4-8　ABC 公司现金总流入结构分析表　　　　　单位:元

项　目	2020 年(%)	2019 年(%)
经营活动现金流入占现金总流入之比	34.99	83
投资活动现金流入占现金总流入之比	55.53	0.18
筹资活动现金流入占现金总流入之比	9.48	16.82

由表 4-8 可以看出,2020 年度,经营活动现金流入占现金总流入的比值为 34.99%,投资活动现金流入占现金总流入的比值为 55.53%,筹资活动现金流入占现金总流入的比值为 9.48%。2020 年度,现金流入量最高的是投资活动。结合表 4-7,我们发现,在投资活动中,主要是"取得投资收益收到的现金"以及"处置固定资产、无形资产以及其他长期资产收到的现金净额"产生的现金流入较高。

2019 年度,经营活动现金流入占现金总流入的比值为 83%,投资活动现金流入占现金总流入的比值为 0.18%,筹资活动现金流入占现金总流入的比值为 16.82%。2019 年度,现金流入量最高的是经营活动。结合表 4-7,我们也能发现,在经营活动中,主要是"收到的税费返还"和"收到其他与经营活动有关的现金"所产生的现金流入量较高。

表 4-9　ABC 公司现金总流出结构分析表　　　　　单位:元

项　目	2020 年(%)	2019 年(%)
经营活动现金流出占现金总流出之比	79.36	90.84
投资活动现金流出占现金总流出之比	3.73	0.15
筹资活动现金流出占现金总流出之比	16.91	9.01

由表 4-9 可以看出,2020 年度,经营活动现金流出占现金总流出的比值为 79.36%,投资活动现金流出占现金总流出的比值为 3.73%,筹资活动现金流出占现金总流出的比值为 16.91%。2020 年度,现金流出量最高的是经营活动。结合表 4-7,我们发现,在经营活动中,主要是"取得投资收益收到的现金"以及"处置固定资产、无形资产以及其他长期资产收到的现金净额"

发生的现金流出量较高。

2019年度，经营活动现金流出占现金总流出的比值为83%，投资活动现金流出占现金总流出的比值为0.18%，筹资活动现金流出占现金总流出的比值为16.82%。2019年度，现金流出量最高的是经营活动。结合表4-7，我们也能发现，在经营活动中，主要是"支付的各项税费"和"支付给职工以及为职工支付的现金"发生的现金流出量较高。

表4-10 ABC公司现金净流量结构分析表

项目	2020年（%）	2019年（%）
经营活动现金净流量结构比率	4.37	2.25
投资活动现金净流量结构比率	91.26	0.5
筹资活动现金净流量结构比率	4.37	97.25

由表4-10可以看出，2020年度经营活动现金净流量结构比率为4.37%，投资活动现金净流量结构比率为91.26%，筹资活动现金净流量结构比率为4.37%。2020年度，现金净流量最高的是投资活动。结合表4-7，主要是企业在本年度处置了一些长期资产以及收到了一些外部投资的投资报酬。2019年度，经营活动现金净流量结构比率为2.25%，投资活动现金净流量结构比率为0.5%，筹资活动现金净流量结构比率为97.25%。2019年度，企业筹资活动发挥了很大的作用，为企业带来了最大的现金净流量。结合表4-7，不难看出，主要是企业本期通过银行借款获得了较多的现金净流量。

表4-11 ABC公司现金流入流出比分析表

项目	2020年（%）	2019年（%）
经营活动现金流入流出比	1.08	1.00
投资活动现金流入流出比	36.48	1.33
筹资活动现金流入流出比	1.37	2.05

由表4-11可以看出，2020年度，经营活动现金流入流出比为1.08，投资活动现金流入流出比为36.48，筹资活动现金流入流出比为1.37。显然，投资活动为企业2020年度创造了最多的现金净流量；2019年度，经营活动现金流入流出比为1.0，投资活动现金流入流出比为1.33，筹资活动现金流入流出比为2.05。2019年度企业的筹资活动为企业带来了最大的现金净流量。

一般来说，经营活动的现金流入流出比越大越好，该比值越大，说明企业经营活动现金流入大于现金流出，能够产生正的现金净流量，为企业创造一定的现金净流入。

投资活动的现金流入流出比在企业的发展时期一般较小，这是因为大多数企业的发展时期正处于对外投资以及对内扩张性投资的阶段,这些活动都需要大量的现金支出,而收回投资或者收回投资报酬,在时间上往往是滞后的,因此,此时的现金流出量大大高于现金流入量,导致现金流入流出比的比值较小。当产品进入衰退期,企业会处置一些固定资产或其他长期资产来获取相应的现金流入量;或者因缺少投资机会基本上不会发生对外投资的现金流出。因此,此时的现金流入量显著超过现金流出量,导致现金流入流出比的比值较大。

而筹资活动的现金流入流出比在企业处于发展时期时越大越好。这是因为,在发展时期企业需要大量资金,这时,企业一般会通过银行借款等债务筹资方式和发行股票等股权筹资方式去筹集相应资金,从而产生大量的现金流入量,而偿还债务本金及利息以及支付股利等现金支出会有一定的滞后性,这就使得企业在这个时期筹资活动的现金流入流出比的比值较大;而如果企业能够在发展时期筹集到所需要的大量资金,也表明企业的筹资效率较高。

表 4-12 所示为 ABC 公司 2020 年、2019 年的各现金流量项目的流入流出结构。

表 4-12　ABC 公司现金流量表垂直分析表（内部结构分析）

单位：元

项　　目	金　　额		现金流入、流出结构（%）	
	2020 年度	2019 年度	2020 年度	2019 年度
一、经营活动产生的现金流量				
销售产品、提供劳务收到的现金	45 008 874	34 078 133	91.28	92.28
收到的税费返还	3 972 631	2 649 273	8.06	7.17
收到其他与经营活动有关的现金	325 759	199 881	0.66	0.55
经营活动现金流入小计	49 307 264	36 927 287	100	100
购买商品、接受劳务支付的现金	30 430 667	24 683 459	66.65	67
支付给职工以及为职工支付的现金	6 160 806	4 778 567	13.49	12.97
支付的各项税费	2 515 238	1 729 913	5.51	4.7
支付其他与经营活动有关的现金	6 552 640	5 646 958	14.35	15.33
经营活动现金流出小计	45 659 351	36 838 897	100	100
经营活动产生的现金流量净额	3 647 913	88 390	—	—
二、投资活动产生的现金流量				

续表

项　目	金　额		现金流入、流出结构（％）	
	2020 年度	2019 年度	2020 年度	2019 年度
收回投资收到的现金	15 392	26 803	0.02	33.68
取得投资收益收到的现金	89 862	34 479	0.11	43.33
处置固定资产、无形资产和其他长期资产收回的现金净额	52 554	18 295	0.07	22.99
处置子公司及其他营业单位收到的现金净额	78 101 225	0	99.8	—
收到其他与投资活动有关的现金	0	0	—	—
投资活动现金流入小计	78 259 033	79 577	100	100
购建固定资产、无形资产和其他长期资产支付的现金	1 911 923	0	89.11	—
投资支付的现金	233 536	60 000	10.89	100
取得子公司及其他营业单位支付的现金净额	0	0	—	—
支付其他与投资活动有关的现金	0	0	—	—
投资活动现金流出小计	2 145 459	60 000	100	100
投资活动产生的现金流量净额	76 113 574	19 577	—	—
三、筹资活动产生的现金流量				
吸收投资收到的现金	43 342	503 138	0.32	6.72
取得借款收到的现金	9 365 004	6 981 386	70.05	93.28
发行债券收到的现金	3 961 444	0	29.63	—
收到其他与筹资活动有关的现金	0	0	—	—
筹资活动现金流入小计	13 369 790	7 484 524	100	100
偿还债务支付的现金	8 896 625	3 117 701	91.46	85.27
分配股利、利润或偿付利息支付的现金	830 481	538 488	8.54	14.73
支付其他与筹资活动有关的现金	0	0	—	—
筹资活动现金流出小计	9 727 106	3 656 189	100	100
筹资活动产生的现金流量净额	3 642 684	3 828 335	—	—
四、汇率变动对现金及现金等价物的影响	3 642 684	3 828 335	—	—

续表

项　目	金　额		现金流入、流出结构（%）	
	2020 年度	2019 年度	2020 年度	2019 年度
五、现金及现金等价物净增加额	−268 535	8 607	—	—
加：期初现金及现金等价物余额	83 135 636	3 944 909	—	—
六、期末现金及现金等价物余额	71 101 525	67 156 616	—	—

现金流入结构中，在 2019 年，经营活动中现金流入最多的是"销售商品、接受劳务收到的现金"，占经营活动现金流入总额的 92.28%，这表明企业经营活动中的现金流入主要依赖于销售商品、提供劳务等经营性业务。投资活动中现金流入最多的是"取得投资收益收到的现金"，占投资活动现金流入总额的 43.33%，即该公司本年度投资活动的现金流入接近一半都是外部投资获取的投资报酬，表明企业的投资收益率较为理想，为企业创造了较为可观的现金流。筹资活动中现金流入最多的是"取得借款收到的现金"，占筹资活动现金流入总额的 93.28%，表明该公司本期筹资活动取得的现金流基本完全依赖债务筹资方式获取现金。到了 2020 年，经营活动中现金流入最多的仍然是"销售商品、接受劳务收到的现金"，占经营活动现金流入总额的 91.28%，表明企业经营活动中的现金流入主要依赖于销售商品、提供劳务等经营性业务。投资活动中现金流入最多的是"处置子公司以及其他营业单位收到的现金净额"，占投资活动现金流入总额的 99.8%，可以说，该公司本年度投资活动的现金流入基本上是由处置子公司以及其他营业单位获取的。筹资活动中现金流入最多的是"取得借款收到的现金"，占筹资活动现金流入总额的 70.05%，表明该公司本期筹资活动取得的现金流主要依赖债务筹资，而不是股权筹资方式。

现金流出结构中，2019 年，经营活动中现金流出最多的是"购买商品、接受劳务支付的现金"，占经营活动现金流出总额的 67%，超过当期经营活动现金流出总额的一半以上，这就表明企业经营活动中的现金流出主要是购买商品、接受劳务等经营性业务的现金支出。投资活动中现金流出最多的是"投资支付的现金"，占投资活动现金流出总额的 100%，这意味着该公司本年度投资活动的现金流出全部为对外进行的股权投资和债权投资所发生的现金支出。筹资活动中现金流出最多的是"偿还债务支付的现金"，占筹资活动现金流出总额的 85.27%，表明该公司本期筹资活动所发生的现金流出量，80% 以上都是偿还银行借款等的债务本金部分。而 2020 年，经营活动中现金流出最多的是"购买商品、接受劳务支付的现金"，占经营活动现金流出的

66.65%，占经营活动现金流出总额的一半以上，这也表明企业经营活动中的现金流出主要是购买商品、接受劳务等经营性业务的现金支出。投资活动中现金流出最多的是"购建固定资产、无形资产以及其他长期资产所支付的现金"，占投资活动现金流出总额的89.11%，该公司本年度投资活动的现金流出基本上是购建固定资产、无形资产以及其他长期资产支付的现金支出。筹资活动中现金流出最多的是"偿还债务支付的现金"，占筹资活动现金流出总额的91.46%，表明该公司本期筹资活动所发生的现金流出量，90%以上都是偿还银行借款等的债务本金部分。

对于一个健康的正在成长的公司来说，经营活动现金流量应是正数，投资活动的现金流量是负数，筹资活动的现金流量应是正负相间的。

第三节 现金流量表项目分析

有时我们会发现一些比较令人诧异的财务现象，比如，有些上市公司的利润很高，却又缺乏足够的资金支付相应的支出，甚至不能如期偿还到期的债务，对于企业正常的生产经营来说，是一个非常危险的信号。那么这时分析企业的现金流量表，尤其是分析企业现金流量的质量，就显得尤为关键。

现金流量表项目分析主要是对现金流量表三类活动产生的现金流量项目进行的质量分析，也就是对企业的现金流量所进行的质量分析。现金流量的质量是指企业发生的各项现金流量能够按照企业预先设定的预期目标进行运转的质量。

一、经营活动现金流量项目分析

经营活动现金流量项目按照其产生现金流量的方向，可以进一步分为经营活动现金流入项目和经营活动现金流出项目。其中，经营活动现金流入项目主要包括销售商品、提供劳务收到的现金、收到的税费返还以及收到其他与经营活动有关的现金等项目。经营活动现金流出项目则主要包括购买商品、接受劳务支付的现金、支付给职工以及为职工支付的现金、支付的各项税费以及支付其他与经营活动有关的现金等。

经营活动现金流量是企业最关键、最主要、最稳定的现金流量，它能揭示企业营业活动为企业创造的现金流情况。

(一) 现金流入项目

1. "销售商品、提供劳务收到的现金"项目

该项目是企业现金流入的主要来源，反映企业本期及往期销售商品、提供劳务在本期收到的现金（含商品销售收入以及向购买方收取的增值税销项

税额）以及本期预收的与销售商品、提供劳务收到的款项之和，减去本期及往期销售的商品在本期发生的退回所支付的现金。该项目同时还包含企业销售材料以及代购代销业务所收到的现金。

该项目分析的具体内容包括：

（1）通过计算销售商品、提供劳务收到的现金占经营活动现金流入总额的比值，来反映企业主营业务现金流的比例，该比值越大，表明企业经营活动现金流入主要依赖销售商品、提供劳务收到的现金。

（2）通过计算销售商品、提供劳务收到的现金与主营业务收入的比值，反映企业销售活动回收现金的状况，同时还可以衡量企业收入的质量高低。

（3）通过计算本期销售商品、提供劳务收到的现金与上期销售商品、提供劳务收到的现金的比值，能够反映企业的成长性。该比值越高，企业成长性就越好、企业销售收入的增长率就越高。

2. "收到的税费返还"项目

该项目反映企业本期收到返还的增值税、消费税、所得税、关税以及教育费附加返还款等各项税费。该项目属于政策优惠，一般数额不大。

3. "收到的其他与经营活动有关的现金"项目

该项目主要反映企业本期经营活动中所发生的，与销售商品、提供劳务收到的现金以及收到的税费返还等现金流入无关的其他现金收入，例如企业本期收到的罚款收入、经营租赁活动收到的现金等。

（二）现金流出项目

1. "购买商品、接受劳务支付的现金"项目

该项目反映企业本期及往期购买商品、接受劳务在本期支付的现金（含支付的增值税进项税额）以及本期预付的与购买商品、接受劳务支付的现金之和，减去发生在本期的购货退回收到的现金。

2. "支付给职工以及为职工支付的现金"项目

该项目反映企业本期实际支付给企业职工的工资、奖金、各项津贴补贴等职工薪酬，但不包含由在建工程、无形资产等长期资产应支付的职工薪酬以及为离退休人员支付的职工薪酬。

3. "支付的各项税费"项目

该项目反映企业本期及往期发生的，在本期支付的各项税费，以及本期预缴的各项税费。

4. "支付的其他与经营活动有关的现金"项目

该项目主要反映企业本期经营活动中所发生的，与购买商品、接受劳务支付的现金，支付给职工以及为职工支付的现金，以及支付的各项税费等现金流出无关的其他现金支出，例如企业本期支付的罚没支出、经营租赁活动

支付的现金等。

二、投资活动现金流量项目分析

投资活动现金流量项目按照其产生现金流量的方向,可以进一步分为投资活动现金流入项目和投资活动现金流出项目。其中,投资活动现金流入项目主要包括收回投资收到的现金,取得投资收益收到的现金,处置固定资产、无形资产和其他长期资产收回的现金净额,处置子公司及其他营业单位收到的现金净额以及收到其他与投资活动有关的现金等项目。投资活动现金流出项目则主要包括购建固定资产、无形资产和其他长期资产支付的现金,投资支付的现金,取得子公司及其他营业单位支付的现金净额以及支付其他与投资活动有关的现金等项目。

投资活动现金流量是企业现金流量的重要组成部分,是企业现金流量的有益补充。尽管投资活动现金流量的大小不能代表企业稳定的现金流量,但是当企业遭遇较高的经营风险等不利影响致使经营现金流量极度匮乏时,投资活动如能获得相应现金流,一样能使企业顺利度过危险期。

(一)现金流入项目

1. "收回投资收到的现金"项目

该项目反映企业本期处置长期股权投资和长期债权投资所收到的现金。对于企业处置现金等价物所收到的现金不计入该项目。企业处置长期债权投资收到的利息也不计入该项目,而计入"取得投资收益收到的现金"项目。

2. "取得投资收益收到的现金"项目

该项目反映企业本期收到的股权投资所分配的现金股利、子公司、其他营业单位分回利润收到的现金以及收到债权投资利息的现金。

3. "处置固定资产、无形资产和其他长期资产收回的现金净额"项目

该项目反映企业本期处置非流动资产(包括固定资产、无形资产以及其他长期资产等)收到的现金收入,剔除处置费用后的现金净额。

4. "处置子公司及其他营业单位收到的现金净额"项目

该项目反映企业本期处置子公司以及其他营业单位收到的现金收入剔除处置费用后的现金净额。

5. "收到的其他与投资活动有关的现金"项目

该项目主要反映企业本期投资活动中所发生的,与收回投资收到的现金,取得投资收益收到的现金,处置固定资产、无形资产和其他长期资产收回的现金净额,以及处置子公司及其他营业单位收到的现金净额等现金流入无关的其他现金流入。

(二) 现金流出项目

1. "购建固定资产、无形资产以及其他长期资产支付的现金"项目

该项目反映企业本期通过外购、自行建造等方式取得非流动资产（包括固定资产、无形资产以及其他长期资产等）所支付的现金（包括价款和增值税进项税额）。该项目不包括支付的融资租赁的租金、支付的固定资产等借款费用产生的资本化利息支出。

2. "投资支付的现金"项目

该项目反映企业本期为获取除现金等价物以外的长期股权投资以及长期债权投资所支付的现金。

3. "取得子公司及其他营业单位支付的现金净额"项目

该项目反映企业本期取得子公司以及其他营业单位支付的现金，剔除子公司及其他营业单位所持有的现金及现金等价物后的现金净额。

4. "支付的其他与投资活动有关的现金"项目

该项目主要反映企业本期投资活动中所发生的，与购建固定资产、无形资产以及其他长期资产支付的现金、投资支付的现金以及取得子公司及其他营业单位支付的现金净额等现金流出无关的其他现金流出。

三、筹资活动现金流量项目分析

筹资活动现金流量项目按照其产生现金流量的方向，可以进一步分为筹资活动现金流入项目和筹资活动现金流出项目。其中，筹资活动现金流入项目主要包括吸收投资收到的现金、取得借款收到的现金、发行债券收到的现金以及收到其他与筹资活动有关的现金等项目；筹资活动现金流出项目则主要包括偿还债务支付的现金，分配股利、利润或偿付利息支付的现金，以及支付其他与筹资活动有关的现金等项目。

筹资活动现金流量是企业现金流量的重要组成部分之一。在企业缺乏现金流，或者经营活动、投资活动不能为企业创造足够的现金流的时候，通过筹资活动获取相应现金流的作用不言而喻。

（一）现金流入项目

1. "吸收投资收到的现金"项目

该项目反映企业本期利用股权筹资方式收到的现金，包括吸收国家投资、法人投资以及个人投资等方式收到的现金。

2. "取得借款收到的现金"项目

该项目反映企业本期通过向银行借款等债务筹资方式收到的现金，包括短期银行借款和长期银行借款等。

3. "发行债券收到的现金"项目

该项目反映企业本期通过发行企业债券等债务筹资方式收到的现金。

4. "收到的其他与筹资活动有关的现金"项目

该项目主要反映企业本期筹资活动中所发生的,与吸收投资收到的现金、取得借款收到的现金以及发行债券收到的现金等现金流入无关的其他现金流入。

(二) 现金流出项目

1. "偿还债务支付的现金"项目

该项目反映企业本期偿还银行借款、债券筹资等债务筹资方式本金部分的现金支出。

2. "分配股利、利润或偿付利息支付的现金"项目

该项目反映企业本期支付股权资本以及债务资本的资本成本,主要包括支付股权资本的现金股利、以现金支付其他投资单位的利润以及银行借款和企业债券的利息支出。

3. "支付其他与筹资活动有关的现金"项目

该项目主要反映企业本期筹资活动中所发生的,与偿还债务支付的现金以及分配股利、利润或偿付利息支付的现金等现金支出无关的其他现金流入,如支付的融资租赁租金、支付的固定资产等借款费用产生的资本化利息支出等。

练习题

一、单选题

1. 下列选项中,不属于现金和现金等价物的是(   )。
   A. 短期股票投资   B. 短期债券投资
   C. 库存现金   D. 结算户存款

2. 现金流量表中,现金流动的基础是(   )。
   A. 收付实现制   B. 权责发生制
   C. 永续盘存制   D. 实地盘存制

3. 下列项目中,属于现金等价物的是(   )。
   A. 短期股票投资   B. 包装物
   C. 3个月到期的债券投资 D. 库存商品

4. 下列财务活动中,不属于企业筹资活动的是(   )。
   A. 发行债券   B. 分配股利
   C. 吸收权益性投资   D. 构建固定资产

5. 减少注册资本所支付的现金应当列入（　　）。
   A. 经营活动产生的现金流量　　　B. 投资活动产生的现金流量
   C. 筹资活动产生的现金流量　　　D. 以上都不是
6. 在现金流量的项目归属问题上，收到的股利应当属于（　　）。
   A. 经营活动　　　　　　　　　　B. 投资活动
   C. 筹资活动　　　　　　　　　　D. 盈余公积
7. 吸收投资收到的现金属于（　　）所产生的现金流量。
   A. 经营活动　　　　　　　　　　B. 投资活动
   C. 筹资活动　　　　　　　　　　D. 以上都不是
8. 某企业 2016 年实现的净利润为 1 275 万元，本期计提的资产减值准备为 890 万元，提取的固定资产折旧为 1 368 万元，财务费用为 146 万元，存货增加 467 万元，则经营活动的现金净流量为（　　）万元。
   A. 1 275　　　　　　　　　　　B. 3 212
   C. 3 679　　　　　　　　　　　D. 4 146
9. 能使经营现金流量减少的项目是（　　）。
   A. 无形资产摊销　　　　　　　　B. 出售长期资产利得
   C. 存货增加　　　　　　　　　　D. 应收账款减少
10. 在企业高速成长阶段，投资活动现金流量往往是（　　）。
    A. 净流量大于零　　　　　　　　B. 净流量小于零
    C. 净流量等于零　　　　　　　　D. 不确定
11. 下列各项中，能使经营活动现金净流量小于净利润的是（　　）。
    A. 无形资产摊销　　　　　　　　B. 计提坏账准备
    C. 存货增加　　　　　　　　　　D. 收回应收账款
12. 企业处于高速成长阶段时，投资活动现金净流量往往会（　　）。
    A. 流入量大于流出量　　　　　　B. 流出量大于流入量
    C. 流入量等于流出量　　　　　　D. 不确定
13. 根据《企业会计准则第 31 号——现金流量表》的规定，支付的现金股利归属于（　　）现金流量。
    A. 经营活动　　　　　　　　　　B. 投资活动
    C. 筹资活动　　　　　　　　　　D. 销售活动
14. 企业采用间接法确定经营活动现金净流量时，应该在净利润的基础上（　　）。
    A. 加上投资收益　　　　　　　　B. 减去预提费用的增加
    C. 减去固定资产折旧费用　　　　D. 加上投资损失
15. 下列财务活动中不属于企业筹资活动的是（　　）。
    A. 发行债券　　　　　　　　　　B. 分配股利

C. 吸收权益性投资　　　　　　D. 购建固定资产

16. 现金流量表的格式为（　　）。
   A. 账户式　　　　　　　　　B. 报告式
   C. 财务状况式　　　　　　　D. 单步式

17. 现金流量表的基本结构包括正表和（　　）。
   A. 表首　　　　　　　　　　B. 基本部分
   C. 补充资料　　　　　　　　D. 附表

18. 企业现金的首要来源是（　　）。
   A. 经营活动现金流量　　　　B. 投资活动现金流量
   C. 筹资活动现金流量　　　　D. 特殊项目现金流量

19. 现金流量表补充资料采用（　　）编制。
   A. 直接法　　　　　　　　　B. 间接法
   C. 因素分析法　　　　　　　D. 纳税调整法

20. 对于一个健康的正在成长的企业来说，经营活动现金净流量应该为（　　）。
   A. 正数　　　　　　　　　　B. 负数
   C. 零　　　　　　　　　　　D. 正负相间

二、多选题

1. 一项投资被确认为现金等价物须同时具备的条件包括（　　）。
   A. 流动性强　　　　　　　　B. 价值变动风险小
   C. 易于转换为已知金额的现金　D. 期限短

2. 下列经济事项中，不能产生现金流量的是（　　）。
   A. 出售固定资产
   B. 企业用现金购买将于2个月内到期的国库券
   C. 投资人投入现金
   D. 将库存现金送存银行

3. （　　）形成经营活动现金流量。
   A. 应付账款的发生　　　　　B. 购买无形资产
   C. 支付应交税费　　　　　　D. 支付职工工资

4. 属于筹资活动现金流量的项目有（　　）。
   A. 短期借款的增加　　　　　B. 支付给职工的现金
   C. 或有收益　　　　　　　　D. 分配股利所支付的现金

5. 下列项目中，属于现金流入项目的是（　　）。
   A. 经营成本节约额　　　　　B. 回收垫支的流动资金
   C. 建设投资　　　　　　　　D. 固定资产残值变现收入

6. 现金流量表反映的内容包括（　　）。

A. 经营活动现金流量　　　　　B. 投资活动现金流量
C. 筹资活动现金流量　　　　　D. 财务活动现金流量
7. 现金流量表的作用包括（　　）。
A. 评价企业的支付能力、偿债能力、营运能力
B. 预测企业未来的现金流量
C. 分析企业收益质量及影响现金净流量的因素
D. 反映企业拥有或控制的经济资源及其分布情况
8. 现金流量的编制方法包括（　　）。
A. 直接法　　　　　　　　　　B. 间接法
C. 所得税影响法　　　　　　　D. 因素分析法
9. 现金流量表中的"现金"可能包括的内容有（　　）。
A. 库存现金　　　　　　　　　B. 银行存款
C. 短期债券投资　　　　　　　D. 发行公司债券
10. 从净利润调整为经营活动现金净流量，应调增的项目有（　　）。
A. 流动负债减少　　　　　　　B. 财务费用
C. 不减少现金费用　　　　　　D. 投资损失

三、判断题

1. 经营活动产生的现金流量大于零说明企业有盈利。（　　）
2. 固定资产折旧的变动不影响当期现金流量的变动。（　　）
3. 计提坏账准备应调增经营活动现金流量。（　　）
4. 企业分配现金股利将引起现金流出量的增加。（　　）
5. 企业支付所得税将引起投资活动现金流量的增加。（　　）
6. 利息支出将对筹资活动现金流量和投资活动现金流量产生影响。
（　　）
7. 经营活动包含的现金交易主要影响流动资产和流动负债。（　　）
8. 投资活动包含的现金交易主要是购置或出售流动资产及长期资产项目。
（　　）
9. 公司如果具备很好的现金流状况，则其现金主要来源于经营活动。
（　　）
10. 现金或现金等价物之间的相互转换不属于现金流量。（　　）

第五章

企业偿债能力分析

> **学习目标**
> 本章的学习目标是使学生企业偿债能力的分析内容。主要包括：
> 1. 了解偿债能力的意义；
> 2. 理解偿债能力的内容；
> 3. 掌握偿债能力的分析方法。

第一节 偿债能力概述

一、偿债能力的含义

企业的偿债能力是指企业用其资产偿还长期债务与短期债务的能力。企业有无支付现金的能力和偿还债务的能力，是企业能否生存和健康发展的关键。企业偿债能力是反映企业财务状况的重要标志。偿债能力是企业偿还到期债务的承受能力或保证程度，包括偿还短期债务和长期债务的能力。

企业偿债能力，从静态的方面讲，就是用企业资产清偿企业债务的能力；从动态的方面讲，就是用企业资产和经营过程创造的收益偿还债务的能力。企业有无现金支付能力和偿债能力是企业能否健康发展的关键。企业偿债能力分析是企业财务分析的重要组成部分。

二、偿债能力分析的意义

企业偿债能力是反映企业财务状况的重要内容，是财务报表分析的重要组成部分。企业偿还各种到期债务能力的大小，是决定企业财务状况优劣的基本要素之一，反映了企业财务状况的稳定性与生产经营的发展趋势。偿债能力也是现代企业综合财务能力的重要组成部分，是企业经济效益持续增长的稳健性保证，重视并有效提高偿债能力，不仅是因为受到维护债权人正当权益的法律约束，而且也是企业保持良好市场形象和资信地位，增强企业的风险意识，避免风险损失，实现企业价值最大化目标的客观要求。因此，对企业偿债能力进行分析，对于企业投资者、经营者和债权人都有十分重要的意义。

(一) 企业偿债能力分析有利于投资者进行正确的投资决策

投资者在决定是否向某企业投资时,不仅要考虑企业的获利能力,而且还要考虑企业的偿债能力。投资者是企业剩余收益的享有者和声誉风险的承担者。首先,从剩余收益享有者这一身份来看,投资者从企业中所获得利益的次序在债权人之后,而企业借款的利息费用金额一般情况下是固定的,且在税前支付,因此,投资者能够通过财务杠杆获得杠杆收益。其次,投资者还是剩余风险的承担者,当企业破产清算时,投资者获得清偿的次序也在债权人之后,所以,投资者不仅要关注其投入的资产能否增值,更重要的是关注其投入的资产能否保全。

(二) 企业偿债能力分析有利于企业经营者进行正确的经营决策

企业经营者要保证企业经营目标的实现,必须保证企业生产经营各环节的畅通和顺利进行,而企业各环节畅通的关键在于企业的资金循环和周转速度。企业的偿债能力好坏是对企业资金循环状况的直接反映,对企业生产经营各环节的资金循环和周转有着重要的影响。因此,企业偿债能力的分析,对于企业经营者及时发现企业在经营过程中存在的问题,并采取相应措施加以解决,保证企业生产经营的顺利进行有着十分重要的作用。

(三) 企业偿债能力分析有利于债权人进行正确的信贷决策

偿债能力对债权人的利益有着重要的影响。企业偿债能力强弱直接决定着债权人信贷资金及其利息是否能收回的问题,而及时收回本金并取得利息是债权人要考虑的基本因素。任何一个债权人都不愿意借钱给偿还能力很差的企业,因而必须对借贷企业的财务状况特别是偿债能力状况进行深入、细致的分析,否则可能做出错误的决策。

通过偿债能力分析,可以使债权人和债务人双方都认识到风险的存在及其大小,债权人可以此做出是否贷款的决策;债务人可为下一步的资金安排或资金筹措做出决策。

(四) 企业偿债能力分析有利于正确评价企业的财务状况

企业偿债能力状况是企业经营状况和财务状况的综合反映。通过对企业偿债能力分析,可以说明企业的财务状况及其变动情况,以及企业财务状况变动的原因,找出企业经营中取得的成绩和存在的问题,提出合理的解决办法。

三、偿债能力分析的内容

按债务到期时间的长短划分,企业的偿债能力分为短期偿债能力和长期偿债能力。

（一）短期偿债能力

短期偿债能力是指企业以流动资产对流动负债及时足额偿还的保证程度，即企业以流动资产偿还流动负债的能力，反映企业偿付日常到期债务的能力，是衡量企业当前财务能力，特别是流动资产变现能力的重要指标。企业短期偿债能力的衡量指标主要有流动比率、速动比率等。

（二）长期偿债能力

长期偿债能力是指一个企业偿还长期债务和长期债务利息的能力，企业的长期负债主要有长期借款、应付债券、长期应付款、专业应付款、预计负债等，企业进行长期偿债能力分析时要结合长期负债的特点，明确影响因素。首先要看企业的获利能力。企业的获利能力与长期偿债能力之间有着密切的联系，关键要看企业未来的现金流入量，企业未来的现金流入量取决于企业盈利能力，企业盈利能力强就可以获取大量的现金。其次是企业的资本结构。企业的资金来源于两个方面，即所有者权益和负债，如果企业负债多了，大部分风险就转移到债权人身上了，企业偿还不起债务的可能性就增大了，企业的财务风险也就更大了。

（三）短期偿债能力与长期偿债能力的关系

短期偿债能力和长期偿债能力既有区别又有联系。

（1）区别：首先，从偿还债务的期限上看，短期偿债能力反映的是企业偿还期在一年或超过一年的一个营业周期内到期的债务；长期偿债能力反映的是企业偿还期在一年以上的债务。其次，企业短期偿债能力反映的是企业流动性的支出，也就是用流动资产来偿还流动负债，长期偿债能力是用企业未来盈利所取得的现金流入来偿还债务。

（2）联系：无论是短期偿债能力还是长期偿债能力，都是企业债务及时有效偿付能力的反映。企业应该合理安排资本结构和债务水平。短期偿债能力和长期偿债能力之间可以进行相互转化。

四、偿债能力分析的依据

偿债能力分析主要通过对相关财务指标的计算分析来进行，各项指标计算的数据来源于 M 公司资产负债表和利润表中的相关项目。计算偿债能力指标的相关财务数据如表 5-1 所示。

表 5-1　M 公司偿债能力指标相关财务数据　　　　单位：万元

项　　目	2019 年	2018 年	2017 年
货币资金	24 229	84 710	47 906

续表

项　　目	2019 年	2018 年	2017 年
预付款项	998	1 583	4 938
存货	3 396	1 020	13 231
流动资产合计	175 125	237 685	141 204
资产总计	566 501	566 721	584 102
流动负债合计	19 458	19 335	5 542
非流动负债合计	100 041	100 239	100 000
负债合计	119 499	119 574	105 542
股东权益合计	447 002	447 147	478 560
财务费用	1 887	61	440
利润总额	30 917	111 158	36 775
所得税费用	3 439	2 413	1 163
净利润	27 478	108 745	35 612

第二节　短期偿债能力分析

一、短期偿债能力的概念

短期偿债能力是指企业以流动资产偿还流动负债的能力，它反映企业偿付日常到期债务的能力。对债权人来说，企业要具有充分的偿还能力才能保证其债权的安全，按期取得利息，到期取回本金；对投资者来说，如果企业的短期偿债能力发生问题，企业经营管理人员就不得不耗费大量精力去筹集资金以应付还债，还会增加企业筹资的难度，或加大临时紧急筹资的成本，影响企业的盈利能力。

一个企业短期偿债能力的大小，要看流动资产和流动负债的多少和质量状况。

流动资产的质量是指其"流动性"即转换成现金的能力，包括是否能不受损失地转换为现金以及转换需要的时间。对于流动资产的质量应着重理解以下三点：

（1）资产转变成现金是经过正常交易程序变现的。

（2）流动性的强弱主要取决于资产转换成现金的时间和资产预计出售价格与实际出售价格的差额。

（3）流动资产的流动性期限为 1 年以内或超过 1 年的一个正常营业周期。

流动负债也有"质量"问题。一般说来，企业的所有债务都是要偿还的，但是并非所有债务都需要在到期时立即偿还，债务偿还的强制程度和紧迫性被视为负债的质量。

企业流动资产的数量和质量超过流动负债的程度，就是企业的偿债能力。

二、短期偿债能力分析的意义

有无偿还短期债务的能力对于企业的经营、发展乃至生存至关重要。一个企业如果短期偿债能力较弱，一方面无法获得有利的进货折扣而加大进货成本，另一方面限制或束缚管理者对企业资金的灵活调配，以致无力支付短期债务而被迫出售长期投资或拍卖固定资产，失去利用各项有利条件增加盈利的机会。短期偿债能力分析的主要意义有以下几点：

（1）对企业管理者来说，短期偿债能力的强弱意味着企业承受财务风险的能力的大小；

（2）对投资者来说，短期偿债能力的强弱意味着企业盈利能力的高低和投资机会的多少；

（3）对企业的债权人来说，企业短期偿债能力的强弱意味着本金与利息能否按期收回；

（4）对企业的供应商和消费者来说，企业短期偿债能力的强弱意味着企业履行合同能力的强弱。

三、短期偿债能力指标分析

分析企业短期偿债能力，通常可运用一系列反映短期偿债能力的指标来进行。从企业短期偿债能力的含义及影响因素可知，短期偿债能力主要可通过企业流动资产和流动负债的对比得出。因此，对企业短期偿债能力的指标分析主要可采用流动负债和流动资产对比的指标，包括营运资金、流动比率、速动比率、现金比率和企业支付能力系数等。

（一）营运资金

1. 营运资金的含义

营运资金是指流动资产减去流动负债后的差额，也称净营运资本，表示企业的流动资产在偿还全部流动负债后还有多少剩余。

2. 营运资金的计算

营运资金可以用来衡量公司或企业的短期偿债能力，其金额越大，代表该公司或企业对于支付义务的准备越充足，短期偿债能力越好。当营运资金出现负数，也就是一家企业的流动资产小于流动负债时，这家企业的营运可能随时因周转不灵而中断。一家企业的营运资金到底多少才算足够，才称得上具备良好的偿债能力，是决策的关键。偿债能力的数值若是换成比例或比值进行比较，可能会出现较具意义的结论。营运资金是一个绝对数指标，其计算公式为：

营运资金＝流动资产－流动负债
　　　　＝（总资产－非流动资产）－（总资产－所有者权益－长期负债）
　　　　＝（所有者权益＋长期负债）－非流动资产
　　　　＝长期资本－长期资产

如果流动资产－流动负债＞0，则与此相对应的"净流动资产"是以长期负债和投资人权益的一定份额为资金来源；如果流动资产－流动负债＝0，则占用在流动资产上的资金都是流动负债融资；如果流动资产－流动负债＜0，则流动负债融资由流动资产和固定资产等长期资产共同占用，偿债能力差。

从财务观点看，如果流动资产高于流动负债，表示企业具有一定的短期偿付能力。该指标越高，表示企业可用于偿还流动负债的资金越充足，企业的短期偿付能力越强，企业所面临的短期流动性风险越小，债权人安全程度越高。因此，可将营运资本作为衡量企业短期偿债能力的绝对数指标。对营运资金指标进行分析，可以从静态上评价企业当期的短期偿债能力状况，也可从动态上评价企业不同时期短期偿债能力的变动情况。

【例5-1】根据M公司资产负债表和利润表提供的相关资料，该公司营运资本指标的计算如表5-2所示。

表5-2　M公司营运资本计算表　　　　　　　　单位：万元

项　目	2019年	2018年	2017年
流动资产合计	175 125	237 685	141 204
流动负债合计	19 458	19 335	5 542
营运资本	155 667	218 350	135 662

由表5-2可以看出，2018年M公司的营运资本较2017年有较大增幅，2019年又回落，2017—2019年呈现凸形的趋势，但营运资本绝对数金额为正且较大，说明偿还流动负债的资金充足，企业的短期偿债能力较强。

3. 营运资金的意义

营运资金是用来计量企业短期偿债能力的绝对指标。企业能否偿还短期债务，要看有多少债务，以及有多少可以变现偿债的流动资产。当流动资产大于流动负债时，营运资金为正，说明营运资金出现溢余。此时，与营运资金对应的流动资产以一定数额的长期负债或所有者权益作为资金的来源。营运资金数额越大，说明不能偿债的风险越小；反之，当流动资产小于流动负债时，营运资金为负，说明营运资金出现短缺。此时，企业部分长期资产是以流动负债作为资金来源，企业不能偿债的风险很大。我们分析营运资金，还需分析其合理性。所谓营运资金的合理性，是指营运资金的数量以多少为宜。短期债权人希望营运资金越多越好，这样就可以减少贷款风险，因为营运资金短缺会迫使企业为了维持正常的经营和信用，在不恰当的时机，按不利的利率进行不利的借款,从而影响利息和股利的支付能力。但是过多地持有营运资金也不是什么好事。高营运资金,意味着流动资产多而流动负债少。与长期资产相比,流动资产流动性强、风险小但获利性差,过多的流动资产不利于企业提高盈利能力。除了短期借款以外的流动负债通常不需要支付利息;流动负债过少,说明企业利用无息负债扩大经营规模的能力较差。因此,企业应保持适当的营运资金规模。

衡量营运资金保持多少是合理的,没有一个统一的标准。不同行业的营运资金规模有很大差别。一般说来,零售商的营运资金较多,因为他们除了流动资产外没有什么可以偿债的资产;而信誉好的餐饮企业营运资金很少,有时甚至是一个负数,因为其稳定的收入可以偿还同样稳定的流动负债。制造业一般有正的营运资金,但其数额差别很大。由于营运资金与经营规模有联系,所以同一行业不同企业之间的营运资金也缺乏可比性。

营运资金是一个绝对数,不便于不同企业间的比较,因此,在实务中很少直接使用营运资金作为偿债能力指标。

【例 5-2】A 公司和 B 公司的营运资金情况见表 5-3,试分析比较二者的短期偿债能力。

表 5-3 营运资金情况表　　　　　　　单位:万元

项　目	A 公司	B 公司
流动资产	500	1 800
流动负债	300	1 600
营运资金	200	200

由表 5-3 可以看出:A 公司与 B 公司在不同的流动资产规模与流动负债规模的情况下,得出了相同的营运资金。因此,营运资金指标值的分析在此时并不能评价两公司短期偿债能力的强弱。换句话说,此时的营运资金指标值用于评价短期偿债能力失效了。因此,营运资金的合理性主要通过流动资产与流动负债的比较即流动比率来评价。

(二) 流动比率

1. 流动比率的含义

流动比率(current ratio)指流动资产总额和流动负债总额之比。公式为流动比率=(流动资产合计/流动负债合计)×100%。流动资产是指企业可以在一年或者超过一年的一个营业周期内变现或者运用的资产,主要包括货币资金、短期投资、应收票据、应收账款和存货等。流动负债也称短期负债,是指将在一年或者超过一年的一个营业周期内偿还的债务,包括短期借款、应付票据、应付账款、预收账款、应付股利、应交税金、其他暂收应付款项、预提费用和一年内到期的长期借款等。

2. 流动比率的计算

由于营运资本指标的局限性,实际工作中经常采用流动比率来判断营运资本数额是否合理。流动比率是流动资产对流动负债的比率,用来衡量企业流动资产在短期债务到期以前,可以变为现金用于偿还负债的能力。其计算公式为:

$$流动比率 = 流动资产 / 流动负债$$

流动比率用来衡量企业流动资产在短期债务到期以前,可以变为现金用于偿还负债的能力。虽然流动比率越高,企业资产的流动性越大,但是流动比率太高表明流动资产占用较多,会影响经营资金周转效率和获利能力。一般认为较为合理的流动比率为2。

【例5-3】M公司流动资产及流动负债数据如表5-4所示。

表5-4 M公司流动比率计算表　　　　　单位:万元

项　目	2019年	2018年	2017年
流动资产合计	175 125	237 685	141 204
流动负债合计	19 458	19 335	5 542
流动比率(倍)	9.00	12.29	25.48

由表5-4可以看出,M公司的流动比率在2017—2019年呈下降的趋势。

一般说来,比率越高,说明企业资产的变现能力越强,短期偿债能力亦越强,反之则弱。一般认为流动比率应在2以上。流动比率为2,表示流动资产是流动负债的两倍,即使流动资产有一半在短期内不能变现,也能保证全部的流动负债得到偿还。

流动比率也有一定的缺点:

(1) 无法评估未来资金流量。流动性代表企业运用足够的现金流入以平衡所需现金流出的能力,而流动比率各项要素都来自资产负债表的时点指标,只能表示企业在某一特定时刻一切可用资源及需偿还债务的状态或存量,与未来资金流量并无因果关系。因此,流动比率无法用以评估企业未来资金的流动性。

(2) 未反映企业资金融通状况。在一个注重财务管理的企业中,持有现金的目的在于防范现金短缺现象。然而,现金属于非获利性或获利性极低的资产,一般企业均尽量减少现金数额。事实上,通常有许多企业在现金短缺时转向金融机构借款,此项资金融通的数额未能在流动比率的公式中得到反映。

(3) 应收账款的偏差性。应收账款额度的大小往往受销货条件及信用政策等因素的影响,企业的应收账款一般具有循环性质,除非企业清算,否则应收账款经常保持相对稳定的数额,因而不能将应收账款作为未来现金净流入的可靠指标。在分析流动比率时,如把应收账款的多寡视为未来现金流入量的可靠指标，而未考虑企业的销货条件、信用政策及其他有关因素，则难免会发生偏差。

（4）存货价值确定的不稳定性。经由存货而产生的未来短期现金流入量，常取决于销售毛利的大小。一般企业均以成本表示存货的价值，并据以计算流动比率。事实上，经由存货而发生的未来短期内现金流入量，除了销售成本外，还有销售毛利，然而流动比率未考虑毛利因素。

（5）粉饰效应。企业管理者为了显示出良好的财务指标，会通过一些方法粉饰流动比率。例如：对以赊购方式购买的货物，故意把接近年终要购进的货推迟到下年初再购买；或年终加速进货，将计划下年初购进的货物提前至年内购进等等，都会人为地影响流动比率。

运用流动比率进行分析时，要注意以下几个问题：

第一，流动比率高，一般认为偿债保证程度较强，但并不一定有足够的现金或银行存款偿债，因为流动资产除了货币资金以外，还有存货、应收账款、待摊费用等项目，有可能出现虽然流动比率高，但真正用来偿债的现金和存款却严重短缺的现象，所以在分析流动比率时，还需进一步分析流动资产的构成项目。

第二，计算出来的流动比率，只有和同行业平均流动比率、本企业历史流动比率进行比较，才能知道这个比率是高还是低。这种比较通常并不能说明流动比率为什么这么高或这么低；要找出过高或过低的原因，还必须分析流动资产和流动负债所包括的内容以及经营上的因素。一般情况下，营业周期、流动资产中的应收账款和存货的周转速度是影响流动比率的主要因素。

3. *流动比率的意义*

流动比率可以用来衡量企业短期流动性的好坏。流动性越好，说明企业偿还短期债务的能力越强，反之就越差。但是如果企业的流动比率太大，就会影响企业的资金周转效率，从而影响企业的盈利能力。因此，对于成熟企业，一般流动比率在200%左右较为合理。不过这也不是绝对的，根据不同的行业和经济环境及公司的发展状况，流动比率可以有所不同。具体分析时需要结合实际情况，研究流动资产和流动负债的结构。

（三）速动比率

1. *速动比率*

速动比率是指企业速动资产与流动负债之比。速动资产是企业的流动资产减去存货和预付费用后的余额，包括货币资金、短期投资、应收票据、应收账款及其他应收款，可以在较短时间内变现。而流动资产中存货及1年内到期的非流动资产不应计入。该比率反映了企业流动资产状况和短期偿债能力，用来衡量企业流动资产中可以立即用于偿还流动负债的能力。

2. 速动比率的计算

速动比率的计算公式是：

$$速动比率 = 速动资产 / 流动负债$$

$$速动资产 = 流动资产 - 存货$$

把存货从流动资产中剔除的主要原因是：在流动资产中存货的变现速度最慢；由于某种原因，部分存货可能已损失报废却没做处理；部分存货已抵押给某债权人；存货估价还存在着成本与合理市价相差悬殊的问题。综合上述原因，且在排除使人产生误解因素的前提下，把存货从流动资产总额中减去而计算出的速动比率所反映的短期偿债能力更加令人可信。

传统经验认为，速动比率维持在 1 的水平较为正常，它表明，企业的每 1 元流动负债，就有 1 元易于变现的流动资产来抵偿，短期偿债能力有可靠的保证。速动比率过低，企业的短期偿债风险较大；速动比率过高，企业在速动资产上占用资金过多，会增加企业投资的机会成本。但以上评判标准并不是绝对的。实际工作中，应考虑到企业的行业性质。例如，商品零售行业由于采用大量现金销售，几乎没有应收账款，速动比率大大低于 1 也是合理的；相反，有些企业虽然速动比率大于 1，但速动资产中大部分是应收账款，并不代表企业的偿债能力强，因为应收账款能否收回具有很大的不确定性。所以在评价速动比率时，还应分析应收账款的质量。

由于各行业之间的差别，在计算速动比率时，除扣除存货以外，还可以从流动资金中去掉其他一些可能与当期现金流量无关的项目（如待摊费用等），以计算更进一步的变现能力，例如，保守速动比率（也称超速动比率）。速动比率同流动比率一样，它反映的是会计期末的情况，并不代表企业长期的财务状况；它有可能是企业为筹借资金、人为粉饰财务状况的结果，作为债权人，应进一步对企业整个会计期间和不同会计期间的速动资产、流动资产和流动负债情况进行分析。

【例 5-4】根据 M 公司资产负债表和利润表提供的相关资料，该公司速动比率指标的计算如表 5-5 所示。

表 5-5 M 公司速动比率计算表　　　　　　　　单位：万元

项　目	2019 年	2018 年	2017 年
流动资产合计	175 125	237 658	141 204
存货	3 396	1 020	13 231
速动资产合计	171 729	236 665	127 973
流动负债合计	19 458	19 335	5 542
速动比率（倍）	8.83	12.24	23.09
保守速动比率（倍）	8.77	12.16	22.20

由表 5-5 可以看出，M 公司的速动比率在 2017—2019 年呈逐渐下降的趋势，但远远高于 1，说明短期偿债能力较强，处于高水平状态；但过高的速动比率是否合理，尚需进一步对速动资产结构进行分析。公司保守速动比率与速动比率差距不大，趋势相同。

3. 速动比率的意义

一般来说，速动比率越高，说明企业的流动性越强，流动负债的安全程度越高。但与流动比率类似，从企业角度看，速动比率也不是越高越好，对速动比率的分析要具体情况具体分析。

根据经验，通常认为正常的速动比率为 1，低于 1 的速动比率被认为短期偿债能力偏低。这仅是一般的看法，因为行业不同，速动比率会有很大的差别，没有统一标准的速动比率。例如，采用大量现金销售的商店，几乎没有应收账款，大大低于 1 的速动比率是很正常的；相反，一些应收账款较多的企业，速动比率等于甚至大于 1 也不见得安全。影响速动比率可信性的重要因素是应收账款的变现能力。账面上的应收账款不一定都能变成现金，实际坏账可能比计提的准备要多；季节性的变化，可能使报表的应收账款数额不能反映平均水平。

（四）现金比率

1. 现金比率的含义

现金比率指现金类资产对流动负债的比率，它能反映企业直接偿付流动负债的能力。该指标的作用是表明在最坏情况下短期偿债能力如何。当企业面临支付工资或大宗进货等需要大量现金支付时，或者当企业陷入财务困境，其存货和应收账款被抵押或者流动不畅时，这一指标更能显示其重要作用。

2. 现金比率的计算

现金比率的计算公式为：

$$现金比率 = （现金 + 有价证券） \div 流动负债 \times 100\%$$

这个公式反映出公司在不依靠存货及应收款的情况下，支付当前债务的能力。另外，运用此公式时需要注意，现金比率不考虑现金收到以及支付的时间。

【例 5-5】根据 M 公司资产负债表提供的相关资料，M 公司现金比率指标的计算如表 5-6 所示。

表 5-6　M 公司现金比率计算表　　　　　　　单位：万元

项　目	2019 年	2018 年	2017 年
货币资金合计	24 229	84 710	47 906
流动负债合计	19 458	19 335	5 542
现金比率（倍）	1.25	4.38	8.64

现金比率是速动资产扣除应收账款后的余额。速动资产扣除应收账款后计算出来的金额，最能反映企业直接偿付流动负债的能力。现金比率一般认为 20% 以上为好。但这一比率过高，就意味着企业未能合理运用流动负债。鉴于现金类资产获利能力低，这类资产金额太高，会导致企业机会成本增加。

由表 5-6 可以看出，M 公司的现金比率在 2017—2019 年虽呈逐渐下降趋势，但仍然高于 1，反映出 M 公司的现金类资产对短期债务有较强的偿还保障；同时还可以看出，M 公司 2017 年和 2018 年两年中未能充分利用货币资金，安排了过多的现金资产，可能导致资金闲置，至 2019 年有所改善。另外，在条件许可的情况下，应进一步收集资产负债表日前后公司现金资产变动的相关资料，分析现金资产减少的原因。

决定现金比率高低的因素主要有：

（1）国民收入。随着国民收入水平的提高，充当交易媒介的现金数量增加，在其他条件不变时，现金比率同国民收入水平成正比。

（2）货币流通速度。当其他条件不变时，货币流通速度与现金比率呈反方向变动。

（3）持有现金的成本，指持有现金损失的利息收入。持有现金的成本越高，现金比率就越低，两者反方向变动。

（4）城市化和货币化程度。随着城市化程度提高，现金比率下降，而货币化程度往往使现金比率有上升趋势。

（5）金融机构的发达程度。金融机构越发达，现金比率越低。

（6）通货膨胀期间的现金比率一般会提高。

3. 现金比率的意义

现金比率可以反映企业的直接偿付能力，因为现金是企业偿还债务的最终手段，如果企业现金缺乏，就可能发生支付困难，面临财务危机。因而，现金比率高，说明企业有较好的支付能力，债务偿付有保障。但是如果这个比率过高，可能意味着企业拥有过多的盈利能力较低的现金类资产，企业的资产未能得到有效的利用。

营运资本、流动比率、速动比率和现金比率是从流动资产与流动负债对比关系上评价企业短期偿债能力的四个主要指标。企业实际运用上述指标进行分析时，如果仅凭某一个指标即对企业短期偿债能力做出评价，可能会出现一定的偏差，因此，不能孤立地看某一个指标，应该综合其他指标进行分析，这样才能全面、客观地判断企业短期偿债能力的大小。

第三节 长期偿债能力分析

一、长期偿债能力的概念

长期偿债能力是指企业对债务的承担能力和对偿还债务的保障能力。企业的长期债务是指偿还期在1年或者超过1年的一个营业周期以上的负债，包括长期借款、应付债券、长期应付款等。长期偿债能力分析是企业债权人、投资者、经营者和与企业有关联的各方面都十分关注的重要问题。

分析一个企业长期偿债能力，主要是为了确定该企业偿还债务本金和支付债务利息的能力。影响企业长期偿债能力的因素有企业的资本结构和企业的获利能力两个方面。对于债权人来说，通过长期偿债能力分析可以判断债权的安全程度，即是否能按期收回本金及利息；对于企业经营者来说，有利于优化资本结构，降低财务风险；对于投资者来说，可以判断其投资的安全性及盈利性；对于政府及相关管理部门来说，可以了解企业经营的安全性；对于业务关联企业来说，可以了解企业是否具有长期的支付能力，借以判断企业信用状况和未来业务能力，并做出是否建立长期稳定的业务合作关系的决定。企业对一笔债务，一般同时负担着偿还债务本金和支付债务利息两种责任，分析一个企业的长期偿债能力，主要是为了确定该企业偿还债务本金和支付债务利息的能力。

企业长期偿债能力主要取决于资产和负债的比例关系（尤其是资本结构），以及企业的获利能力。长期债权人为判断其债权是否安全，尤其要关注长期偿债能力，其主要指标有资产负债率、产权比率、或有负债比率、已获利息倍数、带息负债比率。

二、长期偿债能力指标分析

长期偿债能力分析主要根据资产负债表和利润表中的相关数据计算出一系列财务比率，分析权益与资产之间的关系，分析不同权益的内在联系，从而对企业长期偿债能力强弱、资本结构是否合理等做出客观评价。反映长期偿债能力的主要指标有资产负债率、产权比率、权益乘数、长期资本负债率、利息保障倍数等。

（一）资产负债率

1. 资产负债率的含义

资产负债率又称举债经营比率，它是用以衡量企业利用债权人提供的资金进行经营活动的能力，以及反映债权人发放贷款的安全程度的指标，通过将企业的负债总额与资产总额相比较得出，反映在企业全部资产中负债的占比。该指标用于衡量企业利用债权人提供的资金进行经营活动的能力，也反映债权人发放贷款的安全程度。

2. 资产负债率的计算

资产负债率是负债总额与资产总额的比率，它表明在资产总额中债权人提供的资金所占的比重。该比率用于衡量企业利用债权人资金进行财务活动的能力，以及在清算时企业资产对债权人权益的保障程度。其计算公式如下：

$$资产负债率 = 负债总额 / 资产总额 \times 100\%$$

其中，负债总额表示企业的全部负债，不仅包括长期负债，而且包括流动负债。这是因为，就一笔流动负债而言，企业要在短期内偿还。但在企业长期的经营活动中，流动负债总是被长期占用。比如，一项应付账款短期内要偿还，但由于经营的需要，企业总是要长期地保持一定数量的应付账款，这部分应付账款成为企业长期资本来源的一部分。因此，将流动负债包括在负债总额内，用于计算资产负债率是合理的。前面公式中的资产总额指企业的全部资产总额，包括流动资产、固定资产、长期投资、无形资产和递延资产等。

【例5-6】根据M公司资产负债表和利润表提供的相关资料，该公司资产负债率指标的计算如表5-7所示。

表5-7 M公司资产负债率计算表　　　　　　　　单位：万元

项　　目	2019年	2018年	2017年
资产合计	566 501	566 721	584 102
负债合计	119 499	119 574	105 542
资产负债率（%）	21.09	21.10	18.07

由表5-7可以看出，M公司的产权比率在2017—2019年虽然呈微弱上升趋势，但2018—2019年的产权比率基本保持稳定。总体来讲，M公司的产权比率较小，具有较强的长期偿债能力，公司债权人权益能够得到保障，债权人承担的风险很小。

3. 资产负债表的意义

资产负债率是衡量企业负债水平及风险程度的重要标志。资产负债率越低，说明以负债取得的资产越少，企业运用外部资金的能力较差；资产负债率越高，说明企业通过借债筹资的资产越多，风险越大。因此，资产负债率应保持在一定的水平。

实践中，通常难以简单地用资产负债率的高低来判断负债状况的优劣。因为资产负债率过高则表明企业财务风险太大，而过低又表明企业对财务杠杆利用不够。企业究竟应该确定一个怎样的负债比率，取决于企业经理人对企业自身收益的预测，以及对未来财务风险的承受能力，将两者权衡后，才能做出正确的决策。

一般认为，资产负债率的适宜水平在40%~60%。但处于不同行业、地区的企业对债务的态度都是有差别的。经营风险比较高的企业为减少财务风险，通常选择比较低的资产负债率，例如许多高科技企业的负债率都比较低；经营风险低的企业，为增加股东收益，通常选择比较高的资产负债率，例如供水、供电企业的资产负债率都比较高，这大致反映了我国交通、运输、电力等基础行业对于债务的态度。除了行业差别之外，不同国家或地区也有差别。英国和美国公司的资产负债率很少超过50%，而亚洲和欧盟公司的资产负债率要明显高于50%，有的成功企业甚至达到70%。

各利益主体往往由不同的利益驱动而从不同的角度评价资产负债比率：

（1）从债权人的角度看，资产负债率越低越好。因为该比率低，债权人提供的资金与企业资本总额相比，所占比例低，企业不能偿付债务的可能性小，企业的风险主要由股东承担，这对债权人来讲，是十分有利的。反之，资产负债率高，债权人提供的资金与企业资本总额相比所占比例高，企业不能偿债的可能性大，企业风险主要由债权人承担，这对债权人来讲是十分不利的。

（2）对企业所有者来说，负债比率高有以下好处：一是当总资产报酬率高于负债利率时，由于财务杠杆的作用，可以提高股东的实际报酬率；二是可用较少的资本取得企业控制权，且将企业的一部分风险转嫁给债权人，对于企业来说还可获得资金成本低的好处；但债务同时也会给投资者带来风险，因为债务的成本是固定的，如果企业经营不善或遭受意外打击而出现经营风险时，由于收益大幅度滑坡，贷款利息仍需照常支付，损失必然由所有者负担，由此增加了投资风险。对此，投资者往往用预期资产报酬率与借款利率进行比较判断，若前者大于后者，表明投资者投入企业的资本将获得双重利益，即在获得正常利润的同时，还能获得资产报酬率高于借款利率的差额，这时，资产负债比率越大越好；若前者小于后者，则表明借入资本利息的一部分要用所有者投入资产获得的利润数额来弥补，此时，投资者希望资产负债比率越小越好。

（3）从企业经营者角度来看，负债比率的高低在很大程度上取决于经营者对企业前景的信心和对风险所持的态度。如果企业经营者对企业前景充满信心，且经营风格较为激进，认为企业未来的总资产报酬率将高于负债利率，则应保持适当高的负债比率，这样企业可有足够的资金来扩展业务，把握更多的投资机会，以获取更多的利润；反之，如果企业经营者认为企业前景不容乐观，或者经营风格较为保守，那么必然倾向于尽量使用自有资本，将负债比率控制在适度水平上。由于债务成本可税前扣除，加上财务杠杆的收益功能，任何企业均不可避免地要利用债务；但负债超出某个程度时，则不能为债权人所接受，造成企业的后续贷款难以为继。随着负债的增加，企业的财务风险不断加大，进而危及权益资本的安全和收益的稳定，也会动摇投资者对经营者的信任。因此，经营者利用债务时，既要考虑其收益性，又要考虑由此而产生的风险，需审时度势，做出最优决策。

在对资产负债率进行分析时，还应注意以下问题：

第一，实务中，资产负债率指标的计算公式存在争议。有观点认为，流动负债不应包括在计算公式内，理由是：流动负债不是长期资金来源，应予排除；如果不排除，就不能恰当地反映企业债务状况。这是因为：①流动负债是企业外部资金来源的一部分。例如，某一项应付账款虽属于流动负债，要在一定的期限内偿还，但因业务的需要，应付账款作为一个整体，已变成外部资金来源总额的一部分，在企业内部永久存在。②从持续经营的角度看，长期负债是在转化为流动负债后偿还的。与其对应的是，长期资产如果用于还债，也要先实现流动负债的转化及长期资产向流动资产的转化，因而在计算资产负债率指标时，流动负债需排除在外。

第二，债权人、投资者及经营者对资产负债率指标的态度各不相同。如何维护各方的利益呢？关键是在充分利用负债经营好处的同时，将资产负债率控制在合理的水平。那么，资产负债率多高才算合理呢？在不同的时间和空间范围内，该数值是不一样的。2000年我国综合类上市公司的资产负债率平均数为53.09%。分析时，应结合国家总体经济状况、行业发展趋势、企业所处竞争环境等具体条件进行比较、判断。

第三，本质上，资产负债率指标是确定企业在破产这一最坏情形出现时，从资产总额和负债总额的相互关系角度判断企业负债的偿还能力及对债权人利益的保护程度。即企业破产时，债权人能得到多大程度的保护。这个指标达到或超过100%时，表明企业已资不抵债。但是，财务报表分析时把企业作为一个持续经营的单位，不是建立在破产清算基础上的。一个持续经营的企业是不能靠出售长期资产还债的，因此还应关注这个指标的主要用途之一，就是揭示债权人利益的保护程度。

(二) 产权比率

1. 产权比率的含义

产权比率是负债总额与所有者权益总额的比率，是指股份制企业之股东权益总额与企业资产总额的比率，它是为评估资金结构合理性而使用的一个指标。一般来说，产权比率可反映股东所持股权是否过多，或者是否不够充分等情况，从另一个侧面表明企业贷款经营的程度。这一比率是衡量企业长期偿债能力的指标之一，是企业财务结构稳健与否的重要标志。该指标表明由债权人提供的和由投资者提供的资金来源的相对关系,反映企业基本财务结构是否稳定。

2. 产权比率的计算

产权比率的计算公式为:

$$产权比率=负债总额/所有者权益总额×100\%$$

产权比率越高,说明企业偿还长期债务的能力越弱;产权比率越低,说明企业偿还长期债务的能力越强。

【例5-7】根据M公司资产负债表和利润表提供的相关资料,M公司产权比率指标的计算如表5-8所示。

表5-8　M公司产权比率计算表　　　　　　单位:万元

项　　目	2019年	2018年	2017年
股东权益合计	447 002	447 147	478 560
负债合计	119 499	119 574	105 542
产权比率(%)	26.73	26.74	22.05

产权比率不仅反映了由债务人提供的资本与所有者提供的资本之间的相对关系,而且反映了企业自有资金偿还全部债务的能力,因此它又是衡量企业负债经营是否安全有利的重要指标。一般来说,这一比率越低,表明企业长期偿债能力越强,债权人权益保障程度越高,承担的风险越小。一般认为这一比率为1,即100%以下时,应该是有偿债能力的,但还应该结合企业的具体情况加以分析。当企业的资产收益率大于负债成本率时,负债经营有利于提高资金收益率,获得额外的利润,这时的产权比率可适当高些。产权比率高,是高风险、高报酬的财务结构;产权比率低,是低风险、低报酬的财务结构。

由表5-8中可以看出,M公司2017—2019年的产权比率虽然呈微弱上升趋势,但2017—2019年的产权比率基本保持稳定。总体来讲,M公司的产权比率较小,具有较强的长期偿债能力,公司债权人权益能够得到保障,债权人承担的风险很小。

产权比率与资产负债率对评价偿债能力的作用基本一致,只是资产负债率侧重于分析债务偿付安全性的物质保障程度,产权比率则侧重于揭示财务结构的稳健程度以及自有资金对偿债风险的承受能力。

3. 产权比率的意义

产权比率被用来表明由债权人提供的和由投资者提供的资金来源的相对关系,反映企业基本财务结构是否稳定。一般来说,所有者提供的资本大于借入资本为好,但也不能一概而论。该指标同时也表明债权人投入的资本受到所有者权益保障的程度,或者说是企业清算时对债权人利益的保障程度。

(三) 权益乘数

1. 权益乘数的含义

权益乘数又称股本乘数，是指资产总额相当于所有者权益的倍数。权益乘数越大，表明所有者投入企业的资本占全部资产的比重越小，企业负债的程度越高；反之，该比率越小，表明所有者投入企业的资本占全部资产的比重越大，企业的负债程度越低，债权人权益受保护的程度越高。

2. 权益乘数的计算

普通杠杆率是指普通股股东杠杆率，即通过向普通股股东融资所获得的资产与全部资产的比例，因此也有人称之为权益倍数或权益乘数。

所有者权益比率的倒数称为权益乘数，即资产总额是所有者权益的多少倍。该乘数越大，说明股东投入的资本在资产中所占比重越小，债权人的权益保护程度越低。它用来衡量企业的财务风险。其计算公式为：

$$权益乘数 = 资产总额/股东权益总额 = 1/(1-资产负债率)$$
$$权益乘数 = 1 + 产权比率$$

权益报酬率是净利润与平均净资产的百分比，也称净值报酬率或净资产收益率。计算公式：

$$权益报酬率 = 净利润/平均净资产 \times 100\%$$

其中：

$$平均净资产 = (年初净资产 + 年末净资产)/2$$

权益乘数代表公司所有可供运用的总资产是所有者权益的几倍。权益乘数表明每1元股东权益所拥有的总资产，即资产总额是股东权益的多少倍。权益乘数越大，表明公司向外融资的财务杠杆倍数也越大，公司将承担较大的风险。但是，若公司营运状况刚好处于向上趋势中，较高的权益乘数反而可以创造更高的公司获利，从而提高公司的股东权益报酬率，对公司的股票价值产生正面激励作用。

【例5-8】根据M公司资产负债表和利润表提供的相关资料，该公司权益乘数指标的计算如表5-9所示。

表5-9 M公司权益乘数计算表　　　　　　　　　　单位：万元

项　目	2019年	2018年	2017年
资产总计	566 501	566 721	584 102
所有者权益合计	447 002	447 147	478 560
权益乘数（倍）	1.27	1.27	1.22

权益乘数较大，表明企业负债较多，一般会导致企业财务杠杆率较高，财务风险较大。在企业管理中，必须寻求一个最优资本结构，以获取适当的

EPS/CEPS，从而实现企业价值最大化。再如，在借入资本成本率小于企业的资产报酬率时，借入资金首先会产生避税效应（债务利息税前扣除），提高EPS/CEPS，同时杠杆扩大，使企业价值随债务增加而增加。但杠杆扩大也使企业的破产可能性上升，而破产风险又会使企业价值下降等。

由表 5-9 可以看出，2018 年 M 公司的权益乘数较 2017 年略有上升，2018—2019 年则保持稳定。总体来讲，M 公司的权益乘数较小，反映所有者投入的资本在资产总额中所占比重大，企业的产权偿债能力较强。

3. 权益乘数的意义

权益乘数与资产负债率和产权比率具有相同的经济意义，它们之间互相关联且可以相互换算。

（1）权益乘数的大小主要受资产负债率影响。若资产总额不变，权益乘数与其呈同方向变动趋势，即负债比率越高，权益乘数就越高，说明企业负债程度较高，能给企业带来较多的财务杠杆收益，但同时也有较大的财务风险。

（2）权益乘数与产权比率也有密切的关系。在总资产不变的情况下，负债越高，权益乘数就越高，产权比率也越高，表明企业股东权益的保障程度越低，企业产权偿债能力越差。

资产负债率、权益乘数与产权比率之间的相互关系可用下式表达：

$$权益乘数 - 产权比率 = 1$$
$$权益乘数 = 1 + 产权比率$$

4. 计算和分析权益乘数指标时应注意的问题

（1）对债权人而言，权益乘数表明企业资产总额是所有者权益总额的倍数，该乘数越大，表明所有者投入的资本在资产总额中所占比重越小，而负债所占比重则越大，反映企业的长期偿债能力越弱；反之，权益乘数越小，反映所有者投入的资本在资产总额中所占比重越大，企业的长期偿债能力越强。

（2）对企业投资者和经营者而言，权益乘数较大，表明企业负债较多，一般会导致企业财务杠杆率较高，财务风险较大，企业就必须寻求一个最优资本结构，从而实现企业价值最大化；当负债成本率小于企业的资产报酬率时，借入资金首先会产生避税效应（利息在税前扣除），使企业价值随债务增加而增加。但负债过多也会使企业的财务风险上升，而财务风险又会使企业价值下降，作为企业经营者，应寻求恰当的平衡点。

（四）长期资本负债率

1. 长期资本负债率的含义

长期资本负债率是指企业长期债务与长期资本的比率，实务中也称为长期资本化比率。长期资本负债率反映企业长期资本的结构,由于流动负债的数额经常变化,资本结构管理大多使用长期资本结构(指非流动负债占长期资本的百分比)。

2. 长期资本负债率的计算

长期资本负债率是指非流动负债占长期资本的百分比,其计算公式如下:

$$长期资本负债率 = [非流动负债 / (非流动负债 + 股东权益)] \times 100\%$$

长期资本指的是企业的长期筹资来源。计算公式为:

$$长期资本 = 非流动负债 + 股东权益$$

企业的长期资金来源(长期资本的构成)包括非流动负债和股东权益,因此,该指标的含义就是长期资本中非流动负债所占的比例。

资本结构管理中经常使用该指标。由于流动负债经常变化,因此,该指标剔除了流动负债。如果企业不存在流动负债的话,该指标与资产负债率是一样的。

【例5-9】根据M公司资产负债表和利润表提供的相关资料,M公司长期资本负债率指标的计算如表5-10所示。

表5-10 M公司资产负债率计算表 单位:万元

项 目	2019年	2018年	2017年
非流动负债合计	100 041	100 239	100 000
股东权益合计	447 002	447 147	478 560
长期资本合计	547 043	547 386	578 560
长期资本负债率(%)	18.29	18.31	17.28

由表5-10可以看出,M公司的长期资本负债率2017—2018年呈微弱上升趋势,2018—2019年基本保持稳定。总体来看,该公司的长期资本负债率近三年变化不大,长期资本中非流动负债所占的比例很低,说明企业的长期偿债压力小,偿债能力强。

3. 长期资本负债率的意义

长期资本负债率表明企业长期资本中非流动负债所占的比率,比率越高,说明可供企业长期使用的资金中的负债资金越多,股东权益则越少,长期偿债压力也就越大。

(五)利息保障倍数

1. 利息保障倍数的含义

利息保障倍数(interest coverage ratio)又称已获利息倍数,是企业生产经营所获得的息税前利润与利息费用之比。它是衡量企业长期偿债能力的指标。利息保障倍数越大,说明企业支付利息费用的能力越强。因此,债权人要分析利息保障倍数指标，以此来衡量债务资本的安全程度。

2. 利息保障倍数的计算

利息保障倍数指标反映企业经营收益是所需支付的债务利息的多少倍。只要利息保障倍数足够大，企业就有充足的能力支付利息，反之则相反。

计算公式如下：

$$利息保障倍数 = \frac{利润总额 + 利息费用}{利息支出} = \frac{净利润 + 所得税费用 + 利息费用}{利息支出}$$

上述公式中的"利息费用"，是指本期发生的全部应付利息，不仅包括利润表中计入"财务费用"项目的利息费用，还包括计入资产成本化的利息费用。

利息保障倍数反映企业所实现的经营成果支付利息费用的能力，指标越高，表明企业支付利息能力越强，企业对到期债务偿还的保障程度也越高；反之，则表明企业的偿债能力较弱。

【例5-10】根据M公司利润表提供的相关资料，以财务费用代替利息费用，计算M公司的利息保障倍数指标，如表5-11所示。

表5-11　M公司利息保障倍数计算表　　　　　单位：万元

项目	2017年	2018年	2019年
利润总额	30 917	111 158	36 775
财务费用	1 887	61	440
利息保障倍数（倍）	17.38	1 823.26	84.58

由表5-11可以看出，M公司的利息保障倍数在2017—2018年呈大幅上升趋势，2018—2019年呈大幅下降趋势，不过都远远大于1。该比率越高，表示企业不能偿付债务利息的可能性越小，即长期偿债能力越强。

一般认为，利息保障倍数为3~4倍比较安全。从长期来看，利息保障倍数至少应当大于1，且比值越高，企业的长期偿债能力也就越强。利息保障倍数若低于1，说明企业实现的经营成果不足以支付当期的利息费用，这意味着企业支付能力低，财务风险非常高，需要引起高度重视。但该指标小于1也不能说明支付利息的能力差，因为有时存在大量的非付现成本；该指标大于1也不一定说明偿付利息的能力强，因为息税前利润毕竟是按权责发生制核算出来的，只代表应计利润而非收现利润。

为了考察企业偿付利息能力的稳定性，一般应计算5年或5年以上的利息保障倍数。保守起见，应选择5年中最低的利息保障倍数值作为基本的利息偿付能力判断指标。

3. 利息保障倍数的意义

利息保障倍数的重点是衡量企业支付利息的能力，没有足够大的息税前利润，利息的支付就会发生困难。

利息保障倍数不仅反映了企业获利能力的大小，而且反映了获利能力对偿还到期债务的保证程度，它既是企业举债经营的前提依据，也是衡量企业长期偿债能力大小的重要标志。要维持正常偿债能力，利息保障倍数至少应大于1，且比值越高，企业长期偿债能力越强。如果利息保障倍数过低，企业将面临亏损、偿债的安全性与稳定性下降的风险。

关于该指标的计算，须注意以下几点：

（1）根据损益表对企业偿还债务的能力进行分析，作为利息支付保障的"分子"，只应该包括经常收益。

（2）特别项目（如：火灾损失等）、停止经营、会计政策变更的累计影响。

（3）利息费用不仅包括作为当期费用反映的利息费用，还应包括资本化的利息费用。

（4）未收到现金红利的权益收益，可考虑予以扣除。

（5）当存在股权少于100%但需要合并的子公司时，少数股权收益不应扣除。

练习题

一、单选题

1. 关于资产负债率，下列说法错误的是（　　）。
   A. 是衡量企业财务实力的最重要标准
   B. 是借款人负债总额与资产总额的比率
   C. 说明了在借款人总资产中债权人提供资金所占的比重
   D. 又称负债比率

2. 关于产权比率，下列说法不正确的是（　　）。
   A. 反映了由债权人提供的资本与所有者提供的资本之间的对应关系
   B. 反映了企业的基本财务结构是否稳定
   C. 产权比率越低，表明借款人的短期偿债能力越强
   D. 产权比率与资产负债率可相互补充

3. 在计算利息保障倍数时，"利息费用"是指本期发生的全部应付利息，下列属于利息费用的是（　　）。
   A. 财务费用中的利息费用
   B. 流动资产成本的资本化利息
   C. 管理费用中的利息费
   D. 借款利息费用

4. 下列有关有形净值债务率的说法不正确的是（　　）。
   A. 计算手法较为开放
   B. 是产权比率指标的延伸
   C. 在企业无形资产数额较大时更有实用价值
   D. 可以衡量借款人的偿债能力

5. 在我国，现行的损益表中一般不单列利息费用，而是混在"财务费用"之中，下列不属于财务费用的是（　　）。
   A. 利息收入　　　　　　　B. 手续费支出
   C. 汇兑损益　　　　　　　D. 工资支出

6. 分析流动比率需要综合多种因素，其中不包括（　　）。
   A. 流动资产的结构　　　　B. 流动资金的周转情况
   C. 流动资产的更新率　　　D. 流动负债的数量

7. 如果利息保障倍数低于（　　），就意味着借款人保证不了利息的偿还。
   A. 0.5　　　　　　　　　B. 1
   C. 1.5　　　　　　　　　D. 2

8. 速动比率是借款人速动资产与流动负债的比率，下列说法错误的是（　　）。
   A. 又称酸性试验比率
   B. 衡量借款人短期偿债能力的指标
   C. 一般为0.5较为合适
   D. 剔除了存货以及待摊费用

9. 短期偿债能力是借款人以流动资金偿还流动负债的能力，它注重的是（　　）。
   A. 借款人盈利能力的分析　　B. 流动资金变现能力分析
   C. 资产净利率分析　　　　　D. 资产报酬率分析

10. 现金比率是衡量借款人短期偿债能力的一项参考指标，计算现金比率所涉及的要素不包括（　　）。
    A. 货币资金　　　　　　　B. 易变现的有价证券
    C. 流动负债　　　　　　　D. 资产净利

二、多选题

1. 下列项目中，属于速动资产的有（　　）。
   A. 现金　　　　　　　　　B. 应收账款
   C. 其他应收款　　　　　　D. 固定资产
   E. 存货

2. 下列各项指标中，反映短期偿债能力的指标有（　　）。
   A. 流动比率　　　　　　　B. 速动比率

C. 资产负债率　　　　　　D. 净资产负债率
E. 赚取利息倍数

3. 企业采取备抵法核算坏账损失，如果实际发生一笔坏账，冲销应收账款，则会引起（　　）。
   A. 流动比率提高　　　　　B. 流动比率降低
   C. 流动比率不变　　　　　D. 速动比率不变
   E. 营运资金不变

4. 计算速动资产时，把存货从流动资产中扣除的原因有（　　）。
   A. 存货的变现速度慢　　　B. 存货的周转速度慢
   C. 存货的成本与市价不一致　D. 有些存货可能已经报废
   E. 有些存货可能已经被抵押

5. 某企业流动比率为2，以下哪些业务会使该比率下降（　　）。
   A. 收回应收账款　　　　　B. 赊购商品与材料
   C. 偿还应付账　　　　　　D. 从银行取得短期借款已入账
   E. 赊销商品

6. 反映短期偿债能力的动态指标是（　　）。
   A. 近期支付能力系数　　　B. 流动比率
   C. 现金比率　　　　　　　D. 期末支付能力系数
   E. 现金比率

7. 下列各项表述中，属于速动资产的有（　　）。
   A. 货币资金　　　　　　　B. 交易性金融资产
   C. 应收票据及应收账款　　D. 预付账款

8. 下列各项指标中，可用于衡量企业长期偿债能力的有（　　）
   A. 已获利息倍数　　　　　B. 产权比率
   C. 应付账款周转率　　　　D. 现金流量比率
   E. 到期债务本息偿付比率

9. 下列各项中，属于影响业主权益乘数的因素有（　　）
   A. 资产总额　　　　　　　B. 无形资产
   C. 待摊费用　　　　　　　D. 股东权益
   E. 负债总额

10. 下列各项指标中，可用于分析企业长期偿债能力的有（　　）
    A. 现金到期债务比率　　　B. 强制性现金支付比率
    C. 产权比率　　　　　　　D. 销售利息比率
    E. 净资产负债率

三、判断题

1. 长期偿债能力的强弱是反映借款人财务状况稳定与安全程度的重要标志。
（　　）

2. 由于应收账款存在着发生坏账损失及延期收回的可能，因此流动比率最能反映借款人直接偿付流动负债的能力。（　　）

3. 企业只要保持较好的盈利水平，企业全部资金利润率超过借款利率，较大的资产负债率也会给企业带来较大的利润。（　　）

4. 确定企业的利息保障倍数，最好比较企业连续几年的该项指标，并选择最高指标年度的数据作为标准。（　　）

5. 流动比率越高，反映借款人的短期偿债能力越强，债权人的权益越有保证，风险越小，所以流动比例越高越好。（　　）

6. 对债权人而言，企业的资产负债率越高越好。（　　）

7. 对任何企业而言，速动比率应该大于1才是正常的。（　　）

8. 现销业务越多，应收账款周转率越高。（　　）

9. 流动比率越高，表明企业资产运用效果越好。（　　）

10. 获利能力强的企业，其偿债能力也强。（　　）

四、计算分析题

1. 某企业流动负债200万元，流动资产400万元，其中，应收票据50万元，存货90万元，待摊费用2万元，预付账款7万元，应收账款200万元（坏账损失率5‰），要求：计算该企业的流动比率和速动比率。

2. A公司2018年财务报表有关数据如下：

（1）利润表和现金流量表有关数据：营业收入净额90 000元；现销收入10 000元；利息支出4 500元；营业成本41 130元；利润总额18 800元；净利润6 204元；经营活动现金流量净额7 550元。

（2）资产负债表数据见表5-12。

表5-12　2018年A公司资产负债表　　　　　单位：元

项　目	期末数	期初数	项　目	期末数	期初数
流动资产：			流动负债：		
货币资金	3 750	12 500	短期借款	15 725	9 162.5
应收款项净额	18 750	21 250	应付账款	10 525	5 000
存货	18 750	1 613	流动负债合计	26 250	14 163
			非流动负债合计	18 750	15 000
			负债合计	45 000	29 162.5
			股东权益：		
			股本	11 250	11 250
流动资产合计	41 250	35 362.5	资本公积	13 625	13 500
非流动资产：			盈余公积	6 475	6 450

续表

项　目	期末数	期初数	项　目	期末数	期初数
固定资产净值	41 250	31 000	未分配利润	6 150	6 000
非流动资产合计	41 250	31 000	股东权益合计	37 500	37 200
资产总计	82 500	66 362.5	负债和股东权益总计	82 500	66 362.5

要求：根据上述资料，计算流动比率、速动比率、现金比率、资产负债率、有形资产负债率、股东权益比率、已获利息倍数、资产长期负债率、长期负债营运资金比率。

第六章

企业盈利能力分析

> **学习目标**
> 通过学习，掌握企业盈利能力分析的内容。主要包括：
> 1. 了解盈利能力的意义；
> 2. 理解盈利能力的内容；
> 3. 掌握盈利能力的分析方法。

第一节 盈利能力概述

一、盈利能力的含义

盈利能力是指企业在一定时期内获取利润的能力。企业的经营活动是否具有较强的盈利能力，对企业的生存、发展非常重要。持续、稳定的经营和发展为企业获取利润提供了基础，而获取利润又是企业持续、稳定发展的目标和保证。只有在不断地获取利润的基础上，企业才可能发展。所以，企业盈利能力越强，偿债能力越强，发展也越强劲。

二、盈利能力分析的内容

盈利能力分析在整个企业财务分析中占有十分重要的位置，我们要从多个角度，运用不同的方法来对其进行把握。总体来说，在进行盈利能力分析时主要有以下三种方法。

（一）盈利能力的比率分析

盈利能力比率分析是进行盈利能力分析的最主要的分析方法，它是利用指标间的相互关系，通过计算比率来考察、计量和评价企业财务状况的一种方法。与企业盈利能力有关的比率可以分为三个方面：与投资有关的盈利能力、与销售有关的盈利能力、与股本有关的盈利能力。

(二) 盈利能力的趋势分析

盈利能力的趋势分析是将企业连续几个期间的相关财务数据进行对比，得出企业盈利能力的变化趋势。用企业历史数据进行纵向比较，可以更好地看出随着时间推移企业盈利水平发生的变化，进而总结经验、发现问题。

(三) 盈利能力的结构分析

盈利能力结构分析是将相关收入、费用、利润项目金额与相应的合计金额或特定项目金额进行对比，以查看这些项目的结构，从而洞悉企业盈利能力的一种方法。为了使得出的分析结果更具有普遍意义和预测能力，在进行结构分析时应尽量摒除非经营性项目及非正常的经营活动，这些收入不是经常性、持久性的收入，不能将其作为企业的获利能力加以评价。所以在计算收入、费用和利润占销售收入的比例时，可以考察企业盈利能力的稳定性和持续性。

三、盈利能力分析的意义

盈利能力分析的意义在于研究利润与收入或资本之间的比例关系。从分析主体的角度出发，可以总结为以下几点。

(一) 从企业管理者的角度看

盈利状况是企业组织生产经营活动、销售活动和财务管理工作情况的综合体现，它可以在很大程度上反映企业管理者的工作成果和绩效，是衡量管理者管理水平的重要标准。因此，盈利能力影响企业管理人员的升迁、收入等。更重要的是，盈利能力是管理者发现问题、改进管理方法、解决问题的突破口，是帮助管理者了解企业运行状况、更好地经营企业的有效指标。

(二) 从投资人和潜在投资人的角度看

投资人以股权投资的方式与企业发生关系，投资人的收益来源于企业发放的股息、红利和转让股票产生的资本利得。其中，股利来源于利润，利润越高，投资人能够得到的股息就越高；能否获得资本利得则取决于股票的市场走势。只有企业的盈利状况好，才能使股票价格上升，进而让投资人能够在更高的价位出售股票以获取转让价差，获得更多的利润。

(三) 从企业债权人的角度看

债权人能否定期收回利息、到期收到本利和，是债权人最为关心的问题，企业要能定期支付利息，债务到期归还，必须以企业经营获得的利润作为保障。如果企业盈利能力差,每期的利润都很低甚至无利润,很可能无法支付到期应向债权人支付的利息,甚至无力支付到期的本金,发生信用风险。这样就会给债权人带来巨大的经济损失。企业的盈利能力决定其偿债能力,债权人关注盈利状况是为了保证自己按时收到本金和利息,将风险降至最低。

(四)从政府机构的角度看

企业赚取的利润是其缴纳税款的基础,利润多则缴纳的税款多,利润少则缴纳的税款少。企业纳税是政府收入的重要来源,因此,政府机构也和企业管理者、投资人、债权人一样,十分重视企业的盈利能力。

(五)从企业职工的角度看

企业职工是企业生产的重要指标,充分调动人的主观能动性、工作积极性,就能节约大量的人工成本,使企业的盈利能力大大提升。盈利能力越强,获得的利润越多,企业职工的收入越能提高,从而进入良性循环的态势。否则,如果人力资源未能充分利用,生产效率低下,成本高耗,利润减少,职工收入降低,甚至无收入,企业就会陷入危险的境地。因此,企业的盈利能力与职工的切身利益息息相关,职工对之非常关心。

需要注意的是,企业盈利能力是一个相对的概念。不能仅凭企业获得利润的多少来判断其盈利能力的大小,因为企业利润水平受到企业规模、行业水平、地域等诸多因素的影响,不同资源投入、不同收入情况下的盈利能力一般不具有可比性,要求分析人员用灵活的视角进行分析。比如,进行利润比较时,用利润率指标而非利润额指标进行比较,这样就可以不受企业规模大小的影响;计算出利润率后,应该与行业的平均水平相比较,因为不同的企业类型,其利润率有着巨大的差异,如果简单地把分别属于两个不同行业企业的利润率放在一起比较,否则很难对两者盈利能力的大小做出准确判断。总体来说,利润率越高,企业的盈利能力越强;利润率越低,企业的盈利能力越弱。

四、盈利能力分析的目的

企业的所有者、债权人及经营管理者都非常关心企业的盈利能力。盈利能力分析就是通过一定的分析方法,判断企业获取利润的能力。首先是企业在一个会计期间内从事生产经营活动的盈利能力的分析;其次是企业在一个较长的期间内稳定地获得较高利润能力的分析。因此,盈利能力分析是企业财务分析的重点,企业经营的好坏最终都可以通过盈利能力表现出来。它也是企业相关利益单位了解企业、认识企业及改进企业内部经营管理的重要手段之一。

综上所述，企业进行盈利能力分析的主要目的有以下几个方面：揭示利润表及相关项目的内涵；了解企业盈利能力的变动情况及变动原因，据此揭示、评价和预测企业未来的经济效益；是相关机构或单位了解企业、评价企业及企业内部改进经营管理的重要手段。

第二节 销售盈利能力分析

一、销售盈利能力的含义

销售盈利能力是指企业日常经营中取得营业收入获取利润的能力。营业收入是企业主营业务收入和其他业务收入的总和，是企业利润的主要来源。在进行销售盈利能力分析时通过计算企业销售过程中产出、耗费和利润之间的比例关系，研究和评价企业的获利能力，不考虑企业的筹资和投资问题，只研究利润与成本或收入的比率关系，反映企业在销售过程中产生利润的能力。

二、销售盈利能力分析的具体指标

（一）营业毛利率

1. 营业毛利率的含义

营业毛利率是指营业毛利润与营业收入的对比关系。营业毛利润是企业利润的基础，毛利润额是营业收入与营业成本的差额。毛利润越高，抵补各项耗费的能力就越强，企业的盈利能力也就越高。

2. 营业毛利率指标的计算与分析

$$营业毛利率=\frac{营业毛利润}{营业收入}\times 100\%$$

$$营业毛利润=营业收入-营业成本$$

营业毛利率可理解为每百元营业收入能为企业带来多少毛利。只有较高的营业毛利率才能保证企业能获得较高的净利润，否则无法形成企业的最终利润。营业毛利率反映企业营业的盈利能力和获利水平，体现企业生产经营活动最基本的获利能力。该指标越高，说明企业利润空间大，企业市场的竞争力越强。因此，该指标越高，企业盈利能力就越强，其产品在市场上的竞争能力也越强；反之，则盈利能力越弱。

【例6-1】根据表6-1的相关资料，计算甲公司营业毛利率。计算中涉及各项指标计算的数据主要来源于甲公司资产负债表、利润表以及所有者权益变动表的相关项目。

表 6-1 计算盈利能力指标相关财务数据　　　单位：万元

项目	2017 年	2018 年	2019 年
营业收入	177 033	221 673	242 100
营业成本	148 083	180 154	183 001
税金及附加	671	751	1 161
销售费用	10 925	14 840	23 566
管理费用	11 669	11 228	12 702
财务费用	440	61	1 887
资产减值损失	638	610	569
投资收益	31 420	96 513	7 804
营业利润	36 027	110 542	27 018
营业外收入	181	621	125
营业外支出	313	5	—
利润总额	35 895	111 158	27 143
所得税费用	1 163	2413	3 439
净利润	34 732	108 745	23 704
资产总额期初数	582 464	584 102	566 721
资产总额期末数	584 102	566 721	566 501
非流动负债期初数	100 137	100 000	100 239
非流动负债期末数	100 000	100 239	100 041
所有者权益期初数	459 870	478 560	447 147
所有者权益期末数	478 560	447 147	447 002
发行在外的普通股加权平均股数/万股	225 392.4051	226 083.0811	226 081.0811

甲公司营业毛利率指标的计算如表 6-2 所示。

表 6-2 甲公司营业毛利率计算表　　　单位：万元

项目	2017 年	2018 年	2019 年
营业收入	177 033	221 673	242 100
营业成本	148 083	180 154	183 001
营业毛利	28 950	41 519	59 099
营业毛利率（%）	16.35	18.73	24.41

由表 6-2 可知，由于甲公司近三年的营业收入每年递增，营业毛利率呈

逐年增长趋势，甲公司经营盈利能力稳中有升，2017年为16.35%，2018年为18.73%，2019年上升为24.41%。这在一定程度上表明该公司产品市场定位准确，市场占有额逐年增加，消费者群体对于产品的接受情况较好，公司营销和经营策略比较成功。该公司盈利能力的强弱，还需结合行业平均值来进行综合评价。

3. 计算和分析营业利润指标应注意的问题

（1）营业毛利率的高低与企业产品定价政策有关。企业获取利润的主要途径是销售产品，而产品销售价格决定了营业毛利水平的高低。一般来说，营业毛利水平高，企业用于补偿产品营业税金、销售费用、管理费用和财务费用等支出后，才会产生余额，进而使企业获取利润；有时候企业为了增加产品的市场份额，会采取薄利多销政策，从而使企业营业毛利率偏低。

（2）营业毛利率具有明显的行业特点。一般来说，营业周期短、固定费用低的行业的毛利率水平比较低，如商品零售行业；营业周期长、固定费用高的行业，则要求有较高的毛利率以弥补高额的固定成本，如重工业企业。为了公平地评价企业盈利能力，应将该指标与本企业历史水平、同行业平均水平及先进水平相比较，并结合企业目标毛利率来进行分析，以正确评价企业的盈利能力，并从中找出差距，提高其盈利水平。

（二）营业利润率

1. 营业利润率的含义

营业利润率是指企业的一定会计期间的营业利润与营业收入的比率，是最能直接体现企业经营管理水平的项目，同时也是对企业盈利能力的直接评价。

与营业毛利率相比，营业利润率在评价企业的盈利能力方面更进了一步，能更全面、完整地体现营业收入的盈利能力。

2. 营业利润率指标的计算与分析

$$营业利润率 = \frac{营业利润}{营业收入} \times 100\%$$

营业利润 = 营业收入 - 营业成本 - 税金及附加 - 期间费用 - 资产减值损失 + 公允价值变动收益 + 投资收益

营业利润率指标表明每百元营业收入能为企业带来多少营业利润，体现了扣除变动成本和主要固定成本并加上投资收益之后的利润占营业收入的比率。一般情况下，营业利润率越高越好；指标越高，表明企业的营业活动为社会创造的价值越多，贡献也就越大，同时反映企业营业盈利能力越强，经营状况越好，未来发展前景越可观；反之，则表明盈利能力差。

【例6-2】根据表6-1，计算甲公司营业利润率，结果如表6-3所示。

表 6-3　甲公司营业利润率计算表　　　　　　　　　单位：万元

项　目	2017 年	2018 年	2019 年
营业利润	36 027	110 542	27 018
营业收入	177 033	221 673	242 100
营业利润率（%）	20.35	49.87	11.16

由表 6-3 可知，甲公司近三年的营业利润率出现了大幅波动，2017 年为 20.35%，2018 年猛增至 49.87%，2019 年又降为 11.16%，说明该公司近三年盈利能力很不稳定。结合公司利润表可看出，尽管该公司近三年营业收入呈逐年增长趋势，但营业利润率指标却波动很大，根本原因在于营业利润中投资项目不稳定：2017 年投资收益指标为 31 420 万元，2018 年该指标增加到 96 513 万元，增幅达到 207.17%，而到了 2019 年该指标又大幅度下滑，仅为 7 804 万元，降幅达到 75.16%。由于投资收益的增减幅度远远超过营业收入的增长幅度，所以出现营业利润指标大幅波动，其最终结果是引起营业利润率的震荡。投资收益的不稳定性可能是由于公司对外投资策略发生了严重失误，导致投资收益大幅下滑，这是一个危险的信号，表明甲公司的经营存在薄弱环节，经营状况不稳定，应当采取措施加以改进。

此外，还应将甲公司的营业利润率与行业平均值或先进水平进行比较，进一步评价该公司盈利能力的质量高低。

3. 计算和分析营业利润率指标应注意的问题

（1）对单个企业来说，营业利润率指标越大越好，单个行业的竞争能力、经济状况、利用负债融资的程度及行业经营的特征，都使得不同行业各企业间的营业利润率大不相同。因此，在使用该指标分析时，还要注意将个别企业的营业利润率指标与行业平均或先进水平进行比较，从而更准确地评价企业的盈利能力。

（2）从企业利润率的计算公式可以看出，企业的营业利润额的高低与营业利润率成正比，营业收入则与营业利润率成反比。因此，企业在增加收入的同时，必须相应地获得更多的营业利润，才能使营业利润率保持不变或有所提高，这就要求企业在扩大销售、增加收入的同时，注意改进经营管理，提高盈利水平。

（3）要提高营业利润水平，需要对营业利润率的构成要素及其结构的变动情况进行分析，从而找出其增减变动的原因，有的放矢地采取措施，以改善盈利能力。

（三）营业净利率

1. 营业净利率的含义

营业净利率是企业实现的净利润与营业收入的比率。该指标反映了企业最终获得的利润占营业收入的比率,代表企业的最终盈利水平。

该指标表示每百元营业收入带来的净利润是多少,反映企业营业收入的获利水平。净利润是在利润总额的基础上扣减所得税费用后的净额,是投资者最为关心的,因为净利润的高低,直接反映投资者的投资收益水平。通常情况下,营业净利率指标越高越好,说明企业盈利能力越强。

2. 营业净利率指标的计算与分析

计算公式如下:

$$营业净利率 = \frac{净利润}{营业收入} \times 100\%$$

【例6-3】根据表6-1提供的相关材料,计算甲公司的营业净利率指标,如表6-4所示。

表6-4 甲公司营业净利率计算表　　　　　　　单位:万元

项　目	2017年	2018年	2019年
净利润	34 732	108 745	23 704
营业收入	177 033	221 673	242 100
营业净利率(%)	19.62	49.06	9.79

由表6-4可知,甲公司近三年的销售净利率发生了大幅波动,2017年为19.62%,2018年为49.06%,2019年为9.79%。进一步分析可知,这可能是由以下原因造成的:

(1) 投资收益项目波动很大,收益极不稳定。

(2) 连续三年销售费用开支的增幅都超过营业收入的增幅。

(3) 营业外收支项目不稳定,最突出的是2018年营业外收入较2017年猛增243.09%。

(4) 所得税费用开支不稳定,如2014年较2013年利润总额缩减了309.53%,但所得税费用2014年较2013年反而增加了42.52%。2014年利润总额较上年减少而所得税费用反而增加的原因在利润表中不能体现,但根据资产负债表相关项目数据变动及报表附注表明,所得税费用增加极有可能是因为A公司所投资企业的所得税税率较低,因而分得的股利需补缴所得税造成的。

以上四个因素的综合影响,使得甲公司近三年的营业净利率发生了大幅波动,说明该公司的经营管理水平和获利水平不够稳定。公司应采取各种有效措施,在进一步扩大销售的同时改进经营管理,降低有关费用开支,把握投资决策,以提高和稳定公司的整体获利水平。

（四）成本费用利润率

1. 成本费用利润率的含义

成本费用利润率是指一定时期内企业利润总额和成本费用总额之间的比率，是衡量企业盈利能力的又一重要指标。

2. 成本费用利润率的计算与分析

计算公式如下：

$$成本费用利润率 = \frac{利润总额}{成本费用总额} \times 100\%$$

成本费用总额 = 营业成本 + 税金及附加 + 销售费用 + 管理费用 + 财务费用

成本费用率指标表明企业每耗费百元成本或费用所能创造的利润额。它揭示了企业所得与所费之间的关系，从耗费角度补充评价企业的收益状况和盈利水平，有利于企业加强内部管理，节约支出，提高经营效益。每一个企业都力求以最少的耗费获取最大利润，因此该比率越高，表明企业为取得收益所付出的代价越小，企业成本费用控制得越好，企业盈利能力越强。

【例6-4】根据甲公司利润表提供的相关资料，计算甲公司成本费用利润率指标，如表6-5所示。

表6-5　甲公司成本费用利润率计算表　　　　　单位：万元

项　目	2017年	2018年	2019年
营业成本	148 083	180 154	183 001
税金及附加	671	751	1 161
销售费用	10 925	14 840	23 566
管理费用	11 669	11 228	12 702
财务费用	440	61	1887
成本费用总额	171 788	207 034	222 317
利润总额	35 895	111 158	27 143
成本费用利润率（%）	20.89	53.69	12.21

由表6-5可以看出：甲公司2018年度的成本费用率较2017年增幅较大，增加了32.80%，2019年又较2018年降低了41.48%。近三年成本费用率大起大落，主要原因是构成利润总额的投资收益变化较大；另外，成本费用也呈逐年上升趋势。公司应当深入剖析导致收益下降以及成本费用上升的具体原因，寻找对策改进有关工作，以扭转收益指标下降的状况。当然，甲公司为取得收益所付出的代价到底是大是小，还需结合同行业平均值来评价。

3. 计算和分析成本利润率指标应注意的问题

同利润一样，成本费用的计算口径也可以分为不同层次，如主营业务成本、营业成本。在评价成本费用效果时，应注意成本费用与利润之间的计算层次和口径上的对应关系。比如分母为主营业务成本，分子则应选用主营业务利润；分母为成本费用总额，分子则应选用利润总额。

三、各指标之间的关系

各指标之间的关系式如下：

（1）营业毛利率的公式表达：

$$营业毛利率=\frac{营业毛利润}{营业收入}\times100\%$$

其中：

$$营业毛利润=营业收入-营业成本$$

（2）营业利润率的公式表达：

$$营业利润率=\frac{营业利润}{营业收入}\times100\%$$

其中：

$$营业利润=营业收入-营业成本-税金及附加-期间费用-资产减值损失+公允价值变动收益+投资收益（若为损失，就用"-"）$$

（3）营业净利率的公式表达：

$$营业净利率=\frac{净利润}{营业收入}\times100\%$$

其中：

$$净利润=利润总额-所得税费用$$

从理论公式可以看出，三者的分母均为"营业收入"，不同之处在于分子部分，就同一企业的报表数据而言，三者计算结果存在一定的关联性。

一般情况下，在同一企业：

$$营业毛利润额>营业利润额>净利润额$$

因此，由三个指标值的计算结果可以得出下列结论：

$$营业毛利率>营业利润率>营业净利率$$

在相关的分析中，可以此为判断依据，以免得出错误的分析结果。

第三节 资本盈利能力分析

一、资本盈利能力分析的含义

企业的生存发展与企业投资者的投入息息相关。投资者非常关心资本的投入产出情况。要全面考核企业的盈利能力，必须对投资盈利能力进行分析，潜在的投资者尤为关心投入资金的未来增值潜力。衡量企业资本盈利能力的常用指标有资本金利润率、净资产报酬率。资本盈利能力是指企业的所有者通过投入资本、经营，最终取得利润的能力。

二、资本盈利能力分析的具体指标

（一）资本利润率

1. 资本利润率的含义

资本利润率是指企业一定时期内实现的利润总额与资本总额的比率，直接反映了企业所有者投入资本的回报水平，是衡量所有者投入资本盈利能力的重要指标。

资本是企业在工商行政管理部门登记的注册资金，即注册资本。"资本总额"数据取自于资产负债表中的实收资本（股本）项目。在本期实收资本发生较大变化的情况下，应取期初、期末资本金平均数或直接以期末数计算。该指标数值越高，说明投入企业资金的回报水平越高，企业盈利能力越强。

2. 资本利润率的计算与分析

计算公式如下：

$$资本利润率 = \frac{利润总额}{资本总额} \times 100\%$$

其中，资本总额即资产负债表中所有者权益的金额：

$$资本金总额 = \frac{所有者权益期初余额 + 所有者权益期末余额}{2}$$

【例6-5】根据表6-1、表6-4提供的相关资料，计算甲公司资本利润率指标，如表6-6所示。

表6-6　甲公司资本金利润率计算表　　　　　单位：万元

项　目	2017年	2018年	2019年
利润总额	35 895	11 1158.0	27 143.0
资本期初余额	459 870	478 560.0	447 147.0
资本期末余额	478 560	447 147.0	447 002.0
资本平均余额	469 215	462 853.5	447 074.5
资本利润率（%）	7.65	24.02	6.07

由表6-6可以看出：甲公司2018年度的资本利润率较2017年上升了16.37%，表明2018年度所有者投入资本的回报水平高，企业盈利能力增强；而2019年度的资本利润率较2018年下降了17.95%，则表明该公司2019年度所有者投入资本的回报水平低，企业盈利能力减弱。由表6-6可知，导致甲公司资本利润率大起大落的主要原因是利润总额变化较大。

(二) 权益净利率

1. 权益净利率的含义

权益净利率又称净资产收益率或股东权益报酬率，是指企业一定时期内实现的净利润与平均净资产的比率，是企业税后利润除以净资产得到的百分比。该比率充分体现投资者投入企业的自有资本获取净收益的能力，反映股东权益的收益水平，用以衡量企业运用自有资本的效率，是衡量企业盈利能力的重要指标。

权益净利率是从投资者的角度来考核其盈利能力的，因而它是被投资者关注且对企业具有重大影响的指标。

2. 权益净利率指标的计算与分析

计算公式如下：

$$权益净利率 = \frac{净利润}{平均净资产} \times 100\%$$

$$资本平均数 = \frac{资本期初余额 + 资本期末余额}{2}$$

权益净利率表明投资者每 100 单位货币投资将获取多少回报，是评价企业盈利能力的核心指标。一般认为，权益净利率越高，企业自有资本获取利润的能力越强，运营效益越好，对企业投资者、债权人的保证程度越高；反之，则表明企业自有资本盈利能力差。

【例 6-6】根据表 6-1、表 6-4 提供的相关资料，计算甲公司权益净利率指标，如表 6-7 所示。

表 6-7 甲公司权益净利率计算表   单位：万元

项目	2017 年	2018 年	2019 年
净利润	34 732	108 745.0	23 704.0
资本期初余额	459 870	478 560.0	447 147.0
资本期末余额	478 560	447 147.0	447 002.0
资本平均余额	469 215	462 853.5	447 074.5
权益净利率（%）	7.40	23.49	5.30

由表 6-7 可以看到：甲公司 2018 年度的权益净利率较 2017 年上升了 16.05%，表明 2018 年度所有者投入资本的盈利能力增强；而 2019 年度的资本利润率较 2018 年下降了 18.19%，表明该公司 2019 年度所有者投入资本的盈利能力减弱。由表 6-7 可知，导致企业资本利润率大起大落的主要原因是

净利润变化较大。

3. 计算和分析权益净利率应注意的问题

(1) 权益净利率作为杜邦分析体系中的龙头指标,是一个综合性极强的投资报酬率指标;通过对指标的层层分解,可以分析出导致企业净资产报酬率发生变化的具体原因,这比只用一项综合性指标更能说明问题。指标的具体分解方法将在本书第八章的杜邦分析体系中详细介绍。

(2) 在相同的总资产报酬率水平下,由于企业采用不同的资本结构,会产生不同的权益净利率。

第四节 资产盈利能力分析

一、资产盈利能力分析的含义

资产盈利能力是指企业经营各项资产而获得利润的能力,企业在一定时期内占用和耗费的资产越少,获取的利润越大,说明资产的盈利能力越强,经济效益越好。反映企业资产盈利能力的指标主要有总资产利润率、总资产净利率与总资产报酬率。

二、资产盈利能力分析的具体指标

(一) 总资产利润率

1. 总资产利润率的含义

总资产利润率是指企业的利润总额与总资产平均额之间的比率,及企业在一定时期内总资产所实现的利润额。

2. 总资产利润率的计算与分析

计算公式如下:

$$总资产利润率 = \frac{利润总额}{总资产平均余额} \times 100\%$$

$$总资产平均余额 = \frac{总资产期初数 + 总资产期末数}{2}$$

该指标反映了企业综合运用所拥有的全部经济资源获得的经济利益,是一个综合性的效益指标。该指标越高,说明企业资产的运用效率越好。在评价总资产利润率时,需要与企业历史标准和行业标准进行比较,并进一步对该指标进行因素分析,找出有利因素和不利因素。

【例6-7】根据表6-1、6-4提供的相关资料,计算甲公司总资产利润率指标,如表6-8所示。

表 6-8　甲公司总资产利润率计算表　　　　　单位：万元

项　　目	2017 年	2018 年	2019 年
利润总额	35 895	111 158	27 143
资产总额期初数	582 464	584 102	566 721
资产总额期末数	584 102	566 721	566 501
总资产平均余额	583 283	575 411.50	566 611
总资产利润率（%）	6.15	19.32	4.80

由表 6-8 可以看到：甲公司 2018 年度的总资产利润率较 2017 年上升了 13.17%，表明 2018 年度总资产的盈利能力增强；而 2019 年度的总资产利润率较 2018 年下降了 14.52%，表明该公司 2019 年度总资产的盈利能力减弱。由表 6-8 可知，导致企业总资产利润率大起大落的主要原因是利润总额变化较大。

（二）总资产净利率

1. 总资产净利率的含义

总资产净利率是指企业一定期间内获得的净利润与资产总额平均数的比率，是用以衡量企业运用其全部资产获取利润能力的指标。

2. 总资产净利率的计算与分析

计算公式如下：

$$总资产净利率 = \frac{净利润}{总资产平均余额} \times 100\%$$

$$总资产周转率 = \frac{营业收入}{总资产平均余额}$$

$$营业净利率 = \frac{净利润}{营业收入} \times 100\%$$

$$总资产净利率 = 总资产周转率 \times 营业净利率$$

总资产净利率是反映企业经营效率和盈利能力的综合指标，将其分解可以看出该指标由资产周转率和营业净利率构成。总资产周转率是反映企业资产营运能力的指标，用来说明资产的运用效率，该指标越高说明企业资产运用越有限，可以直接体现出企业资产的经营效果。营业净利率是销售盈利能力指标，总体来看，总资产净利率与总资产周转率和营业净利率存在乘积关系，体现出资产盈利能力指标与销售盈利能力和营运能力指标的关系。

【例 6-8】根据表 6-1、表 6-4 提供的相关资料，计算该公司总资产净利率指标，如表 6-9 所示。

表 6-9　甲公司总资产净利率计算表　　　　　单位：万元

项　　目	2017 年	2018 年	2019 年
净利润总额	34 732	108 745.0	23 704.0
资产总额期初数	582 464	584 102	566 721
资产总额期末数	584 102	566 721	566 501
总资产平均余额	583 283	575 411.50	566 611
总资产净利率（%）	5.95	18.90	4.18

由表 6-9 可以看到：甲公司 2018 年度的总资产净利率较 2017 年上升了 12.95%，表明 2018 年度总资产的盈利能力增强；而 2019 年度的总资产利润率较 2018 年下降了 14.72%，则表明该公司 2019 年度总资产的盈利能力减弱。由上表可知，导致企业总资产净利率大起大落的主要原因是净利润变化较大。

3. 计算和分析总资产净利率指标时应注意的问题

（1）注重企业的资产结构分析。企业应调整生产经营用资产、非生产经营用资产、不良资产、闲置资产、优良核心资产的机构，以加强资产管理，提高资产利用效率，从而提高总资产周转率。

（2）注重企业利润形成结构的分析。企业应加强销售管理，增加营业收入，节约成本费用，提高企业的盈利能力，从而提高总资产净利率。

（三）总资产报酬率

1. 总资产报酬率的含义

总资产报酬率是指企业息税前利润与全部资产平均额之间的比率。它反映了企业全部资产在支付税费之前给社会带来的全部收益，是评价企业资产综合利用效果、企业总资产获利能力及企业经济效益的核心指标，是企业资产运用效果最直接的体现。

2. 总资产报酬率的计算与分析

计算公式如下：

$$总资产报酬率 = \frac{息税前利润}{总资产平均余额} \times 100\% = \frac{利润总额 + 利息支出}{总资产平均余额} \times 100\%$$

总资产报酬率越高，说明企业资产的运用效果越好，也意味着企业的资产盈利能力强，所以这个比率越高越好。评价总资产报酬率时，需要与企业前期的比率、同行业其他企业的这一比率进行比较，并进一步找出影响该指标的不利因素，以利于企业加强经营管理。计算中，如果利息支出数据无法取得时可以用财务分析数据代替。

【例 6-9】根据表 6-1、表 6-4 提供的相关资料，计算甲公司总资产报酬率指标，如表 6-10 所示。

表 6-10　甲公司总资产净利率计算表　　　　单位：万元

项　　目	2017 年	2018 年	2019 年
利润总额	35 895	111 158	27 143
利息支出	440	61	1887
息税前利润	36 335	111 219	29 030
资产总额期初数	582 464	584 102	566 721
资产总额期末数	584 102	566 721	566 501
总资产平均余额	583 283	575 411.50	566 611
总资产报酬率（%）	6.23	19.64	5.12

由表 6-10 可以看到：甲公司 2018 年度的总资产报酬率较 2017 年上升了 13.41%，表明 2018 年度总资产的盈利能力增强；而 2019 年度的总资产报酬率较 2018 年下降了 14.52%，则表明该公司 2019 年度总资产的盈利能力减弱。由表 6-10 可知，导致企业总资产报酬率大起大落的主要原因是息税前利润变化较大。

三、三项指标间的关系

反映资产盈利能力的三个主要指标，就其计算公式而言，分母均为"总资产平均余额"，区别各指标的主要部分为分子指标值的选取。

总资产报酬率指标的分子部分是息税前利润，总资产利润率指标的分子部分是利润总额，总资产净利率指标的分子部分是净利润。如果就同一企业的同一报表数据进行计算，三个指标分子部分存在如下数量关系：

息税前利润 > 利润总额 > 净利润

对前述三个例题甲公司的数据进行分析，见表 6-11。

表 6-11　甲公司指标计算表

项　　目	2017 年	2018 年	2019 年
总资产报酬率（%）	6.23	19.64	5.12
总资产利润率（%）	6.15	19.32	4.80
总资产净利率（%）	5.95	18.9	4.18

从表 6-11 可知，总资产报酬率、总资产利润率、总资产净利率三个指标从 2017 年到 2019 年三年间呈现出规律性变化。就同一时间而言，三个指标数值均出现从总资产报酬率到总资产利润率再到总资产净利率逐渐变小的趋

势；就同一指标而言，2018 年数值均为三年三者中的最大值，说明 2018 年公司盈利能力较 2017 年和 2019 年强。主要原因与其总利润和利润的变化有直接关系。

第五节　上市公司盈利能力指标分析

一、上市公司盈利能力指标分析的含义

上市公司是一个特殊的企业，指经过批准，可以在证券交易所向社会公开发行股票而筹资成立的股份有限公司。把权益资本分成等额股份，称为股本。上市公司与一般企业的不同之处在于有股票二级市场形成的交易价格，通过发放股利的形式进行利润分配。分析上市公司的盈利能力，可以通过分析每股收益、普通股每股股利、股利支付率、市盈率指标来实现。

二、上市公司盈利能力分析的具体指标

（一）每股收益

1. 每股收益的含义

每股收益又称每股盈余、每股利润，是指普通股股东每持有一股普通股所能享有的企业净利润或需承担的企业净亏损。每股收益是评价上市公司盈利能力的核心指标，用于反映企业经营成果，衡量普通股的盈利水平及投资风险，是投资者等信息使用者据以评价企业盈利能力、预测企业成长潜力、进而做出相关经济决策的重要财务指标之一。每股收益包括基本每股收益和稀释每股收益。

2. 每股收益的指标计算与分析

（1）基本每股收益。基本每股收益是按照归属于普通股股东的当期净利润除以发行在外普通股的加权平均数计算的每股收益。计算公式如下：

$$基本每股收益 = \frac{净利润 - 优先股股利}{发行在外的普通股加权平均股数}$$

$$发行在外的普通股加权平均股数 = 年初发行在外股数 + \frac{新增流通股数 \times 新增股数流通月数}{12}$$

在计算每股收益时，分子应只包括属于普通股的净收益，因此需要将优先股股利扣除；分母为当期发行在外的普通股加权平均数，公司库存股不属于流通在外的普通股，无权参与利润分配，因而不参与每股收益的计算。同时，由于企业的收益是在整个会计年度中取得的，因此应该与整个会计年度中流通在外的普通股股数相对应，需要采用加权平均股数。

【例 6-10】某公司年初发行在外的普通股股数为 1 亿股，2019 年 3 月 1

日新发行 3 000 万股,2019 年实现的净利润为 5 000 万元,则基本每股收益是多少?

解:发行在外普通股加权平均股数:

$$1+\frac{0.3\times 10}{12}=1.25（亿股）$$

基本每股收益:

$$\frac{0.5}{1.25}=0.4（元/股）$$

(2) 稀释每股收益。如果企业发行的产权证券中既包括普通股,又包括普通股同等权益,如可转换公司债券、认股权证、股票期权等,这些权益有可能增加流通在外的普通股股数,从而使本期收益在更多的股份中进行分摊,对每股收益具有潜在的稀释影响。

稀释每股收益是以基本每股收益为基础,假定企业所有发行在外的稀释性潜在普通股均已转换为普通股,从而分别调整归属于普通股股东的当期净利润以及发行在外普通股的加权平均数计算的每股收益。每股收益仅考虑当期实际发行在外的普通股股数,而稀释每股收益的计算和分析主要是为了避免每股收益虚增可能带来的信息误导。

计算公式如下:

$$稀释每股收益=\frac{净利润-不可转换优先股股利}{发行在外普通股股数+普通股股票同等权益}$$

3. 计算和分析每股收益指标应注意的问题

(1) 一般投资者在使用每股收益指标时有以下几种方式:通过将不同企业的每股收益指标进行排序,用于判断所谓"绩优股"和"垃圾股";将指标与同行比较,用于选择龙头企业;将指标与企业历史数据比较,用于判断该企业的成长性。

(2) 尽管每股收益指标是衡量上市公司盈利能力的最重要财务指标,但它并不反映股票所含有的风险。例如,假设某公司原来经营日用品的产销,最近转向房地产投资,公司的经验风险增大了很多,但每股收益可能不变或提高,并没有反映出风险增加的不利变化。

(3) 普通股股数是每股收益指标的负影响因素。当归属于普通股的净利润一定时,普通股股数越多,每股收益越少。影响普通股股数变动的因素很多,如企业增发新股、派发股票股利、分割股票、资本公积和盈余公积转增股本时,企业所有者权益总额不会发生变动,但发行在外的普通股股数却发生了变化。可见,普通股股数变动既受普通发行状况的影响,又与企业产权证券构成有关。

通常,在确定普通股股数时应把握以下几点:首先,企业在本会计年度发行的现金增资股票,应按其实际流通的时间比例进行折算;其次,企业在年度内将资本公积或盈余公积转增为资本配股,不论配股何时发放,这些新股均享有对企业全年股利的分配权；再次，企业发行的可转换证券是否为约当普通股，应于发行时即予以确认，一旦确定，不能再改变；最后，每股收益多，不一定意味着投资者能得到多的红利，还要看公司股利分配政策。

（二）普通股每股股利

1. 普通股每股股利的含义

每股股利也称每股红利，是指普通股股利总额与发行在外普通股股数的比值。每股股利是由每股收益指标延伸出的指标。计算公式如下：

$$每股股利 = \frac{现金股利总额}{发行在外普通股股数}$$

公式中的分子是指用于分配普通股的现金股利总额。

普通股每股股利指标表明在某一时期内每股普通股能够获得的股利收益。对投资者而言，该指标值越高，表明投入资本获取的收益越高。

2. 普通股利的计算与分析

【例 6-11】根据甲公司的相关资料，计算甲公司每股股利指标，如表 6-12 所示。

表 6-12 甲公司每股股利计算表

项 目	2017 年	2018 年	2019 年
普通股股利总额（万元）	40 064	27 947	16 770
发行在外普通股加权平均股数（万股）	225 392.405 1	226 081.081 1	226 081.081 1
普通股每股股利（元）	0.178	0.124	0.074

由表 6-12 可知，甲公司 2017—2019 年普通股每股股利呈降低趋势，表明投资者实际获得的收益逐年减少。进一步分析可知，甲公司普通股股数三年间并无太大变动，2017 年净利润较 2018 年大幅增长而每股股利却减少，2019 年净利润较上年下降，每股股利更是随之而减少，可以初步判断甲公司每股股利减少除净利润下降的影响外，还可能由于其所采用的低股利政策，将净收益更多地留存于企业投入再生产。对于长期投资者而言，这种现象不一定是不良信号，因为这意味着企业将来可能有强劲的未来盈利能力，但对于短期投资者来说就需要关注了。

由于普通股每股股利是一个绝对数指标，究竟甲公司采取的低鼓励政策还是高股利政策，可结合股利支付率来进行判断。

3. 计算和分析普通股每股股利应注意的问题

每股股利的高低取决于企业盈利能力的强弱；同时，企业采用的股利分配政策和现金是否充足也决定了每股股利的高低。

每股收益与每股股利是有区别的。每股收益是从账面上反映每股盈利能力的高低，每股股利则是从股利发放的角度直接反映股东分得股利的多少，因此，每股股利指标更直观地说明股本盈利能力的高低。从某种程度上说，每股股利比每股收益更直观，更受股票投资者特别是短期投资者关注。

（三）股利支付率

1. 股利支付率的含义

股利支付率又称股利发放率，即普通每股股利占普通股每股收益的比重，反映企业的股利分配政策和股利支付能力。

2. 股利支付率的计算与分析

股利支付率的计算公式为：

$$股利支付率=\frac{每股股利}{每股收益}\times 100\%$$

公式中分母"每股收益"通常是指普通股基本每股收益。

股利支付率一方面反映了普通股股东的盈利水平，股利支付率越高，反映普通股股东获得的收益越多；另一方面反映了企业的鼓励政策，企业往往综合考虑其盈利水平、成长性、未来的投资机会、股东的市场反应、货币政策等因素制定鼓励政策。股利支付率是综合权衡这些因素的结果，其高低应根据企业具体情况而定，没有固定的衡量标准。

【例6-12】根据甲公司的相关资料，计算该公司股利支付率指标，如表6-13所示。

表6-13　甲公司股利支付率计算表　　　　　　　　单位：元

项　目	2017年	2018年	2019年
普股股每股股利	0.178	0.124	0.074
基本每股收益	0.158	0.481	0.122
股利支付率（%）	112.66	25.78	60.66

由表6-13可知，甲公司2017年股利支付率高达112.66%，表明2017年分配的股利超过当年每股收益，动用了企业的盈余公积；2018年下降至25.78%，而当年每股收益在三年中居于最高位，股利支付率的下降有可能是因为公司在2018年进行了其他投资所致；2019年股利支付率又上升至60.66%。可以看出，甲公司股利支付率起伏较大，除2018年外，2017年、2019年两年的股利支付率都比较高，结合资产负债表与现金流量表相关数据，可以判断出2018年股利支付率降低是甲公司为准备进行长期股权投资而筹集资金所致（2018年"长期股权投资""投资支付的现金"数额较大）。

3. 计算与分析股利支付率指标应注意的问题

（1）一般来说，公司发放股利越多，股利的分配率越高，对股东和潜在投资者的吸引力越大，也就越有利于建立良好的公司信誉；由于投资者对公司的信任，会使公司股票供不应求，使公司股票市价上升，而公司股票的市价越高，对公司吸引投资、再融资越有利。

（2）过高的股利分配率政策，会使公司的留存收益减少。此时，如果公司要维持高股利分配政策，就需要对外大量举债，给企业带来财务风险，最终必定会影响公司的未来收益与权益。

（3）股利支付率是股利政策的核心。确定股利支付率，首先要弄清公司在满足未来发展所需的资本支出需求和营运资本需求，有多少现金可用于发放股利，然后考察公司所能获得的投资项目的效益如何。如果公司现金比较充裕，同时也没有更好的投资项目，那么可以发放较多的现金股利；如果有好的投资项目且对公司长远发展有利，那么就可将资金用于投资项目，发放的现金股利则应减少。

（四）市盈率

1. 市盈率的含义

市盈率是指普通股每股市价与普通股每股收益的比率，反映投资者对上市公司愿意支付的价格，可用于估计股票投资报酬和风险的大小。市盈率是衡量股票投资价值的一种重要指标，是投资者做出投资决策的重要参考因素之一，是股市分析中常用的指标。

2. 市盈率的计算与分析

市盈率的计算公式如下：

$$市盈率 = \frac{每股市价}{每股收益} \times 100\%$$

式中，"每股市价"通常采用年度平均价格，即全年日收盘价的算术平均。但实务中，为了计算的简便和增强评价的实时性，多采用报告期前一日的实际股票市价来计算；分母"每股收益"通常是指基本每股收益。

市盈率是投资者衡量股票潜力、借以投资入市的重要指标。一般情况下，该指标越大，说明市场对企业的未来越看好，投资者愿意出较高的价格购买该公司股票，表明企业具有良好的发展前景，预期能获得更好的回报。但过高的市盈率蕴含着较高的风险。

【例6-13】根据甲公司的相关资料，计算甲公司市盈率指标，如表6-14所示。

表 6-14　甲公司市盈率计算表　　　　　单位：元

项　目	2017 年	2018 年	2019 年
每股市价	14.35	12.87	12.15
基本每股收益	0.158	0.481	0.122
市盈率（倍）	90.82	26.76	99.59

由表 6-14 可知，甲公司市盈率 2017 年为 90.82，2018 年下降为 26.76，而 2019 年市盈率上涨了三倍多，达到 99.59。通过市盈率的变化，可以看出投资者对该公司的发展前景比较看好；但该公司财务数据显示，2019 年市盈率上升的主要原因并非股价上涨，而是当年每股收益大幅度下降，这就需要投资者警惕了，应进一步分析每股收益下降的具体原因，找出对策。甲公司市盈率指标是否偏高或偏低，尚需与同行其他企业的市盈率相比较来进行评价。

第六节　其他盈利能力比率分析

除了上述常用的比率外，还有一些其他比率能够用以对企业的盈利能力进行分析。

一、资本保值增值率

（一）资本保值增值率的含义

资本保值增值率是指企业的期末所有者权益与期初所有者权益的比率。它反映企业净资产的变动状况，在一定程度上是企业发展能力的集中体现，可以反映与投资有关的盈利能力。

（二）资本保值增值率的公式

计算公式如下：

$$资本保值增值率 = \frac{期末所有者权益数值}{期初所有者权益数值} \times 100\%$$

（三）资本保值增值率的分析评价

一般情况下，资本保值增值率越高，说明企业资本积累越多，企业资本保全性越强，持续发展的能力越强。该指标通常大于 100%，反映所有者投资权益的保障程度，有利于稳定投资者。

二、资产现金流量收益率

(一) 资产现金流量收益率的含义

资产现金流量收益率是指经营活动现金流量与资产平均总额的比率,反映企业的投资利用效率。

(二) 资产现金流量收益率的公式

$$资产现金流量收益率=\frac{经营活动产生的现金流量}{总资产平均数}\times100\%$$

$$总资产平均余额=\frac{总资产期初数+总资产期末数}{2}$$

(三) 资产现金流量收益率的分析

该指标值越大,说明企业经营活动产生的现金流量收益率越大,就经营活动而言,盈利能力越强。但在分析时,也应对经营活动现金流量的具体构成情况做进一步的综合分析。

三、盈余现金保障倍数

(一) 盈余现金保障倍数的含义

盈余现金保障倍数是指企业一定时期经营现金净流量同净利润的比值,反映了企业当期净利润中现金收益的保障程度,真实反映了企业盈余的质量,是评价企业盈利能力分析的辅助性指标。

(二) 盈余现金保障倍数的公式

计算公式如下:

$$盈余现金保障倍数=\frac{经营活动产生的现金净流量}{净利润}$$

(三) 盈余现金保障倍数的分析

盈余现金保障倍数是从现金流入和流出的动态角度对企业收益的质量进行评价,对企业的实际收益能力进行再次修正。盈余现金保障倍数在收付实现制基础上,充分反映出企业当期净收益中有多少是有现金保障的,挤掉了收益中的水分,体现出企业当期收益的质量状况。

一般而言,当企业当期净利润大于 0 时,该指标应该大于 1。该指标越大,表明企业经营活动产生的净利润中现金的贡献越大。但是由于指标中分母变动较大，致使该指标的数值变动也比较大，所以，对盈余现金保障倍数进行分析时，应根据企业实际效益状况有针对性地进行分析。

四、固定资产收益率

（一）固定资产收益率的含义

固定资产是企业资产中的另一个重要的部分，是企业生产经营的物质基础，一般由房屋建筑、大型机器设备等组成。在工业企业中，固定资产在总资产中占有很大比重，发挥着至关重要的作用。固定资产收益率是反映净利润与固定资产关系的比率。

（二）固定资产收益率的公式

计算公式如下：

$$固定资产收益率 = \frac{净利润}{固定资产平均额} \times 100\%$$

固定资产平均额 = 固定资产平均净额 = 固定资产原值 - 累计折旧

（三）固定资产收益率的分析

固定资产收益率越大，表明企业净利润占用的固定资产净值越大，盈利能力越强。在进行分析时用固定资产净值，一方面可以更好地反映固定资产的实际价值；另一方面，企业的净利润中已扣除折旧，可以更好地反映企业固定资产所实现的收益。

第七节　影响盈利能力的其他项目

除了上述财务比率外，在分析企业盈利能力时，还需要关注一些特殊项目或因素对企业盈利能力的影响。

一、税收政策对盈利能力的影响

税收政策是指国家为了实现一定历史时期的任务，选择确立的税收分配活动的方针和原则，是国家进行宏观调控的主要手段。税收政策的指定与实施有利于调节社会资源的有效配置，为企业提供公平的纳税环境，能有效调整产业结构。税收政策对于企业的发展有很重要的影响，如果企业可以享受国家税收优惠政策，能有效提高企业的盈利能力；不能享受税收优惠政策的企业，要缴纳高额税收，不利于企业盈利能力的提高。国家的税收政策与企业的盈利能力存在一定的关系，评价分析企业的盈利能力，需要对税收政策环境进行有效评价。实际分析中，财务人员对企业进行盈利能力分析时，往往只重视企业发展的内部因素，而忽视税收政策对企业盈利能力的影响。

二、利润结构对企业盈利能力的影响

企业的利润构成中，主营业务收入是利润的主要来源。主营业务利润是利润形成的基础，非经常性项目对企业的盈利能力也有一定的贡献，在企业总体利润中不应该占较大比例。在对企业盈利能力分析中，财务人员往往只对利润总额进行分析，而忽视利润构成结构。有的企业利润总额很大，从总量上看企业的盈利能力很好，但如果企业的利润主要来源于一些非经常性项目，或不是由企业主营业务活动创造的，这样的利润结构存在较大风险，不能反映出企业的真实盈利能力。

三、资本结构对企业盈利能力的影响

资本结构是影响企业盈利能力的重要因素之一，企业负债经营程度的高低对企业盈利能力有直接影响。当企业的资产报酬率高于企业借款利息率时，企业负债经营可以提高企业的获利能力，反之，如果资产报酬率低于企业借款利息率，负债经营就会降低企业获取利润的能力。有些企业只看重增加资本投入、扩大企业投资规模，忽视资本结构的合理性，有可能会妨碍企业利润的增长。在对企业的盈利能力进行分析的过程中，许多财务人员也会忽视资本结构变动对企业盈利能力的影响，只注重对企业借入资本分析，或只对企业的自有资本进行独立分析，没有综合考虑二者之间的结构是否合理，不能正确分析企业的盈利能力。

四、资产运转效率对企业盈利能力的影响

资产对每个企业而言是必不可少的，资产运转效率的高低不仅关系着企业营运能力的好坏，也影响到企业盈利能力的高低。资产营运效率越高，企业的营运能力就越好，企业的盈利能力也越强。企业盈利能力与资产运转效率成正比关系。财务人员在进行分析时，若只通过比较企业资产与利润、销售与利润的关系来直接评价企业的盈利能力，忽视了企业资产运转效率对企业盈利能力的影响，就不利于企业通过加强内部管理，不利于企业提高资产管理效率进而推动盈利能力提高。

五、企业盈利模式因素对企业盈利能力的影响

企业的盈利模式是企业赚取利润的途径和方式，是指企业将内部资源要素通过巧妙而有机的整合，为企业创造价值的经营模式。一个企业拥有先进的技术和人才，若没有一个独特的盈利模式，企业很难生存。企业的盈利模式不是从表面上看到的行业选择或经营行为的选择，在进行盈利模式分析时，

要关注企业获得盈利的深层机制，不是简单地从经营领域或行业特征进行判断和分析。

练习题

一、名词解释
1. 营业净利率
2. 营业利润率
3. 净资产收益率
4. 总资产利润率
5. 总资产净利率
6. 每股收益
7. 股利支付率
8. 市盈率

二、简答题
1. 企业的盈利能力可以从哪些角度分析？盈利能力主要用哪些指标进行评价？
2. 企业管理者进行盈利能分析的主要目的是什么？
3. 影响净资产报酬率的因素有哪些？
4. 什么是市盈率？市盈率的高低由哪些因素决定？

三、单选题
1. 下列指标中不能反映企业盈利能力的是（　　）。
   A. 普通股每股收益　　　　B. 总资产周转率
   C. 成本费用利润率　　　　D. 净利润率
2. 某服装批发企业年末清仓甩卖存货，则将直接出现（　　）的情况。
   A. 应收账款周转率增加　　B. 毛利下降
   C. 销售毛利率增加　　　　D. 流动比率增加
3. 某企业有普通股 20 000 万股，当年实现的利润总额为 100 000 万元，股票市场上该股股票价格为 60 万股，则该企业的市盈率为（企业的所得税税率为 25%）（　　）。
   A. 10　　　　B. 12　　　　C. 16　　　　D. 30
4. 年初资产总额为 2 600 万元，年末资产总额为 3 640 万元，净利润为 624 万元，所得税 208 万元，利息支出为 26 万元，则总资产报酬率为（　　）。
   A. 32.5%　　　B. 30%　　　C. 27.5%　　　D. 20%
5. 企业盈利能力分析指标有（　　）。
   A. 销售净利率　　　　　　B. 净资产利润率
   C. 权益乘数　　　　　　　D. 总资产周转率
6. 既影响现金有影响净利润的经济业务是（　　）。
   A. 出售无形资产收入现金　　B. 收回应收账款

C. 赊销商品 D. 按月支付短期借款利息

7. 评价企业盈利能力的净资产收益率指标中"收益"是指（ ）。

A. 毛利润 B. 营业利润 C. 利润总额 D. 净利润

8. 下列各项中，能体现企业资产运用效率及资产盈利能力的是（ ）。

A. 总资产周转率 B. 存货周转率

C. 总资产报酬率 D. 应收账款周转率

9. 营业利润率指标计算公式中，分子部分是指（ ）。

A. 息税前利润 B. 销售利润

C. 税前利润 D. 营业利润

10. 成本费用利润率中的成本费用不包括（ ）。

A. 财务费用 B. 营业成本

C. 管理费用 D. 生产成本

四、多选题

1. 评价企业销售盈利能力的指标有（ ）。

A. 营业毛利率 B. 营业利润率

C. 净利率 D. 成本费用利润率

2. 下列关于市盈率的说法，正确的是（ ）。

A. 有利于不同企业间的比较

B. 市盈率指标是股票投资人重要的参考指标

C. 市盈率指标越低，投资风险越小

D. 高市盈率的公司股票，说明企业有较好的发展前景

3. 下列选项中，会影响总资产净收益率的有（ ）。

A. 产品的价格 B. 单位成本的高低

C. 销售量 D. 资产结构

4. 下列各项中，影响企业盈利能力的有（ ）。

A. 税收政策 B. 利润结构

C. 资本结构 D. 盈利模式

5. 下列各项中，正确的有（ ）。

A. 每股收益是判断股份公司盈利能力大小的一个非常重要的指标

B. 每股收益可以和同行业进行直接比较

C. 每股收益可以直接进行纵向比较

D. 每股收益计算口径不同可以分为基本每股收益和稀释每股收益

6. 影响毛利润变动的内部因素有（ ）。

A. 开拓市场的意识和能力 B. 资本管理水平

C. 商品构成决策 D. 企业战略要求

7. 对股份制企业，反映盈利能力的指标有（ ）。

A. 总资产净利率 B. 市盈率
C. 每股收益 D. 股利支付率

8. 影响总资产报酬率的因素有（　　）。
A. 净利率 B. 所得税
C. 利息 D. 总资产平均余额

9. 在其他条件不变的情况下，会引起总资产报酬率下降的经济业务有（　　）。
A. 用现金支付审计费 B. 偿还应付款
C. 借入短期借款本金 D. 车间领用原材料

10. 盈利能力指标中使用的指标主要有（　　）。
A. 利息保证保障倍数 B. 总资产报酬率
C. 销售净利率 D. 总资产周转率

五、判断题

1. 分析企业的长期偿债能力除了关注企业资产和负债的规模与结构外，还需要关注企业的盈利能力。（　　）

2. 市盈率指标可以用以不同企业间的比较，充满扩张机会的新兴行业市盈率普遍较高，成熟行业的市盈率普遍较低，说明后者的股票没有投资价值。（　　）

3. 对企业盈利能力进行分析时，要剔除关联交易给企业利润带来的影响。（　　）

4. 按我国现行企业会计准则规定，企业当期实现的净利润即为企业当期可分配的利润。（　　）

5. 获利能力强的企业，其增长能力也强。（　　）

6. 企业要想获得收益，必须拥有固定资产，运用固定资产可以为企业创造直接的收入。（　　）

7. 影响每股股利多少的因素，除企业盈利大小外，还取决于其股利发放政策。（　　）

8. 一般来说，市盈率指标越低，表明该股票的投资风险越大。（　　）

9. 每股市价是股票的账面价值，根据成本计算的，每股净资产是指这些资产现在的价值，是证券市场上交易的结果。（　　）

10. 如果本期资产负债表中"未分配利润"少于上期，说明企业本期经营亏损。（　　）

六、计算分析题

1. 某公司2018年度销售收入800万元，销售成本率60%，赊销比率为销售收入的90%，销售净利率8%，期初应收账款26万元，期末应收账款28万元，期初资产总额600万元，其中：存货50万元，存货周转率8次，期末存货是期末资产总额的 10%，公司现有普通股 100 万股，股利支付率 40%，市场上每股市价为 15 元。

要求：根据上述资料计算：
(1) 应收账款周转率；
(2) 期末存货；
(3) 期末资产总额；
(4) 总资产平均余额；
(5) 总资产净利率；
(6) 基本每股收益；
(7) 每股股利；
(8) 市盈率。

2. 某上市公司 2018 年度有关财务指标如下表所示。

表 6-15 相关财务指标   单位：万元

流通在外股数 （万股）	息税前利润	所得税	普通股现金股利	普通股每股市价 （元）
6 000	3 000	875	2 500	21

要求：根据上述资料计算普通股每股收益、市盈率、普通股每股股利、股利支付率。

第七章

企业营运能力分析

> **学习目标**
> 通过学习，掌握企业营运能力的分析内容。主要包括：
> 1. 了解营运能力的意义；
> 2. 理解营运能力的内容；
> 3. 掌握营运能力的分析方法。

第一节 企业营运能力概述

一、企业营运能力的含义

企业营运能力（enterprise operation capacity），主要指企业营运资产的效率与效益。企业营运资产的效率主要指资产的周转率或周转速度。企业营运资产的利用效率通常是指企业的产出量与资产占用量之间的比率。

二、企业营运能力的意义

企业营运能力分析有利于企业管理当局改善经营管理，有助于投资者进行投资决策，有助于债权人进行信贷决策。企业营运能力分析就是通过计算与分析反映企业资产营运效率与效益的指标，评价企业的营运能力，为企业提高经济效益指明方向。

（一）有利于企业管理当局改善经营管理

企业的营运能力分析对企业管理当局至关重要，主要体现在如下几个方面：

1. 优化资产结构

资产结构即各类资产之间的比例关系。如上所述，不同资产对企业经营具有不同影响，所以，不同性质、不同经营时期的企业各类资产的组成比例将有所不同。通过资产结构分析，可发现和揭示与企业经营性质、经营时期不相适应的结构比例,并及时加以调整,形成合理的资产结构。

2. 改善财务状况

企业在一定时点上的存量资产,是企业取得收益或利润的基础。然而,当企业的长期资产、固定资产占用资金过多,或出现有问题资产、资产质量不高时,就会形成资金积压,以致营运资金不足,从而使企业的短期投资人对企业的财务状况产生不良印象。因此,企业必须注重分析、改善资产结构,使资产保持足够的流动性,以赢得外界对企业的信心。特别是对于资产"泡沫"或虚拟资产进行资产结构分析,摸清存量资产结构,并迅速处理有问题的资产,可以有效防止或消除资产经营风险。

3. 加速资金周转

非流动资产只有伴随着产品(或商品)的销售才能形成销售收入,在资产总量一定的情况下,非流动资产和非商品资产所占的比重越大,企业所实现的周转价值越小,资金的周转速度也就越低。为此,企业必须通过资产结构分析,合理调整流动资产与其他资产的比例关系。

(二)有助于投资者进行投资决策

企业营运能力分析有助于判断企业财务的安全性、资本的保全程度以及资产的收益能力,可用以进行相应的投资决策。

一是企业的安全性与其资产结构密切相关,如果企业流动性强的资产所占的比重大,企业资产的变现能力强,企业一般不会遇到现金拮据的压力,企业的财务安全性较高。

二是要保全所有者或股东的投入资本,除要求在资产的运用过程中,资产的净损失不得冲减资本金外,还要有高质量的资产作为其物质基础,否则资金周转价值不能实现,更无从谈及资本保全。而通过资产结构和资产管理效果分析,可以很好地判断资本的安全程度。

三是企业的资产结构直接影响着企业的收益。企业存量资产的周转速度越快,实现收益的能力越强;存量资产中商品资产越多,实现的收益额也越大;商品资产中毛利额高的商品所占比重越高,取得的利润率就越高。良好的资产结构和资产管理效果预示着企业未来收益的能力。

(三)有助于债权人进行信贷决策

资产结构和资产管理效果分析有助于判明其债权的物资保证程度或其安全性,可用以进行相应的信用决策。短期债权人通过了解企业短期资产的数额,可以判明企业短期债权的物资保证;了解企业长期资产的数额,可以判明企业长期债权的物资保证程度。在通过资产结构分析企业债权的物资保证时,应将资产结构与债务结构相联系,进行匹配分析,考察企业的资金周转期限（期限）结构与债务的期限结构的匹配情况、资产的周转（变现）实现日结构与债务的偿还期结构的匹配情况，以进一步掌握企业的各种结构是否相互适应。通过资产管理效果分析，则可对债务本息的偿还能力有更直接的认识。

对于其他与企业具有密切经济利益关系的部门和单位而言，企业的营运能力分析同样具有重要意义：有助于政府及有关管理部门判明企业经营是否稳定，财务状况是否良好，这将有利于宏观管理、控制和监管；有助于业务关联企业判明企业是否有足量的合格商品供应或有足够的支付能力，亦即判明企业的供销能力及其信用状况是否可靠，以确定可否建立长期稳定的业务合作关系或者所能给予的信用政策的松紧度。总之，营运能力分析能够用以评价一个企业的经营业绩、管理水平，乃至预期它的发展前途，关系重大。

三、企业营运能力分析的内容

企业营运能力分析的内容主要包括：流动资产营运能力分析，分析指标包括存货、应收账款等流动资产周转率；非流动资产营运能力分析，分析指标包括固定资产、总资产等非流动资产周转率；总资产营运能力分析，分析指标包含总资产周转率等。

（一）流动资产营运能力

流动资产营运能力是指企业在经营管理活动中运用流动资产的能力，反映出企业流动资金利用的效率。流动资产营运能力分析的内容包括：①流动资产周转率分析；②存货周转率分析；③应收账款周转率分析。

（二）非流动资产营运能力

非流动资产营运能力反映企业非流动资产的使用效率，对非流动资产使用效率影响最大的是固定资产，因此，非流动资产周转情况分析着重分析固定资产。

（三）总资产营运能力

总资产营运能力分析的主要内容如下：

1. 企业总资产营运能力

企业总资产营运能力，主要是指投入或使用全部资产所取得的产出的能力。由于企业的总产出一方面从生产能力角度考虑，可以总产值表示，另一方面从满足社会需要角度考虑，可用总收入表示，因此，反映全部资产营运能力的指标主要指全部资产产值率、全部资产收入率和全部资产周转率。

2. 总资产营运能力综合对比分析

总资产营运能力综合对比分析，是将反映全部资产营运能力的指标与反映企业流动资产和固定资产营运能力的指标结合起来进行分析。依据各类指标之间的相互关系进行综合对比分析,主要包括以下几方面的内容:

(1)综合对比分析反映资产占用与总产值之间的关系。反映二者关系的指标有三个,即固定资产产值率、流动资产产值率、全部资产产值率。它们可说明资产在生产过程的利用效果。

从静态上对比这三个指标,可分别反映固定资产、流动资产及全部资产利用效果的大小;从动态上对比这三个指标,可反映总产值增长与固定资产增长、流动资产增长、全部资产增长的关系,以及资产结合的变化情况。

(2)综合对比分析反映资产占用与收入之间的关系。反映二者之间关系的指标有三个,即固定资产收入率、流动资产周转率、全部资产收入率或周转率,它们可正确评价各项资产营运效益的大小和资产周转速度的快慢。从静态上对比,可反映各项资产收入率的水平及其差距;从动态上对比,可反映固定资产、流动资产及全部资产与销售收入增长的关系。

(3)将全部资产营运能力与全部资产盈利能力结合起来分析。从这个角度分析可说明,企业资产经营盈利能力的高低既取决于产品经营盈利能力,又受资产营运能力的影响。

第二节 流动资产营运能力分析

一、应收账款周转指标分析

应收账款是企业流动资产除存货外的另一重要项目。应收账款周转率是企业在一定时期内赊销净收入与平均应收账款余额之比。它是衡量企业应收账款周转速度及管理效率的指标。

公司的应收账款在流动资产中具有举足轻重的地位。公司的应收账款如能及时收回,公司的资金使用效率便能大幅提高。应收账款周转率就是反映公司应收账款周转速度的比率,它说明一定期间内公司应收账款转为现金的平均次数。用时间表示的应收账款周转速度为应收账款周转天数,也称平均应收账款回收期或平均收现期,它表示公司从获得债权到收回款项、变成现金所需要的时间。反映应收账款周转情况的指标主要有应收账款周转率和应收账款周转天数。

(一)应收账款周转率

1. 应收账款周转率的含义

应收账款周转率是指企业一定时期内营业收入与应收账款平均数的比率,应收账款周转率反映的是应收账款转化为现金的平均次数,是反映应收账款周转速度的指标。

2. 应收账款周转率的计算

应收账款周转率的计算公式有理论和运用之分，两者的区别仅在于销售收入是否包括现销收入。可把现销业务理解为赊销的同时收回货款，这样，销售收入包括现销收入的运用公式，同样符合应收账款周转率指标的含义。

（1）理论公式：

赊销收入净额 = 销售收入 – 销售退回 – 现销收入

应收账款周转率 = 赊销收入净额 ÷ 应收账款平均余额

= 当期销售净收入 – 当期现销收入 ／（期初应收账款余额 + 期末应收账款余额）÷ 2

（2）运用公式：

应收账款周转率 = 当期销售净收入 ÷（期初应收账款余额 + 期末应收账款余额）÷ 2

两者的区别仅在于销售收入是否包括现销收入。我们可以把现销业务理解为赊销的同时收回货款，这样，销售收入包括现销收入的运用公式，同样符合应收账款周转率指标的含义：

销售净收入 = 销售收入 – 销售退回

赊销收入净额 = 销售收入 – 销售退回 – 现销收入

一般情况下，应收账款周转率越高越好：应收账款周转率高，表明收账迅速，账龄较短；资产流动性强，短期偿债能力强，可以减少坏账损失等。

3. 应收账款周转率的意义

一般来说，应收账款周转率越高，平均收账期越短，说明应收账款的收回越快。否则，企业的营运资金会过多地呆滞在应收账款上，影响正常的资金周转。

存在一些影响该指标正确计算的因素：季节性经营的企业使用这个指标时不能反映实际情况；大量使用分期付款结算方式；大量使用现金结算的销售；年末大量销售或年末销售大幅度下降。这些因素都会对计算结果产生较大的影响。

财务报表的外部使用人可以将计算出的指标与该企业前期指标、与行业平均水平或其他类似企业的指标相比较，判断该指标的高低。但仅根据指标的高低，分析不出上述具体因素。

（二）应收账款周转天数

1. 应收账款周转天数的含义

应收账款周转天数又称应收账款平均收账期，反映一定时期内应收账款平均周转一次所需要的天数。应收账款周转天数是指企业从取得应收账款的权利到收回款项、转换为现金所需要的时间，是应收账款周转率的一个辅助性指标，周转天数越短，说明流动资金使用效率越好，它是用来衡量公司需要多长时间收回应收账款，属于公司经营能力分析的范畴。

2. 应收账款周转天数的计算

计算公式如下：

应收账款周转天数＝365÷应收账款周转率＝平均应收账款×365天/销售收入

3. 应收账款周转天数分析的意义

应收账款周转天数表示在一个会计年度内，应收账款从发生到收回周转一次的平均天数（平均收款期），应收账款周转天数越短越好。应收账款的周转次数越多，则周转天数越短；周转次数越少，则周转天数越长。周转天数越少，说明应收账款变现的速度越快，资金被外单位占用的时间越短，管理工作的效率越高。

【例7-1】甲公司资产负债表如表7-1所示，该公司2019年营业收入为3 688万元。计算甲公司应收账款周转率和平均收现天数。

表7-1 甲公司资产负债表　　　　　　单位：万元

资　产	2018年	2019年	负债和所有者权益	2018年	2019年
现金	339	431	短期借款	170	199
应收账款	365	503	应付账款	531	634
存货	300	289	其他流动负债	184	221
其他流动资产	324	352	流动负债合计	885	1 054
流动资产合计	1 328	1 575	长期借款	351	363
固定资产净值	2 266	2 361	应付债券	789	846
其他长期资产	251	281	长期负债合计	1 140	1 209
			股本（普通股590万股）	590	590
			资本公积	218	315
			盈余公积	202	320
			未分配盈余	810	729
			所有者权益合计	1 820	1 954
资产总计	3 845	4 217	负债和所有者权益总计	3 845	4 217

2019年甲公司应收账款周转率：

3 688÷[（365+503）/2]＝8.5（次）

2019年甲公司应收账款平均收现天数：

365/8.5＝43（天）

【例7-2】根据大伟公司资产负债表和利润表提供的相关资料，计算该公司应收账款周转率与应收账款周转天数，如表7-2所示。

表 7-2 大伟公司应收账款周转率计算表　　　　单位：万元

项　目	2018 年	2017 年	2016 年
营业收入	242 100.00	221 673.00	177 033.00
应收账款期初余额	25 869.00	14 417.00	20 983.00
应收账款期末余额	21 076.00	25 869.00	14 417.00
应收账款平均余额	23 472.50	20 143.00	17 700.00
应收账款周转率	10.31	11.00	10.00
应收账款周转天数（天）	34.92	32.73	35.99

大伟公司连续三年的应收账款周转率分别为 10、11 和 10.31。该公司的营业收入连续上升，但是应收账款周转率的变化趋势不明显，产生这个结果的直接原因是 2016 年末的应收账款余额有较大幅度下降，2017 年末又大幅回升。该公司应收账款周转率 2018 年与 2017 年相比略有下降，周转天数稍有上升，表明企业应收账款周转速度减慢。与此同时，公司 2018 年的营业收入增幅达 9.21%，而应收账款却减少 18.53%，这表明企业经营水平及收账能力有所提高。由此可见，应收账款的利用效率不能简单地评判为降低或是提高，其指标是否合理还应当结合企业以前年度的数值和报表中其他相关联的数据、行业平均值以及企业所处的宏观经济背景进行分析和评价。

二、存货周转指标分析

（一）存货周转率

1. 存货周转率的含义

存货周转率（inventory turnover）是衡量和评价企业购入存货、投入生产、销售收回等各环节管理状况的综合性指标。它是销货成本除以平均存货而得到的比率，或称存货周转次数。用时间表示的存货周转率就是存货周转天数。

2. 存货周转率的计算

计算公式如下：

$$存货周转率 = 营业成本 \div 存货平均余额$$

$$存货平均余额 = （存货期初余额 + 存货期末余额） \div 2$$

一般情况下，存货周转率越高越好，存货周转率越高说明存货周转速度越快，企业存货管理水平越好，效率越高。营运资金投资于存货上的金额越小，则利润率越大，这样会增强企业的短期偿债能力。存货是流动资产的重要组成部分，其质量和流动对企业流动比率具有举足轻重的影响，故一定要加强存货的管理来提高其投资的变现能力和获利能力。

3. 存货周转率的意义

存货周转率是企业营运能力分析的重要指标之一，在企业管理决策中被广泛地使用。存货周转率不仅可以用来衡量企业生产经营各环节中存货运营的效率，而且还被用来评价企业的经营业绩，反映企业的绩效。

存货周转率是对流动资产周转率的补充说明。通过存货周转率的计算与分析，可以测定企业一定时期内存货资产的周转速度，是反映企业购、产、销平衡效率的一种尺度。存货周转率越高，表明企业存货变现能力越强，存货及占用在存货上的资金的周转速度越快。

存货周转率的好坏反映了企业存货管理水平的高低，它影响到企业的短期偿债能力，是整个企业管理的一项重要内容。一般来讲，存货周转速度越快，存货的占用水平越低，流动性越强，存货转换为现金或应收账款的速度越快。因此，提高存货周转率可以提高企业的变现能力。

（二）存货周转天数

1. 存货周转天数的含义

存货周转天数（days sales of inventory）是指企业从取得存货开始，至消耗、销售为止所经历的天数。它通过企业一定时期（通常为1年）内销售成本与平均存货之间的比例关系计算得到。周转天数越少，说明存货变现的速度越快，存货占用资金时间越短，存货管理工作的效率越高。

2. 存货周转天数的计算

计算公式如下：

$$存货周转天数 = 360/存货周转次数$$

存货周转分析指标也可用于会计季度和会计月度等的存货周转分析。将360天对应的计算数值转换为90天和30天分别对应的计算数值即可。

【例7-3】甲公司2007年度产品销售成本为200万元，期初存货为50万元，期末存货为30万元。则：

$$存货平均余额 = (50+30)/2 = 40（万元）$$
$$存货周转率 = 200/40 = 5（次）$$
$$存货周转天数 = 360/5 = 72（天）$$

一般来讲，存货周转速度越快，存货的占用水平越低，流动性越强，存货转换为现金、应收账款等的速度越快。提高存货周转率可以提高企业的变现能力，而存货周转速度越慢则变现能力越差。库存的管理应纳入企业管理的重要内容，关乎企业资金链的运作。

【例7-4】ABC公司的主营业务成本为3 200 547万元，年初存货为1 308 737万元，年末存货为95 871万元。按照上述公式计算如下：

$$平均存货 = (1\ 308\ 737 + 95\ 871) \div 2 = 702\ 304（万元）$$
$$存货周转率 = 3\ 200\ 547 \div 702\ 304 = 4.557（次）$$

存货周转率=360÷4.557≈79（天）

一般情况下，该指标（周转次数）越高，表明企业资产由于销售顺畅而具有较高的流动性，存货转换为现金或应收账款的速度越快，存货占用水平越低。

3. 存货周转天数的意义

存货周转天数越少，表明存货周转次数越多，平均存货越少。但是，存货过少不能满足流转需要，所以存货周转天数不是越少越好。但是也不是说存货周转天数越多越好，因为存货过多，会占用过多的资金，造成资源浪费。在特定的生产经营条件下，企业存在一个最佳的存货水平。存货周转天数加上应收账款周转天数再减去应付账款周转天数即得出公司的现金周转周期这一重要指标。

存货周转天数表示在一个会计年度内，存货从入账到销账周转一次的平均天数（平均占用时间），存货周转天数越短越好。存货周转次数越多，则周转天数越短；周转次数越少，则周转天数越长。存货周转次数表示一个会计年度内，存货从入账到销账平均周转多少次。一个会计年度内存货周转次数越多越好。

存货周转分析指标是反映企业营运能力的指标，可用来评价企业的存货管理水平，还可用来衡量企业存货的变现能力。如果存货适销对路，变现能力强，则周转次数多，周转天数少；反之，如果存货积压，变现能力差，则周转次数少，周转天数长。提高存货周转率，缩短营业周期，可以提高企业的变现能力。

三、流动资产周转率

（一）流动资产周转率的含义

流动资产周转率，既是反映流动资产周转速度的指标，也是综合反映流动资产利用效果的基本指标，它是一定时期流动资产平均占用额和流动资产周转额的比率，是用流动资产的占用量和其所完成的工作量的关系，来表明流动资产的使用经济效益。

（二）流动资产周转率的计算

流动资产周转率的计算，一般可以采取以下两种计算方式：

流动资产周转率=流动资产周转额/流动资产平均余额

流动资产周转天数（周转期）=计算期天数（360）/流动资产周转天数

=流动资产平均余额×计算期天数/流动资产周转额

流动资产的周转率或天数均表示流动资产的周转速度。流动资产在一定时期的周转率越大，亦即每周转一次所需要的天数越少，周转速度就越快，流动资产营运能力就越好；反之，周转速度则慢，流动资产营运能力就越差。

从公式可知，流动资产周转期的计算必须用到"计算期天数""流动资产平均余额""流动资产周转额"三个数据。对于计算期天数，为了计算方便，全年按360天计算，全季按90天计算，全月按30天计算。对于流动资产平均余额的确定，一是要注意范围，不同的周转率，流动资产的范围不同；二是要注意用平均占用额，而不能用期末或期初占用额。周转额一般指企业在报告期中有多少流动资产完成了，即完成了从货币到商品再到货币这一循环过程的流动资产数额。周转额用销售额表示，既可以是销售收入，也可以是销售成本。因此，企业全部流动资产周转率的计算公式是：

全部流动资产周转率=销售收入/全部流动资产平均余额

全部流动资产周转天数=全部流动资产平均余额×计算期天数/销售收入

或：

全部流动资产垫支周转率=销售成本/全部流动资产平均余额

全部流动资产垫支周转天数=全部流动资产平均余额×计算期天数/销售成本

进行流动资产周转率因素分析，首先应找出影响流动资产周转率的因素。根据流动资产周转率的计算公式，可分解出影响全部流动资产总周转率的因素如下：

流动资产周转率=销售收入/流动资产平均余额

=（销售成本/流动资产平均余额）×销售收入/销售成本

=流动资产垫支周转率×成本收入率

可见，影响流动资产周转率的因素，一是垫支周转率，二是成本收入率。流动资产垫支周转率准确地反映了流动资产在一定时期可周转的次数；成本收入率说明了企业的所费与所得之间的关系。当成本收入率大于1时，说明企业有经济效益，此时流动资产垫支周转率越快，流动资产营运能力越好；反之，如果成本收入率小于1，说明企业所得弥补不了所费，这时流动资产垫支率加快，反而不利于企业经济效益的提高。确定这两个因素变动对流动资产周转率的影响，可用连环替代法或差额计算法，公式是：

流动资产垫支周转率影响=(本期流动资产垫支周转率−

基期流动资产垫支周转率)×基期成本收入率

成本收入率变动的影响=本期流动资产垫支周转率×

(本期成本收入率−基期成本收入率)

在流动资产周转率分析基础上，进一步对流动资产垫支周转率进行分析。影响流动资产垫支周转率的因素可从以下分解式中得出：

流动资产垫支周转率=销售成本/流动资产平均占用额

=（销售成本/平均存货）×平均存货/

流动资产平均占用额

=存货周转率×存货构成率

运用差额计算法，可确定存货周转率和存货构成率变动对流动资产垫支周转率的影响程度。

【例7-5】 ABC公司流动资产周转率的计算见表7-3。

表7-3 　ABC公司流动资产周转率分析资料　　　　单位：万元

项　　目	2018年	2019年
销售收入	40 938	48 201
流动资产平均余额	35 563	48 592
其中：平均存货	12 806	14 506
销售成本	26 801	32 187
流动资产周转率（次）	1.15	0.99
流动资产垫支周转率（次）	0.75	0.66
成本收入率	152.75	149.75
存货周转率（次）	2.09	2.22
存货构成率	36.01	29.86

（1）流动资产周转率分析。

分析对象：　　　　　0.99-1.15=-0.16（次）

因素分析：

流动资产周转率=流动资产垫支周转次数×成本收入率

流动资产垫支周转率影响：

（0.66-0.75）×152.75%=-0.14（次）

成本收入率变动影响：

0.66×（149.75%-152.75%）=-0.02（次）

分析结果说明，流动资产周转率下降受流动资产垫支周转率下降和成本收入率下降两个因素共同影响，但垫支周转速度缓慢是主要原因。

（2）流动资产垫支周转率分析。

分析对象：0.66-0.75=-0.09（次）

因素分析：

流动资产垫支周转率=存货周转次数×存货构成率

存货周转率影响：　　（2.22-2.09）×36.01%=0.05（次）

存货构成率影响：　　2.22×（29.86%-36.01%）=-0.14（次）

可见，流动资产垫支周转率的下降主要是存货构成率下降引起的（减缓0.14次），存货周转率加快使垫支周转次数加快0.05次。

（三）流动资产周转率分析的意义

流动资产周转率反映了企业流动资产的周转速度，是从企业全部资产中流动性最强的流动资产角度对企业资产的利用效率进行分析，用以进一步揭示影响企业资产质量的主要因素。要实现该指标的良性变动，应以主营业务收入增幅高于流动资产增幅做保证。通过该指标的对比分析，可以促进企业加强内部管理，充分有效地利用流动资产，如降低成本、调动暂时闲置的货币资金用于短期投资创造收益等；还可以促进企业采取措施扩大销售，提高流动资产的综合使用效率。一般情况下，该指标越高，表明企业流动资产周转速度越快，利用越好。在较快的周转速度下，流动资产会相对节约，相当于流动资产投入的增加，在一定程度上增强了企业的盈利能力；而周转速度慢，则需要补充流动资金参加周转，会形成资金浪费，降低企业盈利能力。

第三节 非流动资产营运能力分析

非流动资产营运能力是指企业经营活动使用的资产不仅仅是流动资产，还包括固定资产、无形资产等非流动资产。这些资产的使用效率同样影响着企业的营运获利能力。非流动资产营运能力分析指标通常只计算周转率，不再计算周转期。

一、固定资产周转率

（一）固定资产周转率的含义

固定资产周转率也称固定资产利用率，是企业销售收入与固定资产净值的比率。固定资产周转率表示在一个会计年度内，固定资产周转的次数，或表示每1元固定资产支持的销售收入。

固定资产周转天数表示在一个会计年度内，固定资产转换成现金平均需要的时间，即平均天数。固定资产的周转次数越多，则周转天数越短；周转次数越少，则周转天数越长。

（二）固定资产周转率的计算

计算公式如下：

固定资产周转率＝营业收入／平均固定资产净值
固定资产平均净值＝（期初净值+期末净值）÷2
固定资产周转天数＝360/固定资产周转率
固定资产与收入比＝平均固定资产净值/销售收入

注意区分固定资产原价、固定资产净值和固定资产净额：固定资产原价是固定资产的历史成本（通常为购入时的入账价值）；固定资产净值＝固定资产原值－累计折旧；固定资产净额（又称固定资产账面价值）＝固定资产原价－累计折旧－已计提减值准备。固定资产与收入比表示每1元销售收入需要的固定资产。

一般情况下,固定资产周转率反映企业固定资产的运用效率,指标值越大,说明企业对固定资产的使用效率越高,表明企业固定资产利用得越充分,说明企业固定资产投资得当,固定资产结构分布合理,能够较充分地发挥固定资产的使用效率,企业的经营活动越有效;反之,则表明固定资产使用效率不高,提供的生产经营成果不多,企业固定资产的营运能力较差。

【例7-6】根据光明公司资产负债表和利润表提供的相关资料,该公司固定资产周转率指标的计算如表7-4所示。

表7-4 光明公司固定资产周转率计算表　　　单位:万元

项　目	2019年	2018年	2017年
营业收入	242 100.00	221 673.00	177 033.00
固定资产期初余额	22 743.00	24 255.00	25 713.00
固定资产期末余额	20 054.00	22 743.00	24 255.00
固定资产平均余额	21 398.50	23 499.00	24 984.00
固定资产周转率(次)	11.31	9.43	7.09
固定资产周转天数(天)	31.83	38.18	50.78

光明公司2017年至2019年的固定资产周转率和周转天数指标呈稳定上升趋势。其表现为:固定资产周转率从2017年到2018年加快了2.34次,上升速度为33%;从2018年到2019年加快了1.88次,上升速度为19.94%。其原因是营业收入较上一年分别增加了44 640万元和20 427万元,提高幅度分别为25.22%和9.21%,致使固定资产周转率提高,固定资产周转天数也同时减少了12.6天和6.35天,从而反映出光明公司固定资产运用效率的提高。

(三) 固定资产周转率的意义

固定资产周转率主要用于分析对厂房、设备等固定资产的利用效率,比率越高,说明利用率越高,管理水平越好。如果固定资产周转率与同行业平均水平相比偏低,则说明企业对固定资产的利用率较低,可能会影响企业的获利能力。它反映了企业资产的利用程度。

固定资产是企业进行生产经营活动所必不可少的物质基础,固定资产投资能否收回及投资效果的好坏,取决于固定资产的使用效率。因此,固定资产周转情况分析应着重分析固定资产的使用情况、固定资产的周转速度等内容。

二、非流动资产周转率

非流动资产周转率是销售收入与非流动资产的比值。

非流动资产周转率的计算公式如下：

$$非流动资产周转次数 = 销售收入 \div 非流动资产$$

$$非流动资产周转天数 = 365 \div 非流动资产周转次数$$

非流动资产周转率反映非流动资产的管理效率，数额越高，说明对于非流动资产的管理效率越高。非流动资产周转率主要是针对投资预算和项目管理进行分析，以确定投资与竞争战略是否一致，收购和剥离政策是否合理等。非流动资产是持有时间长于一年的资产，而可供出售金融资产、持有至到期金融投资在非流动资产中占比较大，所以，非流动资产可以用来进行投资预算和项目管理。

第四节　总资产营运能力分析

总资产营运能力是衡量企业组织、管理和营运整个资产的能力和效率。总资产营运能力是企业经营效率的重要影响因素。分析总资产周转率及其驱动因素，通过优化资产结构以提高各类资产利用率，是加强企业资产管理、提高资金利用效益的重要方法。

一、总资产周转率

总资产周转率是企业一定时期的销售收入净额与平均资产总额之比，它是衡量资产投资规模与销售水平之间配比情况的指标。

（一）总资产周转率的计算

计算公式如下：

$$总资产周转率（次） = 营业收入净额 / 平均资产总额$$

$$总资产平均余额 = 总资产期初余额 + 总资产期末余额$$

$$总资产周转率 = 销售收入 / 总资产$$

$$总资产周转天数 = 365 / 总资产周转率（次）$$

式中：营业收入净额是减去销售折扣及折让等之后的净额。

【例7-7】根据阳光公司资产负债表和利润表提供的资料，该公司总资产周转率及周转天数的计算如表7-5所示。

表7-5　阳光公司总资产周转指标计算表　　　　单位：万元

项　　目	2018年	2017年	2016年
营业收入	242 100.00	221 673.00	177 033.00
总资产期初余额	566 721.00	584 102.00	582 464.00
总资产期末余额	566 501.00	566 721.00	584 102.00

续表

项　目	2018 年	2017 年	2016 年
总资产平均余额	566 611.00	575 411.50	583 283.00
总资产周转率（次）	0.43	0.39	0.30
总资产周转天数（天）	837.21	923.08	1 200.00

由表 7-5 可以看出，阳光公司总资产周转次数 2018 年为 0.43，较 2017 年增加 0.04，较 2016 年增加 0.13；总资产周转天数 2018 年为 837.21 天，较 2017 年的 923.08 天减少了 85.87 天，较 2016 年的 1 200 天减少了 326.79 天。上述数据表明阳光公司的总资产周转速度持续提高，保持了较好的发展势头。

该公司 2018 年的营业收入较 2017 年增长 9.21%，但资产总额却减少了 220 万元，基本可以判定其总资产管理效率有所提高，应进一步分析原因，总结经验。但仅靠总资产周转率这一个指标还不能找出周转率提高的原因，还需对资产负债表中相对重要的每一项资产的周转率单独进行分析，从而对总资产利用效率做出全面评价。

(二) 总资产周转率的意义

总资产周转率是考察企业资产运营效率的一项重要指标，体现了企业经营期间全部资产从投入到产出的流转速度，反映了企业全部资产的管理质量和利用效率。通过该指标的对比分析，可以反映企业本年度以及以前年度总资产的运营效率和变化，发现企业与同类企业在资产利用上的差距，促进企业挖掘潜力、积极创收、提高产品市场占有率、提高资产利用效率。一般情况下，该数值越高，表明企业总资产周转速度越快；销售能力越强，资产利用效率越高。

总资产周转率综合反映了企业整体资产的营运能力。一般来说，资产的周转次数越多或周转天数越少，表明其周转速度越快，营运能力也就越强。在此基础上，应进一步从各个构成要素进行分析，以便查明总资产周转率升降的原因。企业可以通过薄利多销的办法，加速资产的周转，带来利润绝对额的增加。存货周转率分析的目的是从不同的角度和环节上找出存货管理中的问题，使存货管理在保证生产经营连续性的同时，尽可能少占用经营资金，提高资金的使用效率，增强企业短期偿债能力，促进企业管理水平的提高。

练习题

一、单选题

1. 从资产流动性方面反映总资产效率的指标是（　　）。

A. 总资产产值率　　　　　　　B. 总资产收入率

C. 总资产周转率　　　　　　D. 产品销售率

2. 影响总资产收入率的因素除总资产产值率外，还有（　　）。

A. 总资产报酬率　　　　　　B. 总资产周转率

C. 固定资产产值率　　　　　D. 产品销售率

3. 流动资产占总资产的比重是影响（　　）指标变动的重要因素。

A. 总资产周转率　　　　　　B. 总资产产值率

C. 总资产收入率　　　　　　D. 总资产报酬率

4. 反映资产占用与收入之间关系的指标是（　　）。

A. 流动资产产值率　　　　　B. 流动资产周转率

C. 固定资产产值率　　　　　D. 总资产产值率

5. 影响流动资产周转率的因素是（　　）。

A. 产出率　　　　　　　　　B. 销售率

C. 成本收入率　　　　　　　D. 收入成本率

6. 当流动资产占用量不变时，由于流动资产周转加快会形成流动资金的（　　）。

A. 绝对浪费额　　　　　　　B. 相对浪费额

C. 绝对节约额　　　　　　　D. 相对节约额

7. 当流动资产占用量不变时，由于销售收入减少会形成流动资金的（　　）。

A. 绝对浪费额　　　　　　　B. 相对浪费额

C. 绝对节约额　　　　　　　D. 相对节约额

8. 提高固定资产产值率的关键在于（　　）。

A. 提高销售率　　　　　　　B. 增加生产设备

C. 增加生产用固定资产　　　D. 提高生产设备产值率

9. 主要用于投资预算和项目管理，以确定投资与竞争战略是否一致，收购和剥离政策是否合理的财务指标是（　　）。

A. 权益乘数　　　　　　　　B. 权益净利率

C. 流动资产周转率　　　　　D. 非流动资产周转率

10. 影响资产周转率的因素除流动资产周转率外，还有（　　）。

A. 总资产报酬率　　　　　　B. 固定资产周转率

C. 固定资产产值率　　　　　D. 产品销售率

二、多选题

1. 反映企业营运能力的指标有（　　）。

A. 总资产收入率　　　　　　B. 固定资产收入率

C. 流动资产周转率　　　　　D. 存货周转率

E. 应收账款周转率

2. 反映资产占用与总产值之间关系的指标有（　　）。
   A. 固定资产产值率　　　　　B. 固定资产收入率
   C. 流动资产产值率　　　　　D. 总资产收入率
   E. 总资产产值率

3. 影响存货周转率的因素有（　　）。
   A. 材料周转率　　　　　　　B. 在产品周转率
   C. 总产值生产费　　　　　　D. 产品生产成本
   E. 产成品周转率

4. 应收账款周转率越高越好，因为它表明（　　）。
   A. 收款迅速　　　　　　　　B. 减少坏账损失
   C. 资产流动性高　　　　　　D. 销售收入增加
   E. 利润增加

5. 存货周转率偏低的原因可能是（　　）。
   A. 应收账款增加　　　　　　B. 降价销售
   C. 产品滞销　　　　　　　　D. 销售政策发生变化
   E. 大量赊销

6. 以下属于流动资金相对节约额的情况是（　　）。
   A. 流动资产存量不变，销售收入增加。
   B. 流动资产存量不变，流动资产周转加速。
   C. 销售收入增长速度超过流动资产增长速度。
   D. 销售收入不变，流动资产存量减少。
   E. 流动资产减少速度大于销售收入减少速度。

7. 影响固定资产产值率的因素有（　　）。
   A. 生产设备产值率
   B. 增加生产用固定资产的数量
   C. 生产设备占生产用固定资产的比重
   D. 增加生产设备的数量
   E. 生产用固定资产占全部固定资产的比重

8. 反映流动资产周转速度的指标有（　　）。
   A. 流动资产周转率　　　　　B. 流动资产垫支周转率
   C. 存货周转率　　　　　　　D. 存货构成率
   E. 应付账款周转率

9. 下列各项指标中，影响应收账款周转率的有（　　）。
   A. 应收票据　　　　　　　　B. 应收账款
   C. 预付账款　　　　　　　　D. 销售折扣与折让

10. 应收账款周转率有时不能说明应收账款正常收回时间长短，其原因有

( )。
A. 销售季节性变动大　　　B. 大量使用现销而非赊销
C. 大量使用赊销而非现销　D. 年底前大力促销和收缩商业信用

三、判断题

1. 从一定意义上讲，流动性比收益性更重要。　　　　　　　　（　）
2. 只要增加总产值，就能提高总资产产值率。　　　　　　　　（　）
3. 总资产收入率与总资产周转率的经济实质是一样的。　　　　（　）
4. 在其他条件不变时，流动资产比重越高，总资产周转速度越快。
　　　　　　　　　　　　　　　　　　　　　　　　　　　　（　）
5. 资产周转次数越多，周转天数越多，表明资产周转速度越快。（　）
6. 使用产品销售收入作为周转额是用来说明垫支的流动资产周转速度。
　　　　　　　　　　　　　　　　　　　　　　　　　　　　（　）
7. 成本收入率越高，流动资产周转速度越快。　　　　　　　　（　）
8. 销售收入增加的同时，流动资产存量减少所形成的节约额是绝对节约额。
　　　　　　　　　　　　　　　　　　　　　　　　　　　　（　）
9. 固定资产产值率越高，固定资产收入率就越高。　　　　　　（　）
10. 只要流动资产实际存量大于基期，就会形成绝对浪费额。　（　）

四、计算题

1. 某公司有关资料如表 7-6、表 7-7、表 7-8 所示。

表 7-6　资产负债表　　　　　　　　　　　　　　单位：万元

资　产	期末	期初
流动资产：		
货币资金	165 141	81 219
应收票据	9 797	350
应收账款	132 462	67 899
其他应收款	65 413	36 287
预付账款	16 790	16 160
存货	376 290	312 085
待摊费用	29	228
流动资产合计	765 922	514 228
长期投资：		
长期股权投资	74 077	36 258
固定资产：		
固定资产原值	116 228	74 089

续表

减：累计折旧	17 661	9 331
固定资产净值	98 567	64 758
减：固定资产减值准备	3 606	3 106
固定资产净额	94 961	61 652
在建工程	11 223	1 283
固定资产清理	105	448
固定资产合计	106 289	63 383
无形资产及其他资产：		
无形资产	5 955	5 934
长期待摊费用	1 526	949
无形资产及其他资产合计	7 481	6 883
资产总计	953 769	620 752
负债和所有者权益	期末	期初
流动负债：		
短期借款	300	61 061
应付票据	52 537	43 295
应付账款	173 104	135 597
预收账款	116 352	51 773
应付福利费	20 584	9 379
应付股利	8 492	91
应交税金	16 686	-7 368
其他应交款	110	77
其他应付款	5 928	15 149
预提费用	12 771	3 946
流动负债合计	406 864	313 000
长期负债：		
长期借款	113 000	87 600
长期应付款	24 090	18 632
长期负债合计	137 090	106 232
负债合计	543 954	419 232
所有者权益：		

续表

资　产	期末	期初
股本	55 608	41 340
资本公积	219 231	64 777
盈余公积	23 851	14 232
未分配利润	111 125	81 171
所有者权益合计	409 815	201 520
负债和所有者权益合计	953 769	620 752

表 7-7　利润表　　　　　　　　　　　　　单位：万元

项　目	期末	期初
一、产品销售收入	931 225	451 595
减：产品销售成本	612 191	289 130
产品销售税金及附加	659	286
二、产品销售利润	318 375	162 179
加：其他销售利润	688	247
减：销售费用	97 282	56 832
管理费用	164 525	70 102
财务费用	20 573	11 113
三、营业利润	36 683	24 379
加：投资收益	31 796	23 635
营业外收入	2 079	1 432
减：营业外支出	1 614	1 179
四、利润总额	68 944	48 267
减：所得税	4 811	3 008
五、净利润	64 133	45 259

表 7-8　其他有关资料　　　　　　　　　　单位：万元

项　目	期末	期初
生产用固定资产	72 061	48 158
生产设备	32 427	19 263
材料存货	131 702	102 988
在产品存货	180 619	140 438
产成品存货	63 969	68 659

续表

项　　目	期末	期初
工业总产值	921 726	456 020
商品产值	912 600	460 627
当期材料费用	393 865	193 048
总产值生产费	605 946	288 132
产品生产成本	599 947	294 913

（为分析方便起见，均以当期余额代替平均余额）

要求：

根据以上资料对该公司的营运能力进行分析并做出评价。

2. 流动资产周转速度指标的计算。相关资料见表7-9。

表7-9　相关资料　　　　　　　　　　单位：万元

项　　目	上年	本年
产品销售收入		31 420
产品销售成本		21 994
流动资产合计	13 250	13 846
其中：存货	6 312	6 148
应收账款	3 548	3 216

要求：

（1）计算流动资产周转速度指标。

（2）计算流动资产垫支周转速度指标。

（3）计算存货周转速度指标。

（4）计算应收账款周转速度指标。

第八章

综合财务分析

> **学习目标**
> 通过学习,掌握企业综合财务的分析内容。主要包括:
> 1. 了解企业综合财务分析的意义;
> 2. 理解企业综合财务分析的内容;
> 3. 掌握企业综合财务分析的分析方法。

第一节 综合财务分析概述

一、财务报表综合分析的概念

企业的经济活动是一个有机的整体,单独分析任何一项财务指标,都不能全面评价企业总体的财务状况、经营成果和现金流量情况。只有将相互关联的财务指标结合起来,采用适当的标准进行综合性评价,才能对企业的经济效益做出客观、公正的评价。

财务报表综合分析是指将偿债能力、资产营运能力和获利能力等诸指标的分析纳入一个有机的分析系统中,形成一套完整的体系,系统、全面、综合地对企业财务状况和经营情况进行剖析、解释和评价,说明企业整体财务状况和效益的好坏。在分析中,企业的各个方面不是孤立的,是相互联系的。对企业财务状况和经营成果有一个总的评价,必须进行相互关联的分析,采用适当的标准进行综合性评价。

二、财务报表综合分析的依据

财务报表综合分析的主要依据是企业提供的财务会计报表和其他会计资料。由于会计信息的不对称性,除了企业内部相关人员外,企业外部人员、企业内部与会计核算无关的人员等,均无法获得完整的会计资料。因此外部信息使用者主要依据企业对外披露的财务会计报表及相关资料进行分析,如上市公司的年度报告等。

三、财务报表综合分析的意义

在经济活动中,对财务报表进行综合分析是必要的,具有重要意义。财务报表综合分析能够全面、正确地评价企业的财务状况和经营成果。因为局部不能代替整体,某项指标的好坏不能说明整个企业经济效益的高低,所以,要对公司整体状况进行分析,仅仅测算几个简单、孤立的财务指标,或者将一些孤立的财务指标罗列起来考察企业的经营状况,都不可能得出合理、正确的综合性结论,有时甚至会得出错误的结论。因此,只有将企业的偿债能力、营运能力、投资收益实现能力以及发展趋势等各项分析指标有机地联系起来,纳入完整的体系,使之相互配合使用,做出系统的、综合的评价,才能从总体意义上把握企业财务状况和经营情况的优劣。

除此之外,在进行企业不同时期比较分析和不同企业之间比较分析时,综合分析消除了时间上和空间上的差异,使之更具有可比性,有利于总结经验、吸取教训、发现差距,进而从整体上、本质上反映和把握企业生产经营的财务状况和经营成果。

四、财务报表综合分析的特点

与单项分析相比,财务报表综合分析具有以下特点:

(1)分析问题的方法不同。单项分析是把企业财务活动的总体分解为每个具体部分,逐一加以分析考察;而综合分析是在分析的基础上,通过归纳综合,从总体上把握企业的财务状况。

(2)反映事物的本质不同。单项分析具有实务性和实证性,能够真切地认识每一具体的财务现象;而综合分析具有高度的抽象性和概括性,着重从整体上概括财务状况的本质特征。

(3)分析的重点和比较的基准不同。单项分析的重点和比较的基准是财务计划、财务理论标准;而综合分析的重点和比较的基准是企业的整体发展趋势。

(4)财务指标的地位划分不同。单项分析把每个分析的指标视为同等重要的角色来处理,不太考虑各种指标之间的相互关系;而综合分析的各种指标有主辅之分,先抓住主要指标,在对主要指标分析的基础上,再对其他辅助指标进行分析,这样才能分析得更透彻,把握得更准确。

五、财务报表综合分析的方法

自沃尔创建沃尔分析法以来,财务评价问题一直是国外财务学界研究的热点,出现了诸多财务综合评价方法,如杜邦分析法、平衡计分卡、经济增加值、供应链绩效衡量、雷达图分析法等,并在中国的很多企业中运用于实践。

我国在这方面的研究较晚,近年来理论界和实务界也提出了适合我国国情的企业绩效评价指标体系,并在实践中逐步完善。比如,一些著作中提出了信用能力指数的概念。人们已普遍认识到,只有将企业偿债能力、获利能力、营运能力等各项指标联系起来,相互配合使用,才能从整体上把握企业财务状况和经营状况,从而对企业做出综合评价。

对企业财务报表进行综合分析,常用的方法有杜邦分析法和沃尔分析法。

杜邦分析法是利用几种主要的财务比率之间的关系来综合地评价企业的财务状况,是一种用来评价公司盈利能力和股东权益回报水平,从财务角度评价企业业绩的一种经典方法。其基本思想是将企业净资产收益率逐级分解为多项财务比率的乘积,有助于深入分析比较企业的经营业绩。这种方法最早由美国杜邦公司创立,因此称为杜邦分析法。

沃尔评分法是将选定的财务比率用线性关系结合起来,并分别给定各自的分数比重,通过与标准比率进行比较,确定各项指标的得分及总体指标的累计分数,从而对企业的信用水平做出评价的方法。沃尔评分法的先驱者之一是亚历山大·沃尔。他在1928年出版的《信用晴雨表研究》和《财务报表比率分析》中,提到信用能力指数的概念,把若干财务比率用线性关系结合起来,以此来评价企业的信用水平。沃尔选出7种财务比率,分别给定各指标的比重,然后确定标准比率,将实际比率与标准比率相比,得出相对比率,将此相对比率与各指标比重相乘,最后得出总评分。

第二节 杜邦分析法

杜邦分析法又称杜邦分析体系,是利用各主要财务比率指标间的内在联系,对企业财务状况及经济效益进行综合系统分析和评价的方法。该方法最早由美国杜邦公司的经理创造并最先采用。

一、杜邦分析法的分析指标体系

杜邦分析法从股东财富最大化这一目标出发,以反映股东权益水平的净资产报酬率(即净资产收益率)为起点,利用各个主要财务比率之间的内在联系,进行层层分解、系统分析,形成分析指标体系,来综合地分析和评价企业财务状况和经营业绩。

(一) 重要指标分解

1. 杜邦体系的核心指标——净资产收益率

$$\text{净资产收益率} = \frac{\text{净利润}}{\text{平均净资产}} = \frac{\text{净利润}}{\text{总资产平均余额}} \times \frac{\text{总资产平均余额}}{\text{平均净资产}}$$

$$= \text{总资产净利率} \times \text{权益乘数}$$

2. 总资产净利率

$$总资产净利率 = \frac{净利润}{总资产平均余额} = \frac{净利润}{营业收入} \times \frac{营业收入}{总资产平均余额}$$
$$= 营业净利率 \times 总资产周转率$$

3. 权益乘数

$$权益乘数 = \frac{总资产平均余额}{平均净资产} = \frac{1}{\dfrac{平均净资产}{总资产平均余额}}$$

$$= \frac{1}{\dfrac{总资产平均余额 - 总负债平均余额}{总资产平均余额}} = \frac{1}{1-资产负债率}$$

$$= \frac{所有者权益 + 负债}{所有者权益} = 1 + 产权比率$$

(二) 杜邦分析法中重要指标的关系

杜邦分析指标体系若从数学计算角度来看，是以核心指标净资产收益率为出发点，通过数学变换，将其逐项推移分解为营业净利率、总资产周转率和权益乘数三者的乘积，以综合反映企业盈利能力、营运能力、偿债能力和资本结构的共同作用对净资产报酬率的影响。其计算公式为：

$$净资产收益率 = 营业净利率 \times 总资产周转率 \times 权益乘数$$

以上影响净资产收益率的三项指标还可以进一步分解（见图8-1）。这样体现投资者报酬的指标就可以与企业筹资、投资和生产运营等各种经营活动的效率相联系，用以衡量企业运用自有资本的效率。

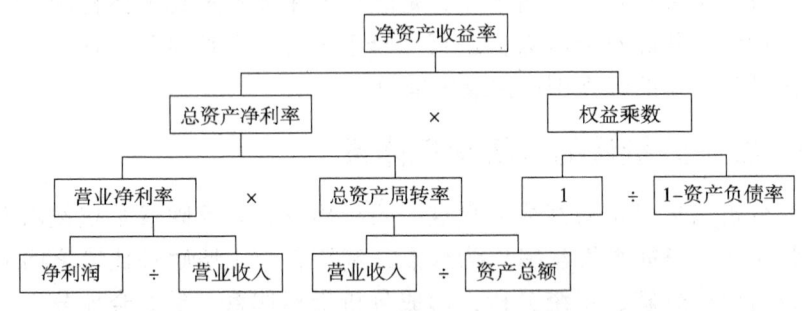

图8-1 杜邦分析指标分解图

杜邦体系进一步分解为如下公式：

净利润＝营业总收入－营业总成本＋其他利润＋营业外收支净额－所得税费用
营业总收入＝主营业务收入＋其他业务收入
营业总成本＝营业成本＋税金及附加＋管理费用＋销售费用＋财务费用
资产＝流动资产＋非流动资产

(三) 杜邦分析的基本要点

1. 净资产收益率分析

净资产收益率反映公司所有者权益的投资报酬率，具有很强的综合性和代表性，是杜邦分析体系的核心指标，无论是经营者还是投资者都关心该指标。杜邦分析体系的核心在于将净资产收益率分解为总资产净利率和权益乘数，这是杜邦分析的灵魂。所以，净资产收益率水平取决于企业资产总体的盈利能力和资本结构的优化程度，总资产净利率又进一步分解为营业净利率和总资产周转率，将影响企业净资产收益率的因素进一步细化为企业的盈利能力水平、总资产的利用效率及资本结构三大因素。营业净利率取决于企业的经营管理，资产周转率取决于投资管理，权益乘数取决于筹资政策；分解后，可以把净资产收益率这一综合性指标发生增减的原因具体化，定量地说明企业经营管理中存在的问题。透过这种分解分析，可以找到影响净资产收益率水平高低的原因及发生变化的具体因素，从而提供比单一指标更为丰富的信息。

在分析净资产收益率时，需要回答以下几个问题并逐步进行分析：

(1) 该企业净资产收益率的水平如何？呈现什么样的变化趋势？

(2) 该企业所在行业的平均净资产收益率水平及变化趋势如何？

(3) 该企业净资产收益率是否与行业平均水平有较大差异？

(4) 该企业是否处在高度竞争性行业？如果是，能否从主要竞争对手的净资产收益率的趋势比较中体会到本企业的强势或弱势？

2. 总资产净利率分析

总资产净利率反映企业全部资产获取净利润的水平。企业运用全部资产获取收益的能力对企业的发展至关重要，对企业的股东、债权人等利益相关者也非常重要。总资产净利率的高低取决于营业净利率和资产周转率，说明企业营业活动的获利能力和企业所有资产的运用效率决定着企业全部资产的收益水平。所有对资产净利率的分析，可以进一步深入到营业活动和资产管理两个方面。

3. 营业净利率分析

营业净利率是企业盈利能力的重要指标，它反映着企业净利润与营业收入的关系。由于主营业务收入是企业净利润的重要源泉，所以提高主营业务收入对提升整个企业的盈利能力至关重要。营业净利率受到净利润和营业收入两个因素的影响，净利润取决于企业各项收入和费用的水平。因此，对营业净利率的分析，可以进一步深入各项收入和费用中，深入挖掘影响企业盈利能力的具体原因。深入的指标分析可以将营业净利率变动的原因定量地揭示出来。

提高营业净利率有两个主要途径：一是扩大企业的营业收入，企业营业收入每年保持快速稳定增长，是提高营业净利率的有效途径；二是要降低成本费用，压缩营业成本节约各项费用。扩大营业收入有利于提高营业净利率，又可提高总资产周转率。降低成本费用是提高营业净利率的一个重要因素，可以反映企业对成本费用的控制力度。

提高企业盈利的另一途径就是增加投资收益，适时适量地进行有效投资。

4. 资产周转率的分析

资产周转率是反映企业营运能力的重要指标。相同的资产，周转速度越快，利用效率越高，就能在一定期间内为企业带来更多的收益，并提升企业整体的流动性。所以，资产周转率是企业资产管理水平的重要体现，既关系到企业的获利能力，又关系到企业的偿债能力。一般而言，企业资产的利用率高低要注意企业不同类型资产的合理配置，特别是流动资产和非流动资产之间的比例搭配，两者之间应有一个合理的结构比率，如果企业持有的流动资产过多，就可能影响企业的获利能力。如果企业投入非流动资产比重过大，就会给企业流动资金带来压力，影响企业的经营周转和企业的偿债能力。对非流动资产应重点分析企业固定资产是否得到充分利用。所以，对资产周转率进行分析，除了对资产的各构成部分从占用量上是否合理进行分析外，还要考虑企业获利能力和企业偿债能力。

5. 权益乘数的分析

权益乘数是反映企业资本结构、财务杠杆程度及偿债能力的重要指标，它反映企业总资产同股东权益的关系。通过权益乘数，可以了解企业筹资情况，即企业资金来源结构如何。权益乘数主要受资产负债率指标的影响。负债比率越大，权益乘数就越高，说明负债给企业带来较多的杠杆利益，同时也带来较大的财务风险。反之，负债比率越小，权益乘数就越小，债权人的权益却能得到较大的保障。所以，保持适当的权益乘数，是企业债务安全的重要保障，也是保持企业收益与风险平衡的重要保障。

权益乘数受到平均资产总额与平均所有者权益两个因素的影响。平均资产总额等于平均负债与平均所有者权益之和。所以，权益乘数是资产、负债和所有者权益三者的体现。要保持适当的权益乘数，必须合理安排资产、负债和所有者权益三者的关系，即合理安排企业的资本结构。

6. 企业收入与费用的分析

企业的各项收入和费用决定其最终的净利润，进而影响企业的主营业务净利润、总资产收益率和净资产收益率。而且，主营业务收入与总资产周转率密切相关。所以，对企业各项收入和费用的分析对洞悉企业深层次的盈利能力和营运能力非常关键。

增加企业收入是提高企业盈利能力的重要途径。企业各项收入的结构是否合理直接影响着企业收入的稳定性和可持续性。其中，主营业务收入是所有收入中最重要的部分，努力开拓市场、不断开发新产品、加强产品质量控制等等，是增加企业主营业务收入的重要举措。

降低成本费用是提高企业盈利水平的另一重要途径。企业各项成本费用的结构是否合理、控制是否严格，直接影响企业成本费用水平的高低。企业要想在激烈的市场竞争中立于不败之地，必须不断挖掘降低成本费用的潜力。如果主营业务收入成本费用过高，则必须进一步分析企业的生产流程是否合理，采购和生产过程的监控是否有效等；如果财务费用过高，则必须进一步分析负债比例是否过高，负债期限是否合理等；如果管理费用过高，则必须进一步分析行政机构人员是否过于臃肿，是否存在铺张浪费等等。

7. 企业资产、负债和所有者权益

企业的资产、负债和所有者权益状况影响企业的资产效率、企业的负债安全及企业的自有资本实力等。所以，对企业资产、负债和所有者权益状况进行深入分析，有利于进一步了解企业的营运能力、偿债能力和盈利能力等。

企业资产的规模是否适当、结构是否合理，关系着企业整体的流动性和盈利性。资产规模过大，可能存在闲置或低效现象；资产规模过小，则可能影响企业营业活动的扩展。流动资产比例过高，可能影响企业的盈利水平；流动资产比例过低，可能影响企业的流动性，进而影响企业的短期偿债能力。流动资产内部货币资金、应收账款、存货等的比重是否合理，对资产的效率也有着重要的影响。

负债的规模是否适当、结构是否合理，关系着企业负债的安全性及资产的匹配程度。负债规模过大，则企业风险过高；负债规模过小，又影响财务杠杆作用的发挥。流动负债比例过高，则还款压力过大；长期负债比例过高，又会增加企业的利息成本。所以，对流动负债与长期负债的比例分析，应结合流动资产与长期资产的比例分析进行，使资金与资产的期限相互匹配。

企业的所有者权益规模代表了企业自有资本实力，它影响着企业的偿债能力和筹资能力。所有者权益规模过大，说明企业安全有余、财务杠杆程度不足；所有者权益规模过小，则说明企业的风险太高，稳定性不够。所有者权益的结构分析有着重要的意义。实收资本和资本公积比重越大，说明企业的资本实力越强；盈余公积和未分配利润的比重越大，说明企业的积累程度越高。

综上所述，通过杜邦分析体系自上而下的分析，可以看到净资产收益率与企业的资本结构、销售状况、成本费用控制、资产利用效率密切相关，各种因素相互制约、相互影响，构成一个有机系统。杜邦分析体系提供的上述财务信息，较好地解释了指标变动的原因和趋势，为决策者优化经营结构和理财结构，提高企业偿债能力和经营效益提供了基本思路。通过杜邦分析，可以进一步明确企业在销售、成本费用控制、优化资源配置、资金周转以及资本结构优化等方面可能存在的问题，为报表使用者提供更为全面的财务信息。

二、杜邦分析体系的应用

【例 8-1】假设甲公司 2017 年、2018 年和 2019 年的部分财务数据如表 8-1 所示。

表 8-1　甲公司部分财务数据　　　　　　　　单位：元

项　目	2017 年	2018 年	2019 年
资产总额	4 161 495 966	4 037 663 243	4 122 987 766
负债总额	1 694 902 485	1 958 190 301	1 924 883 583
所有者权益总额	2 466 593 481	2 079 472 942	2 198 104 183
营业收入	8 206 011 404	7 358 544 348	7 943 169 711
净利润	200 854 738	-267 558 411	128 456 026

另外，查 2016 年资产负债表，资产总额为 3 981 898 408 元。利用杜邦分析体系计算之结果如表 8-2 所示。

表 8-2　甲公司主要杜邦分析比率

项　目	2017 年	2018 年	2019 年
净资产收益率	8.14%	-12.87%	5.84%
总资产净利率	4.93%	-6.53%	3.15%
权益乘数（倍）	1.69	1.94	1.88
销售净利率	2.45%	-3.64%	1.62%
总资产周转率（次）	2.02	1.79	1.95

从表 8-2 可知，与 2017 年相比，2018 年净资产收益率急转直下，由 8.14%变为-12.87%，究其原因，主要是由于总资产净利率由 4.93%降低到-6.53%所致，而权益乘数的上升又使总资产净利率的降低得到了放大的效果。具体分析又发现，总资产净利率的降低主要是由净利润由正变负直接导致的，净利润的变化则是总收入的降幅（12.97%）远大于总成本费用（7.76%）的结果。

2019 年净资产收益率为 5.84%，主要得益于总资产净利率的提高，总资产净利率的提高又得益于销售净利率和资产周转率的提高，销售净利率的提高主要是由于当年实现了正的净利润，实现正的净利润主要是因为总收入的提高。

综上分析得知，在资本结构均无大幅调整的情况下，企业要提高净资产收益率，应增加收入，控制总费用，即开源节流，同时加速资产周转。

【例8-2】假设甲公司2015年、2016年的杜邦分析指标计算如表8-3所示。

表8-3　甲公司杜邦分析指标计算表

年份	净资产收益率	总资产净利率	权益乘数（倍）	营业净利率	资产周转率（次）
2015年	31.61%	9.18%	3.45	4.95%	1.85
2016年	28.35%	8.79%	3.23	5.46%	1.61

将上表指标结果制成杜邦分析图，如图8-2所示。

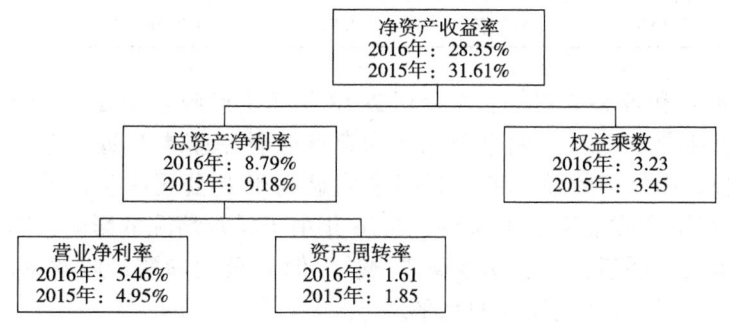

图8-2　甲公司杜邦分析图

通过上述计算分析可以看出，甲公司2016年度净资产收益率比2015年有所下降，主要是总资产周转率下降4.52%和权益乘数下降1.93%所致。进一步分析发现，影响总资产净利率的两个因素中，营业净利率是上升的，上升了3.62%；资产周转率是下降的，下降了1.93%。进行因素分析可得出，营业净利率的上升使得净资产收益率上升，资产周转率的下降使得净资产收益率下降，资本结构的变化使得净资产收益率下降，三者共同作用使得2016年净资产收益率下降了3.26%。

虽然甲公司盈利能力2016年较2015年有所提高，但由于2016年资产利用效率降低和负债结构调整，导致净资产收益率下降，进一步分析发现，甲公司总资产规模和营业收入同时增长，但资产的增长幅度快于营业收入的增长幅度，所以使得资产利用效率下降。

【例8-3】假设A公司和B公司2015年至2018年的杜邦分析指标计算如表8-4、表8-5所示。

表 8-4 A 公司杜邦分析指标计算表

年份	净资产收益率	总资产净利率	权益乘数（倍）	营业净利率	资产周转率（次）
2015 年	1.66%	1.03%	1.61	1.46%	0.71
2016 年	-32.44%	-19.78%	1.64	-31.9%	0.62
2017 年	2.88%	1.81%	1.59	1.89%	0.96
2018 年	3.38%	1.89%	1.79	1.63%	1.16

表 8-5 B 公司杜邦分析指标计算表

年份	净资产收益率	总资产净利率	权益乘数（倍）	营业净利率	资产周转率（次）
2015 年	3.56%	1.21%	2.94	0.79%	1.54
2016 年	4.06%	1.46%	2.78	1.05%	1.39
2017 年	2.25%	0.77%	2.93	0.63%	1.22
2018 年	3.15%	1.08%	2.92	0.81%	1.33

由表 8-4 和表 8-5 可知，A 公司 2018 年净资产收益率是 3.38%，B 公司净资产收益率是 3.15%，两个公司的净资产收益率基本相近。但从发展趋势来看，A 公司净资产收益率的增长幅度明显高于 B 公司净资产收益率，A 公司 2015 年净资产收益率是 1.66%，2016 年由于异常情况的影响，净资产收益率是-32.44%，随后几年，实现稳步增长。但 B 公司净资产收益率从 2015 年至 2018 年一直保持比较稳定的水平。

从净资产收益率看，A 公司与 B 公司虽然净资产收益率相当，但是两个公司影响净资产收益率的因素不完全一致。A 公司 2018 年总资产净利率是 1.89%，而 B 公司净资产收益率是 1.08%，A 公司 2018 年的总资产净利率明显高于 B 公司；权益乘数的比较结果则刚好相反，A 公司 2018 年度的权益乘数是 1.79，而 B 公司 2018 年度的权益乘数是 2.92，A 公司明显低于 B 公司。说明 A 公司 2018 年净资产收益率较高，主要是因为其总资产净利率高导致的，B 公司 2018 年有较高的净资产收益率是由于较高的权益乘数导致的。这说明 B 公司利用负债杠杆较为充分，一定程度上弥补了资产盈利能力的不足，但这种高杠杆经营方式有较大的风险，当资产盈利能力进一步下降时，企业可能就要承担更大的损失。当然，不能简单地从财务比率就下结论，还要结合其他情况进行更为详细的分析，但依据杜邦分析结果，可以提示 A 公司是否可以适当提高权益乘数，而 B 公司应适当关注自身权益乘数是否过高等情况。

从总资产净利率和权益乘数变动趋势看，A 公司除 2016 年的异常情况外，总资产净利率都保持稳定增长，而权益乘数则基本保持不变，可以看出，A 公司净资产收益率的增长主要来源于总资产净利率的增长。

A 公司和 B 公司 2018 年的营业净利率分别为 1.63%和 0.81%，A 公司销售业务的盈利情况明显强于 B 公司；而两个公司 2018 年度的总资产增长率分别为 1.16 和 1.33，B 公司的周转情况要好一些。总体来看，B 公司较低的总资产净利率主要是由于营业净利率导致的。从发展趋势来看，A 公司营业净利率除 2016 年外，基本保持稳定，而总资产周转率则逐年上升，说明 A 公司近年将经营的重点放在提高资产周转率上来，也取得了很好的效果，总资产周转率从 2015 年的 0.71 上升到 1.16，是 A 公司总资产净利率和净资产收益率不断提高的重要原因。而 B 公司则出现了总资产周转率下滑的现象，虽然绝对水平仍然比 A 公司高，但这种下降趋势不容忽视，必须进一步分析，查找原因，找到改进方法，从而真正提升其盈利、偿债能力、发展能力。

三、杜邦分析法的局限性

虽然杜邦分析法具有综合性、全面性等特点，但其本身也存在一些问题，这些问题在某种程度上限制了杜邦分析法的使用效率。主要表现在：

（1）短期财务分析占比较大。很多企业对短期财务结果过分重视，这样会有助长公司管理层的短期行为，而忽略企业长期的价值创造。

（2）财务报表选取不全面。现行杜邦分析法所使用的数据都来自资产负债表、利润表和利润分配表，缺少现金流量数据，因而不能对企业做出更准确、全面的财务分析。

（3）指标缺少信息化大数据分析。在目前的信息时代，顾客、供应商、雇员、技术创新等因素对企业经营业绩的影响越来越大，而杜邦分析法在这些方面是无能为力的。

（4）缺少无形资产的分析。在目前的市场环境中，企业的无形资产对提高企业长期竞争力至关重要，杜邦分析法却不能解决无形资产的估值问题。

（5）缺少事前事中的分析。从企业的内部管理和绩效考核的角度来看，由于杜邦分析法只包括财务方面的信息，基本限于事后财务分析，对事前预测、事中控制的作用不大，对于企业的绩效评价也有很大的局限性。

因此，在杜邦分析法的实际应用中，必须结合企业的其他信息加以分析。

第三节 沃尔评分法

一、沃尔评分法的含义

沃尔评分法又称综合评分法，是把选定的各项财务比率用线性关系结合起来，并分别给定各自的分数比重，然后通过与标准比率进行比较，确定各项指标的得分及总体指标的累计分数，从而对企业的财务状况做出综合评价。由于创造这种方法的先驱者之一是亚历山大·沃尔，因此被称为沃尔评分法。

二、沃尔评分法的雏形

1928 年，亚历山大·沃尔在其出版的《财务报表比率分析》和《信用晴雨表研究》中提出了信用能力指数的概念，以此来评价企业的信用水平。他选择了 7 个财务比率，分别给定各个比率在 100 分总分中所占的分数，即权重，然后确定各个比率的标准值，并用比率的实际值与标准值相除得到的相对值乘以权重，计算出各项比率的得分，最后将 7 个比率的得分加总得到总分，即信用能力指数，这就是沃尔评分法的雏形（见表 8-6）。

表 8-6　沃尔评分法雏形

财务比率	权重 ①	标准值 ②	实际值 ③	相对值 ④=③×②	评分 ⑤=2×④
流动比率	25	2.00			
净资产/负债	25	1.50			
资产/固定资产	15	1.50			
销售成本/存货	10	8.00			
销售额/应收账款	10	6.00			
销售额/固定资产	10	4.00			
销售额/净资产	5	3.00			
合计	100	—			

原始的沃尔评分法为综合评价企业的财务状况提供了一种新的思路，但它在理论上存在着一定的缺陷：它未能说明为什么选择这 7 个比率，而不是更多或更少；它未能说明比率的标准值是如何确定的。另外，沃尔评分法从技术上讲也有一个问题，就是某一个指标严重异常时，会对总评分产生不合逻辑的重大影响。这个缺陷是由财务比率与其比重相"乘"引起的：财务比率提高一倍，评分增加 100%；而缩小一半，评分只减少 50%。

三、沃尔评分法的基本步骤

原始的沃尔评分法存在着上述缺陷，但它在实践中仍被广泛应用并得到不断的改进和发展。在社会发展的不同阶段和不同环境，人们应用沃尔评分法时所选择的财务比率不断地变化，各个比率的权重不断地修正，各个比率的标准值不断地调整，评分方法不断地改进，但是沃尔评分法的基本思路并没有发生改变，其应用的基本步骤也没有发生大的变化。下面以甲公司的资料演示沃尔评分法的基本步骤。

(一) 选择评价指标并分配指标权重

所选择的比率要具有全面性，反映企业的偿债能力、盈利能力、营运能力等的比率都应包含在内，只有这样才能反映企业的综合财务状况。

所选择的比率要具有代表性，即在每个方面的众多财务比率中要选择那些典型的、重要的比率。

【例8-4】甲公司综合评价选择的指标和分配的权重如表8-7所示。

表8-7 甲公司综合评价指标及权重表

选择的指标		分配的权重	
偿债能力指标	资产负债率	12	20
	已获利息倍数	8	
获利能力指标	净资产收益率	25	38
	总资产报酬率	13	
营运能力指标	总资产周转率	9	18
	流动资产周转率	9	
发展能力指标	营业增长率	12	24
	资本积累率	12	
合计		100	

注：分配的权重可以根据评价项目进行调整，特别关心偿债能力的分析者可以加大偿债能力指标的权重

(二) 确定各项评价指标的标准值

财务指标的标准值一般可以行业平均数、企业历史先进数、国家或国际公认标准为基准加以确定。

【例8-5】假设表8-8所示数据为宏茂公司所属行业的各指标标准值。

表8-8 行业标准值

选择的指标		行业标准值
偿债能力指标	资产负债率	60%
	已获利息倍数	3
获利能力指标	净资产收益率	25%
	总资产报酬率	16%
营运能力指标	总资产周转率	2
	流动资产周转率	5

续表

选择的指标		行业标准值
发展能力指标	营业增长率	10%
	资本积累率	15%

（三）对各项评价指标记分并计算综合分数

各项评价指标的得分公式及综合分数如下：

$$各项评价指标的得分 = 各项评价指标的权重 \times \frac{指标的实际值}{标准值}$$

$$综合得分 = \sum 各项评价指标的得分$$

【例 8-6】甲公司各项指标的实际得分与综合得分如表 8-9 所示。

表 8-9　甲公司得分计算表

选择的指标		分配的权重 ①	指标的标准值 ②	指标的实际值 ③	实际得分 ④=①×③÷②
偿债能力指标	资产负债率	12	60%	28.26%	5.65
	已获利息倍数	8	3	15	40.00
获利能力指标	净资产收益率	25	25%	16.21%	16.21
	总资产报酬率	13	16%	20.93%	17.01
营运能力指标	总资产周转率	9	2	0.93	4.19
	流动资产周转率	9	5	2.64	4.75
发展能力指标	营业增长率	12	10%	11.11%	13.33
	资本积累率	12	15%	13.01%	10.41
合计		100			111.55

（四）形成评价结果

在最终评价时，如果综合得分大于 100，则说明企业的财务状况较好；反之，则说明企业的财务状况比本企业历史先进水平或同行业平均水平较差。从表 8-9 可知，甲公司的综合得分为 111.55，大于 100，说明该公司财务状况较好。

在沃尔评分法的各个步骤中，最关键的是第二步和第三步，即各项财务比率权重和标准值的确定。要给各个财务比率分配合理的权重，并且为每个财务比率确定恰当的标准值，需要综合考虑多个方面的因素，并且在长期的分析实践中不断修正。

四、沃尔评分法运用之要点

(一) 选定评价企业财务状况的财务比率

运用沃尔评分法进行企业财务状况综合分析时，可以依据实际需要灵活选定财务指标。在进行指标选择时，首先要考虑指标的全面性，所选指标要能反映企业偿债能力、盈利能力和发展能力等；其次要有代表性，要选择能说明问题的重要财务比率；最后，注意所选指标应具有变化方向的一致性：当财务比率增大时，表示财务状况的改善，反之，当财务比率减小时，表示财务状况的恶化。一般而言，对企业进行财务评价时，主要从盈利能力、偿债能力、营运能力和发展能力四个方面考虑。反映企业盈利能力的主要指标有营业利润率、营业净利率、成本费用利润率、净资产收益率和总资产净利率。反映企业偿债能力的主要指标有流动比率、速动比率、资产负债率、产权比率和已获利息倍数。反映企业营运能力的指标有应收账款周转率、存货周转率、流动资产周转率、固定资产周转率和总资产周转率。反映企业发展能力的指标只要有营业收入增长率、净利润增长率、股东权益增长率和资产增长率等。

(二) 确定各项财务比率的权重

各项指标财务评分的合计是 100 分。如何将 100 分的总分合理地分配给所选择的各个财务比率，是沃尔评分法中一个非常重要的环节。分配的标准是各个比率的重要程度，越重要的比率分配的权重越高。对各个比率重要程度的判断，应结合企业经营状况、管理要求、发展趋势及使用者分析的目的等具体情况而定。

(三) 确定其标准评分值

财务比率的标准值是判断财务比率高低的比较标准。确定了标准，财务人员才能判断企业的某个财务比率是偏高还是偏低。这个比较标准可以是企业历史水平，可以是竞争企业的水平，也可以是同行业的平均水平。最常见的是选择同行业的平均水平作为财务比率的标准值。

(四) 确定各项财务比率评分值的上限和下限

财务比率评分值的上限和下限即评分值的最高分值和最低分值，当指标偏离标准时，其分值应相应做出扣减，以避免个别财务比率的异常值对总评分产生不合理的影响。

(五) 计算企业在一定时期各项财务比率的实际值

在取得的资产负债表、利润表、现金流量表、所有者权益变动表数据的基础上，利用相关比率计算公式，计算财务比率值的实际值。

(六) 计算相对值

根据计算出的财务比率实际指标值，计算各实际值与标准值的比率。

(七) 计算各项财务比率的实际得分

通过各个财务比率相对值乘以权重比率，计算各个财务比率的得分。各项财务比率的实际得分是关系比率和标准评分值的乘积，每项财务比率的得分都不能超过上限或低于下限，所有各项财务比率实际得分的合计数就是企业财务状况的综合得分。企业财务状况的综合得分反映了企业综合财务状况是否良好。如果综合得分明显超过 100 分，则说明企业的综合财务状况优于行业的平均水平；如果综合得分等于或接近 100 分，说明企业的财务状况良好，达到预先确定的标准；如果综合得分远远低于 100 分，说明企业的财务状况很差，应当采取适当的措施加以改善。

五、沃尔评分法的应用

【例 8-7】假设已知甲公司 2018 年的财务数据，利用沃尔评分法编制沃尔评分表，如表 8-10 所示。

表 8-10　甲公司 2018 年沃尔评分表

财务比率	权重 (1) (%)	标准值 (2) (%)	实际值 (3) (%)	相对值 (4) = (3) / (2)	评分 (5) = (4) × (1)
流动比率	25	2	1.27	0.63	15.87
产权比率	25	1.5	2.22	1.48	37
资产/固定资产	15	2.5	9.40	3.76	56.40
存货周转率	10	8	9.13	1.14	11.41
应收账款周转率	10	6	21.92	3.65	36.53
固定资产周转率	10	4	16.26	4.06	40.65
所有者权益周转率	5	3	5.18	1.72	8.60
合计	100	—	—	—	206.46

根据表 8-10 数据可知，甲公司 2018 年财务综合评价分为 206.46 分，远远高于 100 分标准，大部分指标实际值均远远大于标准值，说明企业财务状

第八章 综合财务分析

况超过标准要求。但良好的财务状况中也隐含着一定的问题，主要表现在企业偿债能力上，企业偿债能力与标准值相比存在较大的差距，需要细致详尽地分析原因，以消除企业后续发展中的隐患。

【例 8-8】 以甲公司和乙公司 2018 年综合财务情况的评价为例，说明沃尔评分法的具体应用。假设选取 9 个财务比率来评价甲公司和乙公司的综合财务状况。财务数据如表 8-11 和 8-12 所示。

表 8-11　甲公司 2018 年沃尔评分表

财务比率	权重（1）（%）	标准值（2）（%）	实际值（3）（%）	相对值（4）=（3）/（2）	评分（5）=（4）×（1）
盈利能力：					
净资产收益率	15	3.70%	3.26%	0.881	13.216
总资产净利率	15	1.45%	1.89%	1.303	19.552
营业净利率	18	0.93%	1.63%	1.753	31.548
偿债能力：					
流动比率	10	1.11	1.64	1.477	14.775
股权比率	9	0.36	0.56	1.556	14.000
利息保障倍数	9	2.79	3.08	1.104	9.935
营运能力					
存货周转率	8	4.72	3.15	0.667	5.339
应收账款周转率	8	12.19	7.45	0.611	4.889
总资产周转率	8	1.31	1.16	0.885	7.084
合计	100	—	—	—	120.339

表 8-12　乙公司 2018 年沃尔评分表

财务比率	权重（1）（%）	标准值（2）（%）	实际值（3）（%）	相对值（4）=（3）/（2）	评分（5）=（4）×（1）
盈利能力：					
净资产收益率	15	3.70%	3.15%	0.851	12.770
总资产净利率	15	1.45%	1.08%	0.745	11.172
营业净利率	18	2%	0.81%	0.405	7.290
偿债能力：					
流动比率	10	1.11	1.34	1.207	12.072
股权比率	9	0.36	0.36	1.000	9.000

续表

财务比率	权重（1）（%）	标准值（2）（%）	实际值（3）（%）	相对值（4）=(3)/(2)	评分（5）=(4)×(1)
利息保障倍数	9	2.79	10.03	3.595	32.355
营运能力					
存货周转率	8	4.72	3.03	0.642	5.136
应收账款周转率	8	12.19	15.54	1.275	10.199
总资产周转率	8	1.31	1.33	1.015	8.122
合计	100	—	—	—	108.116

如表8-11和表8-12中第（1）栏所示，先设定各个指标的标准值。由于甲公司和乙公司同处一行业，我们设定相应的财务比率的行业平均值为标准值，如表8-11和表8-12中第（2）栏所示。计算甲公司和乙公司各项财务比率的实际值，计算结果如表8-11和表8-12中第（3）栏所示。在此基础上计算甲公司和乙公司的各项指标的相对得分，结果如表8-11和表8-12中第（4）栏所示。再考虑不同财务比率权重，以各项财务比率的权重数乘以各项财务比率的相对得分，再加总即得总得分。甲公司总得分为120.339，乙公司总得分为108.116。

如表8-11和8-12所示，对甲、乙两个公司的综合评价是为了说明沃尔评分法运用的基本步骤，不一定能完整地反映两个公司的财务状况。因为对财务比率的选择、各项财务比率权重的取值、各财务比率标准值的确定，这些都是比较主观的，没有经过细致的推敲、考察和验证。我们运用沃尔评分法进行分析时，主要对企业的发展趋势进行分析与评价。

练习题

一、名词解释

1. 杜邦分析法　　　　2. 沃尔评分法

二、简答题

1. 什么是财务报表综合分析？
2. 财务报表综合分析的意义是什么？
3. 杜邦分析法的基本内容及其相关关系如何？
4. 从杜邦分析体系中可以了解哪些财务信息？
5. 杜邦分析法的思路是什么？
6. 沃尔评分法的基本步骤是什么？

三、单选题

1. 净资产收益率在杜邦分析法中是综合收入水平最强、最具有代表性的指标，通过对系统的分析可知，提高净资产收益率的途径不包括（　　）。

   A. 加强销售管理，提高营业净利润

   B. 加强资产管理加强，提高其利用率和周转率

   C. 加强负债管理，降低资产负债率

   D. 加强负债管理，提高产权比率

2. 产权比率与权益乘数的关系是（　　）。

   A. 产权比率×权益乘数＝1　　　　B. 产权比率+权益乘数＝1

   C. 产权比率+1＝权益乘数　　　　D. 权益乘数＝1/（1-产权比率）

3. 下列指标中属于反映企业经营增长状况的指标是（　　）。

   A. 已获利息倍数　　　　　　　　B. 技术投入比率

   C. 利润现金保障倍数　　　　　　D. 资本收益率

4. 下列各项中，可能导致企业资产负债率变化的经济业务是（　　）。

   A. 收回应收账款　　　　　　　　B. 用现金购买债券

   C. 接受所有者投入转入的固定资产　D. 从银行提取现金

5. 净资产收益率反映的是企业（　　）的投资报酬率。

   A. 债权人　　　　　　　　　　　B. 经营者

   C. 所有者权益　　　　　　　　　D. 合作者

6. 杜邦分析体系的核心指标是（　　）。

   A. 营业净利率　　　　　　　　　B. 权益乘数

   C. 净资产收益率　　　　　　　　D. 资产周转率

7. 在杜邦分析体系中，能反映企业盈利能力的指标是（　　）。

   A. 营业净利率　　　　　　　　　B. 权益乘数

   C. 产权比率　　　　　　　　　　D. 资产周转率

8. 在沃尔评分法中，企业综合评分（　　），说明企业的财务管理符合标准要求。

   A. 小于100　　　　　　　　　　B. 等于100

   C. 大于100　　　　　　　　　　D. 大于或接近100

9. 反映企业资本结构、财务杠杆程度及偿债能力的重要指标是（　　）。

   A. 权益乘数　　　　　　　　　　B. 权益净利率

   C. 总资产收益率　　　　　　　　D. 资产周转率

10. 下列关于沃尔评分法分析的描述中，正确的是（　　）。

    A. 沃尔评分法说明了指标标准值是如何确定的

    B. 沃尔评分法又称综合评分法

    C. 沃尔评分法证明了各个财务指标比率所占权重的合理性

D. 沃尔评分法未能说明为什么选择7个财务比率

四、多选题

1. 下列分析方法中，属于财务综合分析方法的有（　　）。
   A. 因素分析法　　　　　　　　B. 沃尔评分法
   C. 杜邦分析法　　　　　　　　D. 雷达图分析法

2. 影响净资产收益率的因素有（　　）。
   A. 营业净利率　　　　　　　　B. 资产负债率
   C. 流动负债与长期负债的比率　D. 资产周转率

3. 下列选项中，可能直接影响企业净资产净收益率指标的措施有（　　）。
   A. 提高营业净利率　　　　　　B. 提高资产负债率
   C. 提高总资产周转率　　　　　D. 提高流动比率

4. 如果某公司的资产负债率为60%，则可以推算出（　　）。
   A. 全部负债占资产的比重为60%
   B. 产权比率为1.5
   C. 所有者权益占资金来源的比例少于一半
   D. 在资金来源构成中，负债占0.6，所有者权益占0.4

5. 在杜邦分析体系中，能反映偿债管理状况的指标有（　　）。
   A. 资产负债率　　　　　　　　B. 权益乘数
   C. 产权比率　　　　　　　　　D. 总资产周转率

6. 在沃尔评分法中，各个指标的评分依据是（　　）。
   A. 标准值　　　　　　　　　　B. 实际值
   C. 指标权重　　　　　　　　　D. 指标关系

7. 关于沃尔评分法，下列说法正确的有（　　）。
   A. 传统的沃尔评分法包括7个财务指标
   B. 沃尔评分法中财务指标不能随意增减
   C. 沃尔评分法中财务指标权重平均分配
   D. 沃尔评分法中标准值可以选用竞争企业的水平

8. 沃尔评分法的分析步骤中，关键的是（　　）。
   A. 选择财务比率
   B. 确定各项财务比率的权重
   C. 确定各项财务比率的得分和计算综合得分
   D. 计算各个财务比率的实际值

9. 沃尔评分法中，在确定各项财务比率权重时，要考虑的情况包括（　　）。
   A. 企业的经营租赁状况　　　　B. 企业的管理要求

C. 企业未来的发展趋势　　　　D. 同行业的平均水平
10. 财务综合分析评价的目的有（　　）。
A. 进行职工奖励的基础　　　　B. 为投资决策提供参考
C. 为完善企业管理提供依据　　D. 评价企业财务状况及经营业绩

五、判断题

1. 杜邦分析体系的核心指标是权益乘数。（　　）
2. 沃尔评分法中没有核心指标。（　　）
3. 权益乘数的大小取决于资产负债率的高低。（　　）
4. 资产负债率越高，权益乘数就越大。（　　）
5. 沃尔评分法中标准值只能选用同行业平均数。（　　）
6. 沃尔评分法中，当某一指标实际值出现严重异常时，会对总体评分产生重大影响。（　　）
7. 权益乘数越高，财务杠杆程度越低，偿债能力相对越弱。（　　）
8. 在总资产利润不变的情况下，资产负债率越高，净资产收益率越低。（　　）
9. 产权比率为3/4，则权益乘数为3/4。（　　）
10. 沃尔评分法为综合评价企业的财务状况提供了一种非常重要的思路，但它在理论上存在着一定缺陷。（　　）

六、计算分析题

1. A公司2019年资产负债表简表如表8-13所示。

表8-13　A公司资产负债表

2019年12月31日　　　　　　　　　　　单位：万元

资产	年初数	年末数	负债及所有者权益	年初数	年末数
货币资金	100	90	流动负债合计	450	300
应收账款净额	120	180	长期负债合计	250	400
存货	230	410	负债合计	700	700
流动资产合计	450	680	所有者权益合计	700	700
固定资产合计	950	720			
总计	1 400	1 400	总计	1 400	1 400

该公司2018年度营业净利润为16%，总资产增长率为0.5次，权益乘数为2.2，净资产报酬率为17.6%。2019年度营业收入为840万元，净利润总额为117.6万元。要求：

（1）计算2019年年末速动比率、资产负债率和权益乘数。
（2）计算2019年总资产周转率、营业净利率和净资产收益率。

(3) 利用连环替代法分析营业净利率、总资产周转率和权益乘数变动对净资产收益率的影响。

2. 某公司有关资料如表8-14所示。假设该公司2018年、2019年每股市价均为4.8元。

表8-14 公司资料表　　　　　　　　　　　单位：万元

	2017年	2019年	2019年
净利润		3 600	3 780
营业收入		28 000	30 000
年末资产总额	28 000	30 000	35 000
年末所有者权益总额	19 000	22 000	26 000
年末普通股股数/万股	18 000	18 000	18 000
普通股平均股数/万股		18 000	18 000

要求：

(1) 分别计算2018年、2019年的如下指标（要求所涉及资产负债表的数据取平均数）：每股收益、营业净利率、总资产净利率、资产周转率、权益乘数。

(2) 用因素分析法，分析营业净利率、总资产周转率与总资产净利率指标之间的相互影响，分析总资产净利率、权益乘数与净资产收益率指标之间的相互影响。

3. 某制造企业有关的财务指标计算结果如表8-15所示。

表8-15 部分财务指标计算表

年份	净资产收益率（%）	总资产净利率（%）	资产负债率（%）	营业净利率（%）	资产周转率（次）
2018	9.30	3.37	66	3.68	0.94
2019	18.27	6.35	65	6.16	1.03

要求：

(1) 根据表中数据绘制简略杜邦分析图。

(2) 运用杜邦分析原理，简要说明该公司2019年净资产收益率变化的主要原因。

4. 某电器公司主要经营家用电器、电机、通信设备及其零配件的生产、制造与销售业务。

利用沃尔评分法根据年度的财务报表数据，选定相关财务指标进行计算，标准值依据竞争对手而确定。相关沃尔评分表数据如表 8-16 所示。

表 8-16 某公司某年度沃尔评分表

财务比率	权重（1）（%）	标准值（2）（%）	实际值（3）（%）	相对值（4）=（3）/（2）	评分（5）=（4）×（1）
流动比率	25	1.2	1.2		
产权比率	25	2.4	2.36		
资产/固定资产	15	8.3	5.5		
存货周转率	10	11	7		
应收账款周转率	10	27	18		
固定资产周转率	10	17	10		
所有者权益周转率	5	7	3.7		
合计	100	—	—	—	206.4

要求：

（1）补全表 8-16。

（2）与竞争对手财务比率进行对比，对该电器公司经营状况进行分析。

第九章

财务分析与财务舞弊

> **学习目标**
> 通过学习,了解财务分析与财务舞弊。主要包括:
> 1. 了解财务舞弊;
> 2. 理解现金流量表的意义;
> 3. 掌握现金流量表的内容和编制方法、分析内容;
> 4. 了解现金流量表的结构;
> 5. 能够运用比较分析法、比率分析等分析现金流量表。

第一节 财务分析与财务舞弊概述

财务报表分析是进行投资管理、公司财务、商业贷款和授信等工作的一项基本技能。对于从事这些活动或者为个人投资目的而进行财务数据分析的人来说,有着两种不同的财务报表分析方法:

第一种是遵循固有的程序,根据所给定义计算标准财务报表比率,然后填列。分析人员也可能比上述简单的计算、填列多付出一点努力和思考,以满足财务分析领域的诸多要求。

第二种是不断揭示被分析企业真实财务状况的方法。由于财务报表隐藏的信息总是多过其披露的信息,因此,这种刨根问底是非常重要的。真正有价值的分析只有在所有常见问题得到解答之后才会出现。实际上,高级分析师甚至还会提问一些非常规的问题来增加其分析价值。

下面我们就围绕财务分析与财务造假展开本章内容。

一、财务报告的目的

根据公认会计原则编制的财务报表也必然会揭示出公允、有用的信息。它给财务报表分析提供了便利。从表面上看,编制财务报表的公司也会获益。公司是为股东的利益而存在的。公司的目标不是为了报告它的财务状况,而是为了最大化股东价值。如果公司能通过"发布准确反映其盈利能力和财务状况的财务报表"实现该目标，那么原则上管理层应该这样做。然而，大多数情况下，以透明、直接的方式报告财务成果只是达到目的的一种手段。

管理层可能认为降低公司的资本成本是实现股东财富最大化目的的一种更为直接的方法。简单来说，公司的借款利率越低或者向新投资者发行股票的价格越高，股东价值越大。从这个角度来说，最好的财务报表不是完整、公允地反映公司状况的报表，而是能够带来最高信用评级和市盈率的报表。即使这样的报表不能准确反映公司财务状况，但是出于对股东的受托责任，管理层也必须这样披露，而不管会计教材中是如何规范的。在这种情况下，最好的可能结果是公司将获得一个比实际水平更低的资本成本。

细心的读者马上会提出两点质疑。首先，通过不真实的财务披露来获取低于正常利率的资金，这本身就是欺诈行为。其次，一些人认为，从长期来看，对于企业来说，误导财务报表使用者并不是一种可持续发展的战略。在高估的历史数据的基础上来预测企业未来的盈利情况，投资者会发现结果往往不能达到预期水平。此后，他们便会通过预测一个较低的收益来调整这种高估所产生的偏差。结果是股票估价可能会低于企业进行真实报告的行为。据此推理，财务报表的使用者可以相信账面数值，因为企业出于自身利益的考虑也会诚实地报告其经营成果。

而事实上财务报表并不总是真实地反映企业的业绩状况，这使得问题更趋复杂。报表的使用者经常会发现企业并没有提供易于理解的、准确的信息。财务数据虽然是按公认会计原则编制的，但是并不可靠。而更为糟糕的是，许多时候它直接违反了会计原则。作为分析人员的第二道防线，即使是独立审计人员认定财务报表遵循了公认会计原则，也不能保证财务数据可靠。近年来，大量的案例表明，使用者不能对财务报表过于信赖，否则会被严重误导。

二、财务报表的质量

在估值时，我们关注的是未来收益。的确，购买未来的收益是投资者的信条。我们使用目前的收益和财务报表整体来帮助我们预测未来的收益。如果当前的财务报表误导我们做出错误的预测，就说明财务报表的质量很差。

分析师有时候会谈到公司盈利的质量或者资产负债表的质量问题。一般来说，高质量的财务报表真实反映了公司的经营状况，没有通过会计欺诈或其他手段来粉饰公司的业绩。在讨论财务比率时，我们曾分析过导致财务报表质量低劣的一些因素。

高质量的资产负债表通常使用保守的负债比率或杠杆乘数。这样，公司因为要清偿债务而导致财务危机的可能性降低了。较少的债务也意味着公司尚有较大的借贷潜力，一旦出现有吸引力的投资机会，公司就可以用尚未使用的借款能力融资并进行投资。

高质量的资产负债表所包含的资产的市场价值会高于其账面价值。由于经营管理能力和无形资产的存在,公司资产的市场价值一般会高于其账面价值。一般来说,由于通货膨胀和历史成本记账法的影响,我们通常预期资产的市场价值会超过账面价值。但是,如果公司使用过时的且技术上落后的资产、陈旧的存货,或公司账面上列有坏账,那么,公司就有可能出现账面上定价过高的资产。

高质量的盈利也是可再现的盈利。例如,这种盈利来自那些准备继续与公司合作的客户所带来的销售收入,而不应来自那些由于非正常或短期原材料降价而导致的低成本。对于以前的或不会再发生的项目,应在计算利润时忽略不计;汇率波动引起的收入增加或者成本减少,也应被视为无法再现的项目。

根据保守的会计准则计算出的高质量的利润不会夸大收入或低估成本。盈利与现金流量越接近,损益表的质量就越高。假设某公司以赊销的方式出售家具,允许顾客每月定期付款,那么,高质量的损益表将会采用"分期付款"原则来确认收入;也就是说,由于款项的支付是按月进行的,所以,只要将当年的现金收入计入当年的销售收入即可。低质量的损益表则在销售时100%确认销售收入,即便这些收入的取得可能会递延至下一年度。

三、推理中存在的缺陷

若干违反公认会计原则的案例表明,公司不会因为担心违反舞弊法或者出于理智的自利的考虑而放弃做假账。这两种力量能促成诚实报告的推理是建立在一系列隐含假设的基础之上,而这些假设在实际编制财务报告的企业中是站不住脚的。

首先,公司可以在不违反公认会计准则的前提下对会计数据进行一系列操纵,因舞弊而被起诉的可能性很小。当重大的财务报告违反公认会计准则被发现时,同其他类型的白领犯罪一样,是否能界定其为真正的丑闻,还需要判断哪些操纵是没有被明令禁止的。

例如,公司经常肆无忌惮地进行利润平滑,即创造出利润按一定比率稳定增长的假象。在审计人员的庇护下,公司进行利润平滑的原因是表面上的稳定增长更容易获得股票市场投资者的青睐,从而获得比实际情况高的市盈率。

假设某个季度最后几个星期的盈余出现达不到预计增长率的迹象,此时,公司可以通过向客户提供特别折扣以鼓励客户提前订货的方法从下个季度"借入"销售收入(及相关利润);同时,高于趋势线的增长对利润平滑者来说也是一个问题。如果利润突然下滑,接着又回到较为正常的增长水平,由此所带来的波动是不利的，应该不惜一切代价来避免其发生。管理层的解决方法是通过安排培训项目和必要的厂房维修来抬高本期费用。而这些支出正常情况下是应该在下个季度发生的。

为什么审计人员不阻止这种行为呢？这些平滑技巧基本上都有悖于财务报告的表明目标，即准确反映公司的盈余水平。对此的解释是，会计理论的可靠性原则只是代表了财务报告准则中的一个因素。

还有另一个原因使得公司不能在理智的自利行为驱动下进行公正的财务报告。公司的管理层作为企业与财务会计准则委员会之间进行博弈的主导者，他们也有自己的利益取向。和购买公司股票的投资者一样，管理层也追求自身价值的最大化。如果披露真实的利润有利于其目标的实现，那么首席执行官这样做就是合理的。然而，有时候他们通过一些财务报告技巧，可以利用公司的薪酬系统获得更高的私人收益。虽然理性的投资者喜欢直接、透明的财务报告，而公司偏要变更会计政策，使投资者难以掌握其真实的业绩水平。根本的原因在于，有时候公司的管理层会将自身的利益置于投资者之上，他们通过高估利润来增加自身报酬，而投资者却承担了由于盈余恶化所带来的市盈率下降的成本。因此，财务报表分析人员必须努力拆穿这些花招。

四、财务舞弊造假的定义

1993年，ACFE将财务舞弊界定为：故意错报或者漏报与决策有关的重要事实，或者提供带有误导性的会计数据，以及提供在与其他可获得的有关信息合并考虑时，有可能导致财务信息的使用者改变其决定的会计数据。

1999年，COSO委员会的报告中将财务舞弊定义为：财务报表中存在的蓄意的错报或者从事的对财务报表或信息披露有直接影响的不合理行为。

2002年，AICPA在制定的审计准则中指出，舞弊是企业主动的故意行为，错误则是无意造成的，财务舞弊导致财务报表存在不实信息。注册会计师不必对被审计单位是否存在舞弊做出法律上的决定，而应关注可能导致财务报表重大错报风险的舞弊行为。

2005年，IAASB将财务舞弊界定为：舞弊者为了获取非法利益，利用欺诈手段进行的故意行为。

2010年，CICPA在颁布的审计准则中指出，财务舞弊是一个宽泛的法律概念，是被审计单位的管理层、治理层、员工或第三方使用欺骗手段获取不当或非法利益的故意行为。

上述知名的审计与鉴证领域专业组织对财务舞弊概念的界定有很多共性，主要体现在三个方面：性质上是故意的违法行为，目的是为了获取不当利益，结果是财务报表没有公允地反映企业的财务状况、经营成果或现金流量。

在本节中，财务舞弊是指企业为了谋取不正当利益，披露存在虚假财务数据、误导性表述以及重大遗漏的财务报表。

五、财务报表分析的价值

从本质上看，财务报表应是对历史数据的真实记录。它们报告了公司过去某个时点的资产、负债和所有者权益，以及公司过去一定时期内的收入、费用和现金流量。在一个有效率的资本市场上，证券价格已反映了这些过去的信息，所以，从表面上看，分析公司的财务报表和财务比率似乎是在浪费分析师的时间。

但实际情况却完全相反。财务报表分析使得分析师可以了解公司的经营和财务战略及结构，这有助于分析师确定未来事件对公司现金流量的影响。如果我们要确定公司股票的合理市场价格，那么必须综合考虑公司的发展战略、经营与财务杠杆比率以及可能的宏观和微观经济情景等信息。综合公司的有关信息，同时基于对历史资料和未来经济状况的分析，分析师就能评估公司面临的风险，并根据其风险得出合理的预期收益率。分析的最终目的，是要判断公司财务报表的真实性并做出正确的投资决策。

六、财务舞弊的动机及方法

通过会计方法的选择或者估计事项操纵收益一般都会留下痕迹：根据会计复式记账原理，一个事项不可能只影响利润表而不影响资产负债表。比如，较高的收入意味着较多的应收账款（一项资产）或者较低的递延收益（一项负债）；较低的费用意味着较高的预付费用（一项资产）或者较低的应计费用（一项负债）。因此，对资产负债表的变化进行研究（见表9-1）可以获取线索。

表 9-1 资产负债表项目舞弊对利润的影响

资产负债表项目	盈余管理	利润影响	关注操作点
资产			
毛应收账款	在获得实际收入之前确认收入	较高收入	涉及多项交付部分的合同；长期合同
净应收账款	减少坏账和销售退回的准备	较高的收入或较低的销售费用	低信用质量的应收账款；银行的贷款损失准备
应收租赁款	增加租赁期终止时残值的估计值	较高的租赁收入	飞机租赁；计算机租赁；设备租赁

续表

资产负债表项目	盈余管理	利润影响	关注操作点
存货	将非存货成本记为存货成本；不注销废弃存货成本	较低的已售产品成本或销售管理费用	技术进步导致存货废弃；存货价格下降
预付费用	高估预付费用金额	较低的销售管理费用	提前支付大量的费用
无形资产	将不合理的费用资本化为无形资产；较低的摊销额	销售管理费用中摊销费用较低	知识密集型公司；软件成本资本化
负债			
递延收益	减少递延收益	较高的收入	涉及多项交付部分的合同收入
担保负债	减少计提的担保准备	较低的销售费用	对产品提供质量保证的公司

除了会计项目外，不同行业容易发生操纵的敏感区域也是不同的，下面列举若干行业敏感区域（见表9-2）。

表9-2 部分行业容易发生操纵的敏感区域

行业	操作点
银行业	信用损失：贷款损失准备的质量
计算机硬件行业	技术进步：应收账款和存货的质量
计算机软件行业	产品的适销性：资本化研发费用的质量
	服务合同的收入确认：应收账款和递延收入的质量
零售业	信用损失：应收账款净额的质量
	存货损失：存货账面价值的质量
制造业	产品担保：担保负债的质量
	产品负债：估计负债的质量
房地产	房产价值：房地产账面价值的质量

七、保持怀疑的重要性

财务报表的发布者总是选择有利于抬高股价的会计方法，而不是帮助分析师来了解公司真实的财务状况，因此，分析师不能对公司的发展过于乐观，而应该保持怀疑的态度，将股票在个人投资者中的热销看成是一个"故事"。有时候，"故事"与某新产品相关，该产品可能具有很大的市场潜力；在另一种情况下,"故事"反映了当前的经济趋势,如利率降低或国防支出递增;还有一些"故事"则产生于谣言,特别是与并购相关的消息。大多数"故事"的主要特征都包括承诺高收益、表面上逻辑合理和缺乏数据验证。因此,对于分析人员来说,主要依靠数据要比在定性因素中进行取舍更可靠一些。

第二节 九好集团财务造假分析

一、背景资料

(一)事件背景

九好集团是 2017 年第一家因"忽悠式重组上市"而被证监会处以顶格处罚的后勤托管服务公司。其主要业务模式是作为中介服务平台为客户寻找后勤服务供应商,根据成交额收取一定比例的服务费。九好集团财务造假的手段可以代表我国拟上市公司财务造假普遍存在的现状,在其基础上总结审计对策,对其他财务造假审计具有指导意义。那么,九好集团是通过何种财务手段来虚增收入的呢?又该如何去治理和防范财务造假行为呢?

借壳上市是指非上市公司通过重大资产重组将该公司的核心资产注入已上市公司,同时取得对重组后的上市公司的控制权。世界上第一次成功的借壳上市案例发生在 1934 年的美国。此后,这种上市方式以其成本优势和高成功率优势在美国资本市场得以广泛运用。在我国,借壳上市最早发生在香港地区证券市场,可以追溯到 1984 年。20 世纪 90 年代,随着中国内地的资本市场的建立和快速发展壮大,沪深两市出现了不少借壳上市的成功案例,其中,发生在 1994 年的珠海恒通借壳棱光实业是内地第一个成功的借壳上市案例。借壳上市过程中,重组方向被重组方注入优质资产,可以改善上市公司的经营状况和财务表现,有利于提高资金的使用效率,推动资本市场进一步完善与发展。

在过去的较长时间内,由于 IPO 上市存在通道狭窄、成本高和周期不确定等缺点,一些企业试图通过重大资产重组实现借壳上市,也出现了大量成功案例。根据两大证券交易所网站披露的信息统计,2016 年全年我国共有 18 家公司拟实施借壳上市,其中成功和失败的各有 5 例。自 2016 年第四季度以来,证监会发审委对 IPO 审核的速度明显加快,但借壳上市仍然是热点。在上市可能带来的巨大利益驱使下,一些拟上市公司铤而走险,一些涉嫌利用欺诈手段实现借壳上市的公司被披露曝光。

财务舞弊是资本市场的一颗毒瘤,拟上市公司如果存在财务舞弊行为,通过重大资产重组向被重组方注入有毒资产,其危害性并不亚于已上市公司的财务舞弊。重大资产重组通常会引起股价异动，如果重大资产重组方案中披露的重组方财务报表存在虚假记载，即使重组方最终没能实现借壳上市，财务舞弊被揭露后中小投资者的利益也会遭受极大的损害。如果有毒资产成功注入了上市公司，则不仅会损害中小投资者的合法利益，还会破坏资本市场的资源配置动能，最终危害到实体经济的健康发展。

（二）公司背景

九好集团成立于2007年，首创"办公托管"模式，为客户量身定做行政后勤解决方案，是现代服务业的领军企业。2012年，九好集团营收2.29亿元，净利润为0.16亿元；2013年，营收2.65亿元，净利润0.51亿元；2014年，营收3.24亿元，净利润为1.11亿元；而2015年前6个月，营收为1.7亿元，净利润为0.53亿元。

九好集团针对下游客户首创"后勤集承"模式。九好依托强大供应商网络，整合承包客户的所有后勤托管服务，服务范围包括办公一体化以及园艺物业、餐饮、保险、通讯、金融等后勤项目。

（三）公司荣誉成就

2008年，集团被评选为"浙商最具投资潜力企业"；
2009年，集团被评选为"浙商最具投资价值企业"；
2009年，集团荣获杭州市政府颁发的"先进企业"称号；
2010年，集团被评选为"浙商最具投资价值企业"；
2010年，集团入选浙商新产业（新模式）20强；
2010年，集团跻身全国浙商500强；
2010年，集团晋级新锐杭商30强；
2010年，集团被评选为2010年浙商新锐品牌。

二、公司竞争力分析

（一）商业模式分析

九好集团的经营模式是后勤托管平台服务模式。所谓后勤托管，并不是指九好集团直接提供后勤服务，而是指九好集团充当信息中介和平台中介，通过搭建后勤托管平台，引进供应商（后期服务供应商）和客户（有后勤外包需求的企业），撮合供需双方的交易。简单来说，就是通过一个平台来撮合双方的交易，对买方是免费的，对卖方是收费的。具体而言其收费类型包括进场费、推广费和托管服务费。

(二) 公司主要业务介绍

公司主要业务收入包括：

（1）进场费。引进平台供应商进入后勤托管平台时，九好集团与平台供应商签订托管协议，九好集团承诺当年销售额，进场费按照承诺销售额的2%收取。

（2）推广费。匹配客户资源，推广供应商的销售需求，推广费按照承诺销售额1%收取。

（3）托管服务费。收费率由九好集团和供应商协商，托管服务费以实际销售额为基数计算。

（4）其他。九好集团还有一些贸易收入，主要是销售办公用品、提供劳务等后勤产品。

三、上市公司财务分析及风险评估

(一) 商业模式判断

1. 资产结构类型分析

详见表9-3。

表9-3 九好集团资产结构分析（垂直分析法） 单位：元

项目	2013年		2014年		2015年	
	金额	结构比重	金额	结构比重	金额	结构比重
流动资产合计	471 165 620.56	91.65%	663 901 909.08	92.80%	866 080 257.65	93.81%
非流动资产合计	42 917 343.56	8.35%	51 498 017.01	7.20%	57 179 152.68	6.19%
资产总计	514 082 964.12	100.00%	715 399 926.09	100.00%	923 259 410.34	100.00%
特殊项目						
存货	3 762 040.05	0.73%	1 924 659.66	0.27%	0.00	0.00%
应收账款	88 273 657.71	17.17%	14 609 0951.1	20.42%	220 529 992.9	23.89%
货币资金	240 191 390.9	46.72%	342 793 898.1	47.92%	531 226 736.8	57.54%

分析：该公司流动资产比重大，2013—2015年间均超过90%，其中货币资金占比最大，存货项目比重较小，2013—2015年平均占比小于1%，和公司业务描述一致；其服务性收入大于商品销售收入，所以企业存货较少。因此，从分析师的角度来看，对于九好集团的财务分析应该重点关注货币资金。

2. 资本结构分析

详见表9-4。

表9-4　九好集团资本结构分析表（垂直分析法）　　单位：元

项　目	2013年 金额	2013年 结构比重	2014年 金额	2014年 结构比重	2015年 金额	2015年 结构比重
负债合计	245 757 330.1	47.80%	231 533 868.6	32.36%	246 462 242.9	26.69%
权益合计	268 325 634	52.20%	483 866 057.5	67.64%	676 797 167.4	73.31%
资产合计	514 082 964.1	100.00%	715 399 926.1	100.00%	923 259 410.3	100.00%
特殊项目	金额	占比负债总额	金额	占比负债总额	金额	占比负债总额
短期借款	136 400 000	55.50%	130 000 000	56.15%	144 400 000	58.59%
应付账款	7 811 293.3	3.18%	8 135 743.42	3.51%	2 707 408.04	1.10%
预收款项	11 779 866.84	4.79%	23 603 899.03	10.19%	32 958 381.47	13.37%
未分配利润	109 973 873.3	40.99%	218 663 414.9	45.19%	406 254 424.1	60.03%

分析：该公司资本结构稳定，其中，负债占比减少明显，未分配利润增加显著。但是目前未分配利润增加的原因并不清楚，所以在后期的分析过程中需要关注货币资金与未分配利润的变动情况是否匹配。

（二）财务风险评估

详见表9-5。

表9-5　九好公司收益质量的水平分析表（同比2013年）　　单位：元

项　目	2013年 金额	2013年 增长率	2014年 金额	2014年 增长率	2015年 金额	2015年 增长率
收入	252 366 587.3	0	326 112 706.2	29.22%	417 492 482	65.43%
成本	130 729 303.8	0	91 375 791.94	-30.10%	46 568 341	-64.38%
营业利润	56 838 595.79	0	150 353 904.3	164.53%	256 322 089	350.96%
销售商品提供劳务收到的现金	274 293 234.8	0	313 630 903.6	14.34%	333 739 187	21.67%
购买商品、接受劳务支付现金	178 922 392.4	0	132 790 364.3	-25.78%	37 674 170	-78.94%

分析说明：

通过水平分析，分析师发现 2013—2015 年间收入、成本、营业利润和经营现金流变动不一致，显著特征为：现金流入增加并未与收入快速增长适当匹配。该公司货币资金在公司资产中比重大，说明货币资金科目存在重大风险。当然，财务报表分析可以帮助分析师找到存在重大风险的领域，但是如果需要证实这一分析，还需要获取九好集团相关财务资料（譬如相关凭证、明细账簿等）。

四、造假曝光

以下是公司及相关当事人收到的中国证券监督管理委员会《行政处罚事先告知书》的公告（节选）：

（三）九好集团虚构 3 亿元银行存款、未披露 3 亿元借款及银行存款质押事项的相关事实

九好集团审计报告中披露的 2015 年 12 月 31 日合并资产负债表显示，2015 年末货币资金余额为 531 226 736.82 元。经查，其中 3 亿元银行存款系由九好集团通过借款形成，且在披露时点处于质押状态，九好集团未披露该借款及存款质押事项。具体事实如下：

1. 九好集团虚构 3 亿元银行存款

2015 年 1 月，九好集团在账面虚构 1.7 亿元其他应收款收回，虚构银行存款转入 47 702 412.00 元，同时转出 1 亿元资金不入账，账面形成虚假资金 317 702 412.00 元（九好集团平安银行西湖支行账号：11014720107002）。为掩饰上述虚假账面资金，九好集团在账面虚假记载 2015 年 3 月 31 日 317 702 412.00 元资金从九好集团平安银行账户划转至九好集团上海银行账户，记账信息见九好集团 2015 年 3 月 31 日记—102 号凭证。此外，九好集团还在上海银行账户虚构郭丛军 3 月 26 日退回购房款 1 170 万元，虚假账面资金扩大至 329 402 412.00 元，记账信息见九好集团 2015 年 3 月 30 日记—88 号凭证。2015 年 3 月 31 日，杭州好融实业有限公司（以下简称好融实业）向九好集团上海银行账户转入资金 1.6 亿元（共两笔，一笔 4 495 万元，一笔 1.150 5 亿元）。九好集团在账面虚假记载收到上海九好等单位其他应收款 138 009 025.38 元；经过三次红字冲销后，虚假记载收到上海九好等单位其他应收款 130 597 588.00 元，少计收回 29 402 412.00 元，记账信息详见九好集团 2015 年 3 月 31 日记—103 号凭证。至此，九好集团在账面仍然存在 3 亿元虚假资金（九好集团上海银行账户）。

五、财务舞弊手段分析

九好集团财务舞弊使用了以下 3 种手段：

（1）虚增收入。九好集团的主要业务是把供应商和客户拉到自己建立的中介平台撮合双方交易，从中收取卖方的"服务费"，也有少数销售办公用品的业务。九好集团先后与一百多家卖方签订虚假合同，然后再把卖方支付的服务费收入转到公司控制的个人账户回转给卖方的方式虚增"服务费"收入。另外，还通过和买方签订销售合同但实际上并不发货，最终财务上不记录销售退货的方式来达到虚增收入的目的。

（2）虚增资产。九好集团因虚增收入而出现大量的资金缺口，于是开始虚增资产，并且，其作假的资产并非常规的应收款、存货、固定资产等项目，而是大胆地虚构银行存款。九好集团通过关联企业借入资金 3 亿元，然后用借入的资金购买理财，再用理财为借款方的承兑汇票提供贴现担保，从而归还借款方的 3 亿借款。在审计时，有意忽略借款和担保事实，把 3 亿元巨额质押的借款做成了自己的货币资金。另外，还有部分转出资金不入账。在银行存款上造假，而且无论是借款还是抵押，中间环节都通过很多关联企业进行人为操作，企图掩盖真相。

（3）虚假审计。九好集团虚构往来单位、业务合同、经济业务直至借鞍重股份谋求上市，造假已经两年有余，而这两年利安达会计师事务所出具的审计报告均为无保留意见报告。直至谋求上市的前一个月，造假大额银行存款，而利安达会计师事务所出具的《审计报告》附注和《重大资产重组报告书》中却只字未提。

六、违规被罚

2017 年首例忽悠式重组案例被证监会查办，九好集团借壳鞍重股份涉嫌以虚增收入、虚增银行资产为手段，企图将有毒资产装进上市公司。据了解，王思聪的普思投资曾以 7.7 元/股认购九好集团，总成本 1 000 万元。曾被称为王思聪概念股的九好集团遭受重创，主要负责人均遭到顶格处罚。

证监会新闻发言人称，九好集团通过各种虚假手段，将自己包装成价值 37.1 亿元的优良资产，与鞍重股份联手进行忽悠式重组，以期达到借壳上市的目的，九好集团及鞍重股份的信息披露存在虚假记载和重大遗漏。

经查，九好集团通过各种手段虚增 2013—2015 年服务费收入 2.6 亿元，虚增 2015 年贸易收入 57 万余元，虚构银行存款 3 亿元。为掩饰资金缺口，借款购买理财产品或定期存单，并立即为借款方关联公司质押担保。九好集团通过上述手段，将自己包装成价值 37.1 亿元的优良资产，与鞍重股份联手进行忽悠式重组，以期达到借壳上市的目的，九好集团及鞍重股份的信息披露存在虚假记载和重大遗漏。

延伸阅读：借壳上市财务造假

1. 借壳上市财务舞弊的特点：目的具有双重性

对于具有上市融资需求的公司来说，可以选择的方式包括 IPO 和借壳上市两种。由于借壳上市具有速度快、限制少和成本低等优点，通过重大资产重组实现借壳上市便成为拟上市公司经常采取的一种方式。我国证券法对公司上市的条件包括盈利能力、财务状况、组织结构和遵守法律情况等方面的要求，对于达不到监管要求的重组方来说，实现公司上市是实施财务舞弊行为的首要目标。同时，重组方除了实现借壳上市之外，还往往表现出明显的高估值倾向。2012 年至 2016 年，A 股市场重组标的估值平均增值率分别为 201%、515%、527%、737%、998%，多家公司因此而收到证监会或证券交易所的询问函。已经被披露借壳上市财务舞弊的九好集团和保千里公司重组估值增值率分别达到了 449.56% 和 1 021.09%，因此，当前我国重组方财务舞弊的目的既包括借壳上市也包括实现重组方资产高估值。

2. 借壳上市财务舞弊的特点：手段具有多样性

不管是已上市公司还是拟上市公司的财务舞弊，其实施的舞弊行为都意图制造出一种繁荣的假象，财务舞弊的手段也比较类似，而且往往同时采取多种手段。财务舞弊的常见手段包括虚增收入、虚减成本或费用、虚构银行存款、关联方交易舞弊以及故意采用不恰当的会计估计或会计政策等。如果企业为了实现虚增利润而虚增收入，为了使依据虚假财务报表计算出的利润率处于合理水平，可能会同时虚增成本。有的企业通过虚减成本或费用的方式虚增利润，如果成本或费用已经实际支出的话，则企业又可能同时对银行存款造假。借壳上市公司财务舞弊通常不会只采用一种方式，而是同时运用多种手法。

第三节 獐子岛财务造假分析

一、背景资料

（一）事件背景

獐子岛集团的主要产品扇贝因为五年内三次跑路被网友戏称"旅行扇贝"。一会儿说扇贝失踪了，一会儿说扇贝归来了，一会儿说遭遇冷水团，一会儿又说遭遇高温，扇贝被折磨得死去活来。有人戏称獐子岛的扇贝应该是气死的。扇贝为啥死了？真相究竟如何？当地居民说："獐子岛扇贝非常听话，要它死它就死，让它跑它就跑……"

说到扇贝，吃货们都知道，那可是烧烤摊上的必备美食，同时，它还有较高的药用价值。可近五年来，扇贝每每进入公众视野，总跟"跑路""饿死"这样的关键词有关。

继2014年、2018年獐子岛扇贝逃跑、饿死之后，2019年11月14日，獐子岛集团又发布公告说，扇贝非正常死亡情况可能还将持续，并且已经对獐子岛2019年的经营业绩构成了重大影响。

查询发现，水产养殖业收入占獐子岛集团主营构成的20%左右，除了扇贝，集团还生产珍蚝、鲍鱼、龙虾等产品。那么，扇贝究竟能在多大程度上影响公司业绩？为何屡屡不受控？

（二）公司资料

獐子岛镇由獐子岛本岛和外三岛（褡裢村、小耗村和大耗村）组成，水何澹澹，山岛竦峙，曾有"黄海明珠"的美誉。背靠岛上昔日唯一的集体企业，岛民们曾经成为改革开放后"先富起来"的那批人。在獐子岛的巅峰时代，这座岛上70%的人都在獐子岛公司工作。

獐子岛集团股份有限公司（股票代码：002069）是于2001年4月7日经大连市人民政府（大政〔2001〕84号文）批准由大连獐子岛渔业集团有限公司整体变更设立的股份有限公司。大连獐子岛渔业集团有限公司是根据大连市体改委（大体改委发〔1998〕94号文）于1998年3月由大连獐子岛渔业集团公司改制设立的有限责任公司。大连獐子岛渔业集团有限公司于2001年2月根据大连市体改委（大体改委发〔2001〕20号文件）批准分立为两个公司：大连獐子岛渔业集团有限公司（存续公司）和大连獐子岛海达公用设施服务有限公司（新成立公司），分立基准日为2000年12月31日，存续公司承袭原集团有限公司的生产经营性的资产和业务，海达公用设施服务有限公司承担非经营性资产和社会公益事业。经大连市人民政府（大政〔2001〕84号文）批准，大连獐子岛渔业集团有限公司以2001年2月28日为基准日，依法整体变更为獐子岛集团股份有限公司，公司于2001年4月28日在大连市工商行政管理局办理了工商登记手续，注册资本为7 632万元。2002年10月24日经大连市人民政府（大政〔2002〕105号文）批准，公司增加注册资本848万元，变更后的注册资本为人民币8 480万元整。2006年根据公司股东大会决议、中国证券监督管理委员会（证监发行字〔2006〕69号文）"关于核准大连獐子岛渔业集团股份有限公司公开发行股票的通知"，公司共公开发行人民币普通股（A股）2 830万股，每股面值1元，发行后的注册资本为11 310万元。2008年根据经公司股东大会通过的利润分配方案，以资本公积转增股本，每10股转增10股，转增后的注册资本为22 620万元。根据公司2010年3月23日召开的2009年度股东大会审议通过的2009年度权益分派方案，公司以现有总股本 226 200 000 股为基数，向全体股东每 10 股派 5 元人民币现金，同时，以资本公积金向全体股东每 10 股转增 10 股，转增后的注册资本为 45 240 万元，除权除息日为 2010 年 4 月 16 日。根据公司 2011 年 3 月 11 日《大连獐子岛渔业集团股份有限公司非公开发行股票发行情报告暨上市公告书》，截至 2011 年 3 月 4 日，公司非公开发行募集资金总额为人民币 799 799 972.40 元，扣除发行费用人民币 23 794 999.31 元后，发行人实际募集资金净额为人民币 776 004 973.09 元，其中增加注册资本人民币 21 674 796.00 元，增加资本公积人民币 754 330 177.09 元。本次非公开发行股票后，公司的总股本为 474 074 796 股。根据公司 2011 年 4 月 7 日召开的 2010 年股东大会审议通过的 2010 年度权益分派方案，公司以现有总股本 474 074 796 股为基数，向全体股东每 10 股派 5 元人民币现金，同时以资本公积金向全体股东每 10 股转增 5 股；转增后总股本为 711 112 194 股，除权除息日为 2011 年 4 月 22 日。2012 年 10 月 11 日，大连獐子岛渔业集团股份有限公司更名为獐子岛集团股份有限公司，已经完成了工商登记变更手续。

过去，獐子岛底播虾夷扇贝面积曾保持高速增长。数据显示，2006 年上市首年，公司已确权的海域使用权为 65.63 万亩，其中规划用于底播增殖的面积为 64.89 万亩；2010 年，獐子岛公司底播虾夷扇贝投苗面积增长至 120 余万亩；2014 年，獐子岛公司底播虾夷扇贝确权底播面积已达约 340 万亩；2017 年虾夷扇贝底播区面积减少至 234 万亩。

二、公司竞争力分析

（一）商业模式分析

产业布局：海洋牧场+休闲渔业+冷链物流+水产加工一体化四大板块。

海洋牧场：公司"海洋牧场"产业在这里不是指海洋资源，而是指公司整体上游产业的分布，主要包括良种繁育、生态增养殖以及全球范围内海洋资源（产能）的扩张。

良种繁育：以"研究良种、生产良种、经营良种"的发展思路，借助产学研和自主创新两个平台，以重质创制和良种扩繁对产业可持续发展进行驱动。业务群拥有国家级虾夷扇贝良种场和 5 座良种扩繁基地，主要生产虾夷扇贝、鲍鱼、刺参、獐子岛牡蛎、真海鞘等多个海珍品苗种，年提供优质底播虾夷扇贝二级苗种逾 60 亿枚，刺参苗种 500 万头，鲍鱼苗种 2 000 万枚，獐子岛牡蛎 1 亿枚。在苗种繁育技术、现代育种技术应用、新品种引进开发等方面不断取得突破：与中科院海洋所合作研究开发并获得了国家科技进步二等奖的皱纹盘鲍"大连 1 号"；与美国新泽西州立大学合作研究三倍体单体牡蛎育种技术，在獐子岛生根并得到全自然的 100%三倍体；与中国海洋大学合作研发虾夷扇贝新品种"海大金贝",获得国家水产原良种新品种认定,并在獐子岛海洋牧场进行了产业转化;业务群海洋生物技术研发中心自主研发的新品种"獐子岛红"也达到了产业化水平,在2013年生产中实现了良种全覆盖。

增养殖:基于对确权海域底质、海域环境、养殖容量、生态容量等认知的不断深入及海域环境即时监控与预警预报技术、虾夷扇贝大规格苗种三级育成技术、深水贝类底播增殖技术、无害化高效采捕技术、贝类增殖食品安全管控技术等产业关键、共性技术的集成,对确权海域进行了有效的功能区划。基于功能区划,现已建成贝类综合底播增殖示范区,主要包括虾夷扇贝增殖区、鲍鱼增殖区、刺参增殖区等,实现了产业和生态的和谐发展。生态的海洋牧场年提供优质虾夷扇贝5万余吨,被世界誉为"海底银行"。

资源扩张:公司不断推进"辽东半岛、山东半岛、东南沿海、南千岛群岛"的海珍品资源整合。现已实现辽东半岛(长海海域、旅顺海域、庄河海域)虾夷扇贝苗种、底播海参资源,山东半岛(荣成、长岛)鲍鱼、海带资源,东南沿海(宁德、莆田)鲍鱼资源的整合,并在2012年走出国门,在韩国珍岛郡投资建设了中国企业在韩国投资的第一个农水产项目——獐子岛集团韩国有限公司。该项目以海参育苗、鲍鱼养殖为切入,依托韩国苗种订单、国内产成品订单,整合朝鲜半岛优质海珍品,实现打造第二个"獐子岛"的目标。

休闲渔业:休闲渔业群总资产1.5亿元,是公司"三大资源"和"三个支撑"发展战略的产业之一,是集团产业结构调整和未来市场开拓的重要战略性布局。随着我国经济发展,休闲旅游正在成为极具发展潜力的重要产业。集团现已拥有完善的陆岛交通和休闲海钓设施配套体系,拥有初具规模的旅游产品规模和人才队伍。2011年,獐子岛海洋牧场被大连市海洋与渔业局授予"大连市休闲渔业试点单位",2012年被农业部授予首批"国家级休闲渔业示范基地"。休闲渔业群在"十二五"期间将打造国内最大的休闲海钓基地,打造"钓大鱼到獐子岛"休闲海钓高端品牌。同时,在旅游配套项目和服务功能上加大投资力度,在原有8艘客船和6艘专业海钓艇基础上,2013年,休闲渔业群在台湾投资2 300万元建造了高速豪华客船,在山东投资1 200万元建造了2艘半潜艇观光船和5艘豪华专业休闲海钓艇,从事海底观光游览和休闲海钓业务;在海上休闲旅游项目增设了帆船观光和"潜水采捕"项目,把獐子岛逐渐打造成为海上休闲垂钓中心、海上休闲运动中心,树立"休闲之旅獐子岛"海岛旅游品牌知名度。公司休闲渔业群正在向客输货运、休闲海钓、海底观光、海上运动、休闲度假、组织比赛、承接会议、海上婚礼、培训拓展、商务考察及休闲旅游一体化产业迈进。

冷链物流:发展冷链物流产业是獐子岛集团业务规划的新战略,成立于

2012 年年底的冷链物流业务群旗下拥有三个子公司,分别是大连獐子岛中央冷藏物流有限公司、大连獐子岛锦通冷链物流有限公司,獐子岛锦达(珠海)鲜活冷藏运输有限公司。目前的冷链物流业务群在国际冷藏货物中转、国际货物代理、冷藏货物存贮、冷藏货物城市配送及干线运输方面为客户提供专业第三方冷链物流服务。

水产加工:公司在大连、山东荣成等地建有 6 座水产精深加工基地,加工贝类、海参、鲍鱼、鱼类、蟹类、鱼子、虾类、海胆产品,年总加工能力 6 万吨。作为农业产业化国家重点龙头企业,公司建立全程质量管控可追溯体系,坚持以 HACCP、BRC、GAP 标准检验,顺利通过国际 MSC 预评审和现场评审,代表国家接受欧盟双壳贝类出口监管审核,并与世界权威检测机构 SGS 联合成立食品检测实验室,确保产品从"产地到餐桌"的安全。2010 年獐子岛海珍品与世界零售巨头沃尔玛公司成功实现农超对接。

(二) 公司主营业务介绍

1. 按涉及行业分析公司主营业务

公司业务主要包括水产养殖业、水产加工业、水产贸易业、交通运输业、服务业及其他业务。营收来看,公司水产贸易业、水产加工业和水产养殖业为核心业务,其中水产品养殖业毛利率最高。公司收入构成分析详见表 9-6。

表 9-6 獐子岛公司收入构成分析(按行业分类) 单位:亿元

项目	2019 年	2018 年	2017 年	2016 年	2015 年	2014 年	2013 年
营业收入							
餐饮服务业			0.01			0.05	0.02
服务业	0.16	0.06					
交通运输业				0.64	0.89	0.89	0.66
冷链物流业	0.40	0.40	0.37				
旅游服务业				0.03	0.04		
水产加工业	9.66	11.13	10.93	9.57	9.10	7.41	7.29
水产贸易业	10.41	10.46	12.32	11.16	8.06	8.69	5.71
水产养殖业	6.33	5.78	8.31	9.01	9.02	9.33	12.36
营业成本							
餐饮服务业			0.00			0.08	0.02
服务业	0.16	0.06					

续表

项　目	2019年	2018年	2017年	2016年	2015年	2014年	2013年
交通运输业				0.57	0.74	0.65	0.54
冷链物流业	0.33	0.33	0.27				
旅游服务业				0.05	0.06		
水产加工业	8.16	9.52	9.21	8.27	8.00	6.22	5.66
水产贸易业	10.01	9.91	11.66	10.48	7.52	8.21	5.51
水产养殖业	4.84	3.43	6.03	6.52	7.67	7.65	8.60
营业利润							
餐饮服务业			0.00			−0.03	0.00
服务业	0.00	0.00					
交通运输业				0.07	0.16	0.25	0.11
冷链物流业	0.07	0.07	0.10				
旅游服务业				−0.02	−0.02		
水产加工业	1.50	1.61	1.73	1.31	1.10	1.19	1.63
水产贸易业	0.40	0.55	0.66	0.68	0.54	0.48	0.20
水产养殖业	1.49	2.35	2.28	2.49	1.35	1.68	3.76
毛利率（%）							
餐饮服务业			29.37			−50.74	13.22
服务业	−1.26	2.26					
交通运输业				11.03	17.83	27.52	17.22
冷链物流业	17.21	17.09	26.90				
旅游服务业				−49.87	−42.92		
水产加工业	15.53	14.49	15.79	13.64	12.04	16.02	22.40
水产贸易业	3.85	5.25	5.36	6.08	6.65	5.52	3.45
水产养殖业	23.47	40.68	27.41	27.65	14.92	18.01	30.39
收入构成（%）							
餐饮服务业				0.02		0.19	0.08
服务业	0.58	0.22					

续表

项　目	2019年	2018年	2017年	2016年	2015年	2014年	2013年
交通运输业				2.11	3.30	3.38	2.52
冷链物流业	1.47	1.43	1.17				
旅游服务业				0.11	0.16		
水产加工业	35.86	40.01	34.22	31.47	33.56	28.09	28.00
水产贸易业	38.61	37.59	38.58	36.69	29.72	32.96	21.94
水产养殖业	23.48	20.76	26.01	29.62	33.26	35.38	47.46
利润构成（%）							
餐饮服务业			0.04			-0.73	0.05
服务业	-0.06	0.03					
交通运输业				1.56	5.12	6.89	1.98
冷链物流业	1.98	1.48	2.10				
旅游服务业				-0.35	-0.61		
水产加工业	43.48	35.20	36.21	28.83	35.15	33.26	28.64
水产贸易业	11.59	12.00	13.86	14.98	17.19	13.46	3.46
水产养殖业	43.01	51.29	47.78	54.98	43.15	47.12	65.87

2. 按产品构成分析公司主营业务

按产品分类，公司主要产品包括"贝、参、鲍、胆、螺"五大类，且除海参基本加工成淡干海参对外销售并计入水产加工业务收入外，其他四大类产品基本上均为生鲜品销售收入（从而计入养殖业务收入），公司休闲食品等业务计入其他主营业务，不单独列入产品类别。2013—2019年按利润计算，除其他外，扇贝占比最高。各项目类别占比构成见表9-7。

表9-7　獐子岛业务构成（按项目分类）　　　　单位：亿元

项　目	2019年	2018年	2017年	2016年	2015年	2014年	2013年
鲍鱼							
营业收入	1.57	1.86	1.11	1.03	1.24	0.86	2.06
营业成本	1.41	1.64	1.15	0.93	1.03	1.20	2.43
营业利润	0.16	0.22	-0.04	0.09	0.21	-0.34	-0.37

续表

项　目	2019 年	2018 年	2017 年	2016 年	2015 年	2014 年	2013 年
毛利率（%）	10.01	12.00	-3.48	8.93	17.01	-39.75	-17.75
收入构成（%）	5.81	6.70	3.47	3.37	4.56	3.26	7.93
利润构成（%）	4.54	4.88	-0.79	2.02	6.60	-9.58	-6.43
海参							
营业收入	2.45	2.09	1.83	1.96	1.87	2.01	2.45
营业成本	0.96	0.73	0.74	1.10	1.38	1.06	1.05
营业利润	1.49	1.36	1.09	0.86	0.49	0.95	1.40
毛利率（%）	60.70	65.21	59.39	43.92	26.26	47.22	57.20
收入构成（%）	9.09	7.50	5.70	6.46	6.85	7.60	9.42
利润构成（%）	43.07	29.71	22.24	19.04	15.30	26.54	24.60
海胆							
营业收入	0.36	0.26	0.18	0.15	0.15	0.22	0.12
营业成本	0.11	0.07	0.08	0.09	0.08	0.18	0.04
营业利润	0.25	0.19	0.10	0.06	0.07	0.04	0.08
毛利率（%）	68.58	73.34	55.70	38.63	44.42	19.81	66.61
收入构成（%）	1.33	0.92	0.57	0.49	0.54	0.84	0.46
利润构成（%）	7.13	4.11	2.09	1.28	2.04	1.23	1.39
海螺							
营业收入	0.87	1.19	0.85	0.79	0.63	0.59	0.60
营业成本	0.88	0.35	0.20	0.23	0.21	0.22	0.27
营业利润	0.00	0.84	0.66	0.55	0.42	0.37	0.33
毛利率（%）	-0.50	70.86	76.82	70.34	67.05	63.18	55.15
收入构成（%）	3.23	4.28	2.67	2.58	2.30	2.25	2.31
利润构成（%）	-0.13	18.43	13.46	12.19	13.11	10.49	5.81
虾夷扇贝							
营业收入	3.09	3.61	7.68	7.53	7.57	6.82	9.59
营业成本	2.66	2.90	6.02	5.85	6.32	5.04	5.78
营业利润	0.43	0.70	1.67	1.68	1.25	1.78	3.81
毛利率（%）	13.85	19.53	21.72	22.28	16.49	26.12	39.71
收入构成（%）	11.48	12.96	23.97	24.76	27.76	25.88	36.83
利润构成（%）	12.41	15.38	34.21	37.03	38.92	49.96	66.77

续表

项目	2019年	2018年	2017年	2016年	2015年	2014年	2013年
其他							
营业收入	18.61	18.82	20.40	18.96	15.81	15.87	11.21
营业成本	17.47	17.56	18.99	17.67	15.04	15.11	10.76
营业利润	1.14	1.26	1.40	1.29	0.77	0.76	0.45
毛利率（%）	6.12	6.69	6.89	6.80	4.87	4.80	3.99
收入构成（%）	69.06	67.63	63.62	62.34	57.99	60.18	43.07
利润构成（%）	32.99	27.48	28.79	28.44	24.03	21.36	7.85

（三）养殖行业产业链

我国渔业包括捕捞和养殖两大类，其中捕捞可分为海洋捕捞和内陆捕捞，养殖可分为淡水养殖和海水养殖（见图9-1）。近些年我国渔业养殖行业发展保持较高增速，在我国渔业中占比日益提升，具有举足轻重的地位。2015年淡水养殖和海水养殖总产值分别为5 337亿元、2 938亿元，分别占我国渔业总产值的50%、27%，合计占比77%，此外，产量构成与产值构成情况基本一致，养殖产量占渔业总产量的绝大部分。海产品行业产业链与我国渔业产业架构大致相同（见图9-2），上游为提供海产品原材料的苗种生产企业以及海洋捕企业，下游为海产品加工及销售企业。

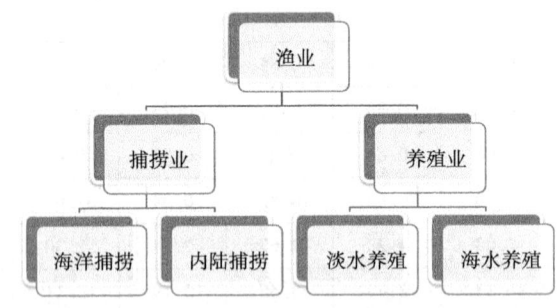

图9-1 我国渔业细分行业构成

图9-2 海水养殖行业产业链

三、公司财务分析及风险评估

（一）商业模式判断

由于篇幅限制且近年来獐子岛公司资产结构变化不大，所以下面选取其最近三年的数据展开分析。

1. 资产结构类型分析

资产结构类型分析如表 9-8 所示。核心资产变动趋势见图 9-3。

表 9-8　獐子岛资产结构分析　　　　　　单位：亿元

项目	2017年		2018年		2019年	
	金额	占比总资产	金额	占比总资产	金额	占比总资产
流动资产合计	23.40	59.33%	20.87	58.72%	16.67	55.40%
非流动资产合计	16.04	40.67%	14.67	41.28%	13.42	44.60%
资产总计	39.44	100.00%	35.54	100.00%	30.09	100.00%
特殊项目						
存货	30.65%	30.65%	11.39	32.05%	7.05	23.43%
应收账款	11.08%	11.08%	3.65	10.27%	3.11	10.34%
货币资金	12.53%	12.53%	3.82	10.75%	4.90	16.28%

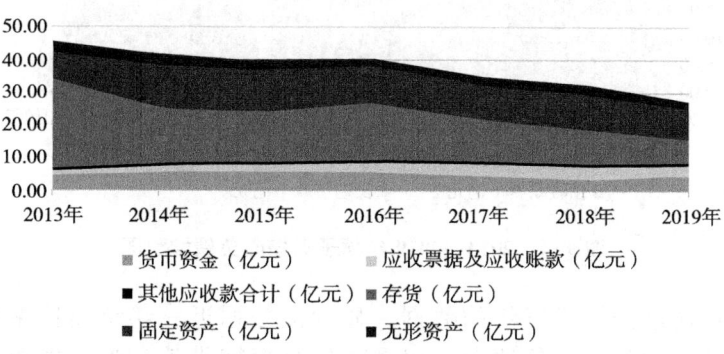

图 9-3　2013—2019 年獐子岛核心资产堆积图

分析：该公司流动资产与非流动资产 2017—2019 年间相对稳定，但其占比较大的存货项目迅速萎缩，这是导致资产总额萎缩的核心原因。资产总额萎缩是由于经营收缩引起的还是其他原因，分析师需要关注后期收入变动趋势再做结论。

2. 资本结构分析

资本结构分析见表 9-9，核心负债变动见图 9-4。

表 9-9 资本结构分析（垂直分析法） 单位：亿元

项目	2019年		2018年		2017年	
	金额	占比总资产	金额	占比总资产	金额	占比总资产
负债合计	33.83	85.78%	31.13	87.59%	29.49	98.01%
权益合计	0.54	1.37%	4.41	12.41%	0.60	1.99%
资产合计	39.44	100.00%	35.54	100.00%	30.09	100.00%
特殊项目						
	金额	占比负债总额	金额	占比负债总额	金额	占比负债总额
短期借款	14.42	42.62%	15.26	49.02%	20.99	71.18%
应付账款	3.33	9.84%	2.64	8.48%	1.98	6.71%
长期借款	11.24	33.22%	1.03	3.31%	3.66	12.41%
未分配利润	-15.73	-2 912.96%	-15.41	-349.43%	-19.33	-65.55%

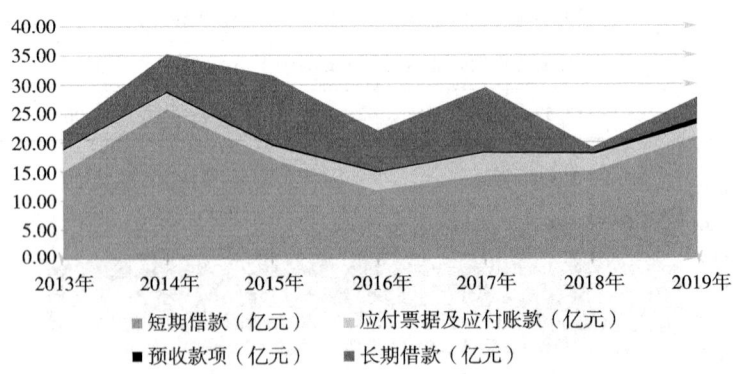

图 9-4 2013—2019 年獐子岛核心负债堆积图

分析：通过分析近三年的数据，显示该公司近三年负债比率较高，存在重大风险，并且，在负债中占比最高的是短期借款。为了更清楚地看到该公司短期负债的变化情况，由图 9-4 不难看出，短期负债的两个转折点分别是 2014 年和 2016 年。综合以上图表分析，发现该公司短期存在资金断裂的风险；由未分配利润均为负值可以看出，该公司没有足够的利润偿还短期借款。还要注意的是，该公司未分配利润快速下降，需要查明原因。

(二) 财务风险评估

1. 资产负债表核心项目的趋势分析

图9-5是獐子岛公司核心资产变动趋势。

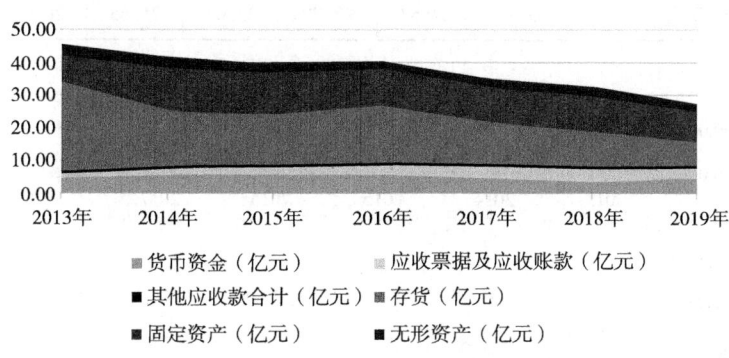

图9-5 2013—2019年獐子岛核心负债堆积图

通过观察图9-5不难发现,獐子岛最核心的资产就是存货。但是,2013—2019年存货总量呈萎缩态势,与之同步的是资产的总体规模缩水。当然我们也可以看到几个异动:其一,货币资金缩量很小;其二,应收账款和应收票据呈迅速增长态势。

补充说明:生物性资产的特点。扇贝作为生物资产,具有实物数量难以确定、季节性和周期性强等特点,客观上来讲,生物性资产存在着较大的不确定性。农业的特点决定了这些公司需要持续稳定地生产,允许有风险出现,但是从獐子岛公司的信息披露里不能得到风险出现的客观原因,这就需要财务报表分析才能判断。

2. 獐子岛收益趋势分析

对獐子岛近七年收益的趋势分析见表9-10及图9-6。相关项目收益水平的变动分析见表9-11。

表9-10 收益趋势分析表　　　　　　　　　　单位:亿元

项　目	2013年	2014年	2015年	2016年	2017年	2018年	2019年
收入	26.21	26.62	27.27	30.52	32.06	27.98	27.29
成本	20.42	22.92	24.06	25.9	27.21	23.3	23.67
毛利润	5.79	3.7	3.21	4.62	4.85	4.68	3.62
营业利润	0.81	-6.21	-3.08	0.2	-1.22	0.41	-1.51

续表

项目	2013年	2014年	2015年	2016年	2017年	2018年	2019年
销售商品提供劳务收到的现金	26.77	27.54	28.73	30.01	32.56	28.87	28.16
购买商品支付现金	20.7	22.57	22.79	23.03	25.65	20.68	19.09

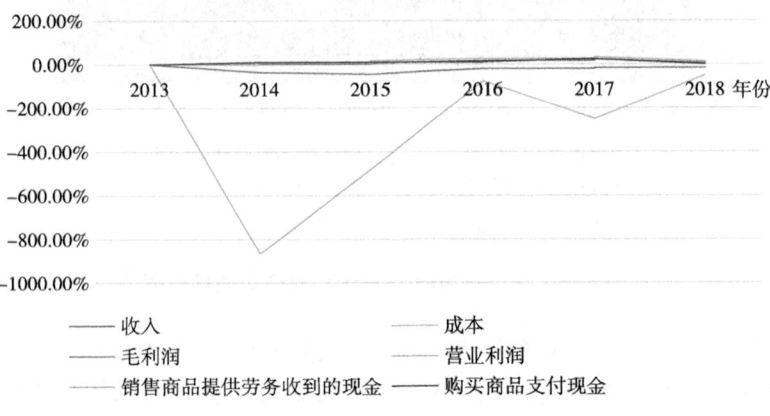

图 9-6　收益趋势分析

表 9-11　相关项目收益水平变动分析（同比 2013 年）　　单位:%

项目	2013年	2014年	2015年	2016年	2017年	2018年	2019年
收入	—	1.56	4.04	16.44	22.32	6.75	4.12
成本	—	12.24	17.83	26.84	33.25	14.10	15.92
毛利润	—	-36.10	-44.56	-20.21	-16.23	-19.17	-37.48
营业利润	—	-866.67	-480.25	-75.31	-250.62	-49.38	-286.42
销售商品提供劳务收到的现金	—	2.88	7.32	12.10	21.63	7.84	5.19
购买商品支付现金	—	9.03	10.10	11.26	23.91	-0.10	-7.78

分析：通过将表 9-10 数据转换成趋势分析图（图 9-6），可以看到两组不同的趋势：

第一组：收入、成本、毛利润、销售商品提供劳务收到的现金及购买商品支付的现金。这一组各项目间变动趋势一致，但是营业利润变动趋势不一致。

第二组：营业利润在 2014 年、2017 年和 2019 年存在异动。由于营业收入与营业成本变动一致，造成异动的原因需要分析师进一步分析三种费用变动（见表 9-12）。

表 9-12　獐子岛三种费用水平分析（以 2013 年为基期）　　单位：%

项目	2013 年	2014 年	2015 年	2016 年	2017 年	2018 年	2019 年
管理费用	—	21.23	17.32	-8.94	-13.97	-24.02	-17.32
销售费用	—	1.36	-8.64	-19.55	-14.09	-25.00	-28.18
财务费用	—	85.19	108.64	71.60	98.77	56.79	72.84
毛利润	—	-36.10	-44.56	-20.21	-16.23	-19.17	-37.48
营业利润	—	-866.67	-480.25	-75.31	-250.62	-49.38	-286.42

由表 9-12 可见：2013 年至 2019 年，三种费用中财务费用增长最快，其原因是短期借款的快速增加所致。从总体趋势看，财务费用快速增加并非是导致营业利润异常巨额波动的主要原因，因此，营业利润的异动应归因于资产减值损失等偶发性科目。为了证实这一判断，需要从獐子岛收益质量、资产减值损失及存货变动几个方面进行分析。下面叙述该公司财务数据展露的重大疑点（见表 9-13、图 9-7 及表 9-14）。

表 9-13　獐子岛收益质量分析　　单位：亿元

项目	2013 年	2014 年	2015 年	2016 年	2017 年	2018 年	2019 年
营业收入	26.21	26.62	27.27	30.52	32.06	27.98	27.29
毛利润	5.79	3.7	3.21	4.62	4.85	4.68	3.62
营业利润	0.00	0.00	0.00	0.00	-0.01	0.00	0.10
利润总额	1.14	-13.19	-0.61	0.83	-7.23	0.42	-3.80
净利润	0.97	-11.95	-2.45	0.76	-7.26	0.34	-3.85

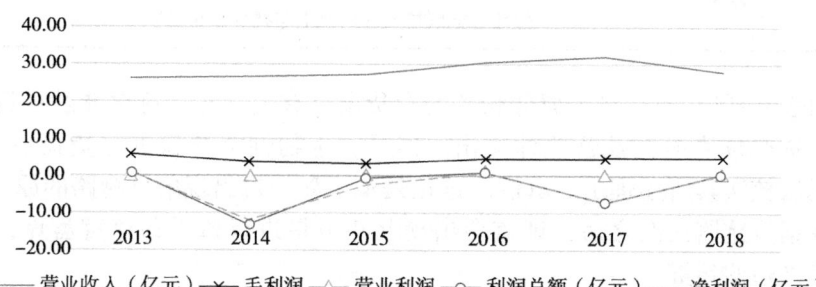

图 9-7　2013—2019 年獐子岛利润变动异常分析

3. 重大疑点

通过计算 2013 年到 2019 年獐子岛收益相关项目的环比增长率，发现 2014 年、2017 年和 2019 年存在利润总额和净利润的异常波动，这种异常波动主要原因是资产减值损失及营业外支出。为此，分析师通过阅读财务报表及附注获取如下信息资料（见表 9-14）。

表 9-14 獐子岛各年造成利润波动的科目及原因汇总

年份	影响科目	具体原因
2014 年	存货	减少的原因为本期对账面价值为 734 619 349.87 元的底播虾夷扇贝存货放弃本轮采捕，进行核销处理，以及 43.02 万亩底播虾夷扇贝存货计提跌价准备 283 050 000.00 元（比上年比重减少 15.51%）
	资产减值损失——存货跌价损失	公司第五届董事会第十七次会议审议通过《关于部分海域底播虾夷扇贝存货核销及计提存货跌价准备的议案》，决定对 43.02 万亩账面价值为 300 601 467.51 元的底播虾夷扇贝存货计提跌价准备 283 050 000.00 元。上述事项已经公司 2014 年第四次临时股东大会审议通过并公告
2017 年	资产减值——存货跌价准备	2018 年 1 月，公司在进行底播虾夷扇贝年末存量盘点时发现海洋牧场遭受了重大灾害。公司受灾海域达 131.46 万亩，公司海洋牧场存货核销及计提跌价准备影响合计 63 830.12 万元，全部计入 2017 年度损益，导致公司 2017 年度业绩出现大幅亏损
	营业外支出	
2019 年	存货	核销底播虾夷扇贝存货成本及计提
	资产减值	报告期底播虾夷扇贝出现大规模死亡，计提存货跌价准备（占当年利润总额 19.01%）
	营业外支出	报告期底播虾夷扇贝出现大规模死亡，核销产品成本（占当年利润总额 -62.48%）
	存货	报告期底播虾夷扇贝出现大规模死亡，核销产品及计提存货跌价准备金额较大（同比上年减少 8.62%）

由表 9-14 可见：各异常年份均与存货扇贝有关，并且每次涉及科目均为存货、资产减值损失及营业外支出。但是，生物性资产扇贝存货盘点困难，所以无法核实其所述理由之真假。这正是獐子岛一再出现扇贝跑路的原因。

在扇贝跑路三次之后，证监会出动北斗卫星进行獐子岛存货盘点，解开了獐子岛造假迷雾。

四、造假曝光

证监会借助北斗卫星找扇贝，一连串"弥天大谎"被揭开（图 9-8）。

第九章 财务分析与财务舞弊

图 9-8 北斗卫星找扇贝

图 9-8 中×区域代表的是獐子岛记录的捕捞区域，而〇区域则是调查人员根据獐子岛采捕船卫星定位数据还原的獐子岛采捕船行驶轨迹。可以看出二者有明显出入，獐子岛并没有如实记录采捕海域。调查人员还聘请了两家专业的第三方机构分别对卫星定位数据进行作业状态分析，对捕捞轨迹进行还原并计算捕捞面积，三方分别还原出来的捕捞航行轨迹高度一致。经查，獐子岛盘点的 2014 年贝底播区域的 70 个点位已全部实际采捕，2015 年贝底播区域的 119 个点位中有 80 个点位已实际采捕。獐子岛核销海域中，2014 年、2015 年和 2016 年底播虾夷扇贝分别有 20.85 万亩、19.76 万亩和 3.61 万亩已在以往年度采捕，致使虚增营业外支出 24 782.81 万元，占核销金额的 42.91%；减值海域中，2015 年、2016 年底播虾夷扇贝分别有 6.38 万亩、0.13 万亩已在以往年度采捕，致使虚增资产减值损失 1 110.52 万元，占减值金额的 18.29%。獐子岛披露的《年终盘点公告》和《核销公告》存在虚假记载。2016 年，公司实际采捕的海域面积比账面记录多出近 14 万亩，这意味着实际的成本比账面上要多出 6 000 万元人民币，这 6 000 万元成本都被獐子岛公司隐藏了起来。调查人员还发现：獐子岛在部分海域没有捕捞的情况下，在 2016 年底重新进行了底播，根据獐子岛成本核算方式，重新底播的区域的库存资产应做核销处理，又涉及库存资产 7 111 万元，需要计入营业外支出视为亏损。通过这两种方式，獐子岛成功地在 2016 年实现了所谓的"账面盈利"，成功摘帽，保住了上市公司地位。到了 2017 年，獐子岛故技重施，再度宣称扇贝跑路和死亡，借此消化掉前一年隐藏的成本和亏损，共计约 1.3 亿元。这种乾坤大挪移，把 2016 年的成本和损失移转到 2017 年的做法，是典型的"寅吃卯粮"、操纵财务报表的行为。

五、财务舞弊手段分析

简单来说，虚增营业成本，利润就会降低从而企业可以在税费上得到优惠，或者可以填补企业的其他窟窿。

本案系一起上市公司"寅吃卯粮"、调节利润的恶性舞弊案件。獐子岛集团股份有限公司（简称獐子岛）舞弊的基本思路为：少报当年扇贝采捕海域、少计成本，虚增当年利润；随后将以前年度已经采捕但未结转成本的虚假库存一次性核销，虚减次年利润，连续两年财务报告严重失实。

六、违规被罚

2018 年，证监会发布了《关于修改〈关于改革完善并严格实施上市公司退市制度的若干意见〉的决定》，明确上市公司构成欺诈发行、重大信息披露违法或其他重大违法行为，证券交易所应当严格依法做出暂停、终止公司股票上市交易的决定。

针对扇贝事件，深圳证券交易所已多次向獐子岛发关注函，在 2019 年 11 月 11 日的关注函中，深交所质问："此前信息披露是否真实、准确、完整，是否存在隐瞒减值迹象的情况？"对此，獐子岛回应：不存在。集团董事长吴厚刚则对媒体回应："不会也没有能力用扇贝调节利润。我们在南部率先发现了扇贝大比例死亡的现象。这么大的海洋，没有人有本领叫扇贝想活就活，想死就死。"

经过北斗卫星证实造假后，经深交所纪律处分委员会审议通过，深交所做出如下处分决定：

（1）对獐子岛集团股份有限公司给予公开谴责的处分；

（2）对獐子岛集团股份有限公司时任董事长兼总裁吴厚刚、时任董事兼常务副总裁梁峻、时任财务总监勾荣、时任董事会秘书兼副总裁孙福君给予公开谴责的处分；

（3）对獐子岛集团股份有限公司董事邹建、王涛、罗伟新，时任董事赵志年、独立董事陈本洲，时任独立董事丛锦秀、陈树文、吴晓巍给予通报批评的处分；

（4）对獐子岛集团股份有限公司时任董事长兼总裁吴厚刚给予公开认定终身不适合担任上市公司董事、监事、高级管理人员的处分；

（5）对獐子岛集团股份有限公司时任董事兼常务副总裁梁峻给予公开认定十年不适合担任上市公司董事、监事、高级管理人员的处分；

（6）对獐子岛集团股份有限公司时任财务总监勾荣、时任董事会秘书兼副总裁孙福君给予公开认定五年不适合担任上市公司董事、监事、高级管理人员的处分。

第四节 欣泰电气财务造假分析

一、背景资料

(一) 事件背景

从2011年到2014年,创业板上市公司欣泰电气(以下简称欣泰电气)持续四年,六期财务报告,每期虚构收回应收账款从7 000多万元到近2亿元不等。尽管手法隐蔽、造假成系统且不惜成本,但还是得到了应有的惩罚。中国证监会通报,欣泰电气被正式认定为欺诈发行。随之而来的是退市程序的启动。由此,欣泰电气成为因欺诈发行退市的第一例。

(二) 欣泰电气资料

欣泰电气是我国节能型输变电设备和无功补偿装置等电网性能优化设备设计、生产制造型企业,拥有进出口经营权。公司主要产品为节能型输变电设备和无功补偿装置等电网性能优化设备,其中输变电设备主要包括110kV及以下油浸式变压器、干式变压器、箱式变电站等。公司已获授权专利24项,其中发明专利2项;在申请专利9项,其中发明专利6项;拥有各类专有技术18项,获得新产品鉴定和产品型式试验报告58项,形成了自主创新的知识产权体系。欣泰电气是中国电器工业协会变压器分会理事单位,是辽宁省首批重新认定的高新技术企业和国家火炬计划重点高新技术企业。

作为从事节能型输变电设备及无功补偿装置等电网性能优化设备制造,为电网输、配、用电系统提供安全、高效、节能、环保的用电设备和技术解决方案的电力综合服务供应商,欣泰电气主营业务是节能型变压器等输变电设备和无功补偿装置等系列电网性能优化设备的研发、设计、生产和销售,产品广泛运用于电网、风力发电、石油化工、冶金、煤炭、电气化铁路、光伏发电等领域。

(三) 业务构成

公司主营业务为节能型变压器等输变电设备和无功补偿装置,两大板块业务收入占公司总收入始终保持在99%以上。随着公司技术水平的提高和研发的持续投入,产品结构不断优化,品种日趋呈现智能化和节能减排特点,节能型变压器设备和无功补偿装置等产品已成为公司收入和利润的稳定来源。

二、竞争力分析

(一) 核心竞争力

欣泰电气是我国节能型输变电设备和无功补偿装置等电网性能优化设备设计、生产制造型企业,拥有进出口经营权。欣泰电气具有完善的质量管理体系,所生产的产品满足国内外客户对产品质量的要求,掌握并拥有从德国引进的国内先进的环氧树脂浇注干式变压器生产技术和多项自主知识产权的磁控电抗器技术,是我国《磁控式可控并联电抗器技术规范》(DL/T 1217—2013) 行业标准的主要起草单位之一,其磁控电抗技术已经列入辽宁省首批重点节能减排技术目录,是目前引导国内磁控电抗器前沿技术的领军企业,在新型智能磁控并联电抗器及动态无功补偿技术和产品研发方面具有明显优势。欣泰电气已获授权专利 30 项,其中发明专利 3 项;拥有各类专有技术 18 项,获得新产品鉴定和产品型式试验报告 71 项,形成了自主创新的知识产权体系。在新型磁控并联电抗器等动态无功补偿装置领域具有较强的技术领先优势。公司生产的非晶合金铁心变压器已通过辽宁省新产品鉴定,产品技术性能达到国内同类产品的先进水平。BKS(F)T 系列新型磁控并联电抗器和 XHDT 系列磁控消弧线圈自动跟踪补偿及接地选线装置通过国家级新产品投产鉴定和省级科技成果鉴定。鉴定结论为:该产品填补了国内空白,达到国际先进水平。

(二) 主营业务介绍

欣泰电气收入构成分析见表 9-15。

表 9-15 欣泰电气收入构成分析(按项目分类) 单位:亿元

项 目	2016 年	2015 年	2014 年	2013 年	2012 年	2011 年
磁控并联电抗器及成套装置						
营业收入	0.00	0.11	0.28	0.43	0.40	0.32
营业利润	0.00		0.10	0.15	0.14	0.11
毛利率(%)	31.24		35.02	34.46	34.81	34.72
利润构成(%)			7.86		10.94	9.89
磁控消弧线圈						
营业收入	0.00	0.01	0.01	0.01	0.01	0.01
营业利润	0.00		0.00	0.00	0.00	0.00

续表

项 目	2016年	2015年	2014年	2013年	2012年	2011年
毛利率（%）	20.35		32.88	33.18	33.05	32.96
利润构成（%）			0.25		0.37	0.25
电磁线						
营业收入		0.00	0.05	0.14	0.13	0.12
营业利润			0.00	0.00	0.00	0.00
毛利率（%）			2.28	2.56	2.48	2.52
利润构成（%）			0.09		0.26	0.27
电力电缆						
营业收入			0.04	0.01		
营业利润			0.00			
毛利率（%）			10.38			
利润构成（%）			0.32			
电容器及成套装置						
营业收入	0.02	0.03	0.04	0.06	0.14	0.12
营业利润	0.00		0.02	0.03	0.06	0.05
毛利率（%）	4.78		39.74	39.85	40.68	40.53
利润构成（%）			1.38		4.59	4.21
节能型输变电设备-智能箱式变电站						
营业收入	0.66	1.02	0.56	0.36	0.40	0.41
营业利润	0.11	0.27	0.18	0.09	0.10	0.11
毛利率（%）	17.25	25.94	32.75	25.63	25.59	25.67
利润构成（%）			14.87		7.92	9.53
节能型铁芯						
营业收入	0.02	0.29	0.40	0.24	0.28	0.34
营业利润	0.00		0.03	0.02	0.02	0.03
毛利率（%）	2.88		8.50	8.85	8.63	8.24
利润构成（%）			2.76		1.88	2.50
树脂浇注干式变压器						
营业收入	0.18	0.56	1.10	1.23	0.71	0.96

续表

项　目	2016 年	2015 年	2014 年	2013 年	2012 年	2011 年
营业利润	0.02	0.17	0.39	0.43	0.26	0.33
毛利率（%）	10.39	30.83	35.50	34.86	36.01	34.70
利润构成（%）			31.78		19.97	30.12
限流电抗器						
营业收入						0.01
营业利润						0.00
毛利率（%）						35.04
利润构成（%）						0.27
箱体						
营业收入	0.00	0.01	0.01	0.01	0.01	0.04
营业利润	0.00		0.00	0.00	0.00	0.01
毛利率（%）	10.06		9.84	9.95	11.69	12.46
利润构成（%）			0.05		0.10	0.46
油浸式电力变压器						
营业收入	0.52	1.70	1.69	2.21	2.50	1.81
营业利润	0.08	0.49	0.50	0.58	0.69	0.47
毛利率（%）	15.80	28.93	29.70	26.33	27.76	25.97
利润构成（%）			40.65		53.97	42.49
专用设备						
营业收入						
收入构成（%）						
其他						
营业收入	0.01	0.00				
收入构成（%）	0.80	0.11				

通过表 9-15 所示的收入分类和利润构成变化，可以看到公司 2011 至 2017 年业务变化比较大。为了更好地分析该公司造假过程，我们节选 2013—2015 年部分数据进一步分析，力求尽量减小因为业务变化对公司收入所造成的影响。

三、公司财务分析及风险评估

（一）商业模式判断

1. 资产结构类型分析

公司资产结构分析详见表9-16，核心资产情况见图9-9。

表9-16　欣泰电气资产结构分析表　　　　单位：亿元

项　目	2013年		2014年		2015年	
	金额（亿元）	占比总资产	金额	占比总资产	金额	占比总资产
流动资产合计	5.74	76.43%	8.55	81.98%	9.55	79.92%
非流动资产合计	1.77	23.57%	1.88	18.02%	2.40	20.08%
资产总计	7.51	100.00%	10.43	100.00%	11.95	100.00%
特殊项目						
存货	0.73	9.72%	0.80	7.67%	1.19	9.96%
应收账款	2.08	27.70%	3.90	37.39%	4.94	41.34%
货币资金	2.24	29.83%	2.77	26.56%	1.78	14.90%

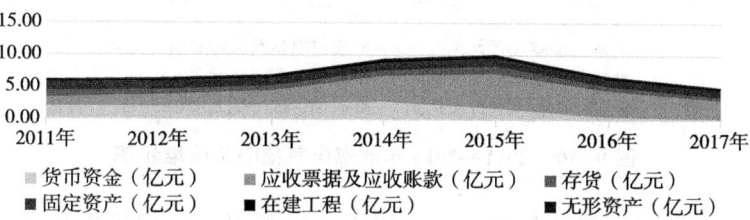

图9-9　欣泰电气2011—2017年核心资产堆积图

公司流动资产占比较高，其中，应收账款快速增加而货币资金萎缩明显，因此，应收账款的真实性便成为分析师重点关注的项目。

2. 资本结构分析

表9-17及图9-10分别是公司资本结构及核心负债情况。

表9-17　欣泰电气资本结构分析　　　　单位：亿元

	2013年		2014年		2015年	
	金额（亿元）	占比总资产	金额	占比总资产	金额	占比总资产
负债合计	3.45	53.32%	3.86	37.01%	5.53	46.28%

续表

	2013 年		2014 年		2015 年	
	金额（亿元）	占比总资产	金额	占比总资产	金额	占比总资产
权益合计	4.06	43.43%	6.57	62.99%	6.42	53.72%
资产合计	7.51	100.00%	10.43	100.00%	11.95	100.00%
特殊项目						
	金额（亿元）	占比负债总额	金额	占比负债总额	金额	占比负债总额
短期借款	0.80	23.19%	1.87	48.45%	2.30	41.59%
应付账款	0.74	21.45%	0.73	18.91%	0.90	16.27%
应付票据	0.43	12.46%	0.93	24.09%	1.85	33.45%
预收款项	0.31	8.99%	0.06	1.55%	0.23	4.16%
未分配利润	3.00	86.96%	3.27	84.72%	2.65	47.92%

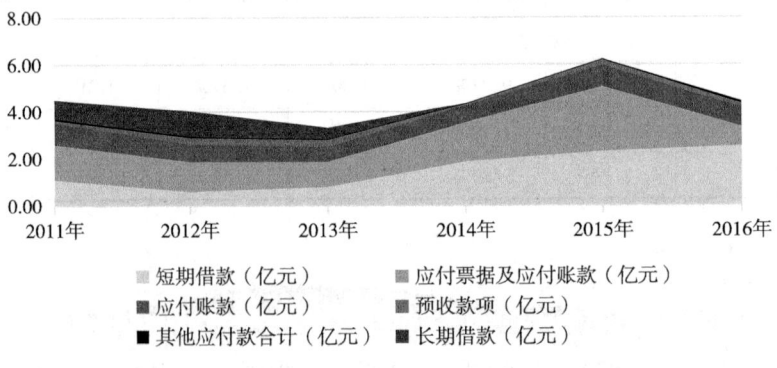

图 9-10　2011—2016 年欣泰电气核心负债堆积图

图 9-10 表明，权益和负债占比均衡，但观察会发现短期借款和应付票据快速增加，未分配利润萎缩明显。通过对公司核心资产和核心负债堆积图的对比分析，发现应收账款和短期借款均存在显著增幅，未分配利润的减少可能是资产减值损失引起。分析其资产结构，我们需要考虑应付账款的变动对资产减值损失的影响。在后期分析中，分析师需要判断这一思路是否正确，也就是判断应收账款的变动是否是引起未分配利润明显萎缩的主要原因。

（二）财务风险评估

1. 收入、成本及毛利变动分析

公司收入、成本及毛利变动情况见表 9-18。

表 9-18 欣泰电气营业收入及成本及毛利分析（水平分析法）

单位：亿元

项目	2013 年		2014 年		2015 年	
	金额	定基增长率	金额	定基增长率	金额	定基增长率
营业收入	4.73	0.00%	4.19	-11.42%	3.72	-21.35%
营业成本	3.42	0.00%	2.94	-14.04%	2.72	-20.47%
毛利润	1.31	0.00%	1.25	-4.58%	1.00	-23.66%

公司 2013 年到 2015 年期间收入、成本和毛利变动趋势不一致，且毛利变动幅度较大，但这期间该企业产品并未发生重大变动，说明企业收入及成本存在重大风险。当然，具体因素还需要进一步分析。

2. 收入、应收账款及现金流变动分析

数据见表 9-19。

表 9-19 欣泰电气营业收入、应收账款及现金流变动分析（水平分析法）

单位：亿元

项目	2013 年		2014 年		2015 年	
	金额	定基增长率（%）	金额	定基增长率（%）	金额	定基增长率（%）
营业收入	4.73	—	4.19	-0.114 16	3.72	-0.213 53
应收账款	2.08		3.9	0.875	4.94	1.375
销售商品提供劳务收到的现金	3.77	—	1.63	-0.567 64	3.05	-0.190 98

表 9-19 显示：收入、应收账款和现金流并不匹配，其中应收账款存在逆趋势变动，存在重大风险。为了确认应收账款的风险，还需要了解坏账损失对利润的影响。因此，需要进一步分析营业收入、利润总额及净利润变动的相关性。

应收账款有哪些坑？赊销的主要原因为增加销售、减少存货。应收账款是具备流动资产属性的债券，故而常常被不法分子操纵，用以调节利润。在应收账款上造假大致有这几种手段：潜亏挂账、虚列应收账款、调整坏账计提比例、用坏账转移资金、用应收账款建小金库等。

3. 重要疑点

相关数据分析分别见表 9-20 至表 9-22。

表 9-20 欣泰电气营业收入、利润总额及净利润变动分析（水平分析）

单位：亿元

项 目	2013 年 金额	2013 年 定基增长率（%）	2014 年 金额	2014 年 定基增长率（%）	2015 年 金额	2015 年 定基增长率（%）
收入	4.73	0.00	4.19	-11.42	3.72	-21.35
成本	3.42	0.00	2.94	-14.04	2.72	-20.47
毛利润	1.31	0.00	1.25	-4.58	1.00	-23.66
营业利润	0.59	0.00	0.38	-35.59	-0.09	-115.25
净利润	0.63	0.00	0.44	-30.16	0.06	-90.48

表 9-21 欣泰电气营业收入、利润总额及净利润变动分析（垂直分析）

单位：亿元

项 目	2013 年 金额	2013 年 占比收入（%）	2014 年 金额	2014 年 占比收入（%）	2015 年 金额	2015 年 占比收入（%）
收入	4.73	100.00	4.19	100.00	3.72	100.00
成本	3.42	72.30	2.94	70.17	2.72	73.12
毛利润	1.31	27.70	1.25	29.83	1	26.88
营业利润	0.59	12.47	0.38	9.07	-0.09	-2.42
净利润	0.63	13.32	0.44	10.50	0.06	1.61

表 9-22 欣泰电气资产周转率测算

单位：亿元

项 目	2013 年	2014 年	2015 年	2016 年
应收账款	2.08	3.9	4.94	3.99
应收账款周转率（%）	39.85	71.36	118.82	316.67
总资产周转率（%）	152.96	214.08	300.81	747.87

结合上述收益质量的垂直分析和水平分析，会发现该公司 2014 年和 2015 年营业利润和净利润存在异常波动，这一判断和收入及现金流部分的分析判断一致，因此，分析师需要分析造成这一问题的原因。虽然应收账款在总资产中占比 27%，但是应收账款周转率与总资产周转率不同步，并且在 2014—2016 年增幅过快，结合 2014 年和 2015 年财务报表附注相关内容，发现资产减值损失也巨幅增加，其中主要为坏账损失。至此，所有的疑问均聚焦在应收账款科目及其相关资产减值损失的增长幅度是否相匹配

上，需要搞清楚欣泰电气应收账款增长及计提坏账的比例。于是，分析师需要验算应收账款和坏账损失的比例。由于欣泰电气上述相关指标显著变动是在 2014 年，需要验算 2013—2015 年应收账款与坏账损失间的变动关系（见表 9-23）。

表 9-23　应收账款与坏账损失变动表（以 2012 年定基分析）

单位：亿元

项　目	2012 年	2013 年	2014 年	2015 年	2016 年	2013（%）	2014（%）	2015（%）	2016（%）
资产减值损失	0.02	0.03	0.12	0.31	0.58	50.00%	500.00%	1 450.00%	2 800.00%
其中坏账损失	0.01	0.01	0.10	0.30	0.50	11.11%	1 011.11%	3 233.33%	5 455.56%
应收账款	1.69	2.08	3.90	4.94	3.99	23.08%	130.77%	192.31%	136.09%

显然，应收账款的增幅和坏账损失增幅是不一致的，并且二者自 2014 年起均快速增长，这部分坏账损失应该是伴随着 2012 年、2013 年坏账风险增加而增加的。

注：该公司计提坏账准备的方法是账龄分析法（见表 9-24）。

表 9-24　账龄分析详情

账　龄	应收账款计提比例（%）	其他应收款计提比例（%）
1 年以内（含 1 年，以下同）	5	5
1~2 年	10	10
2~3 年	20	20
3~4 年	30	30
4~5 年	50	50
5 年以上	100	100

那么，我们需要看看该公司的收入及利润在 2014 年前后究竟有怎样的变动，竟导致如此巨额的坏账产生。参见表 9-25 及图 9-11。

表 9-25　欣泰电气利润结构分析

单位：亿元

项目	2011 年	2012 年	2013 年	2014 年	2015 年	2016 年
收入	4.15	4.62	4.73	4.19	3.72	1.41
营业利润	0.52	0.56	0.59	0.38	-0.09	-1.05
利润总额	0.63	0.70	0.71	0.50	0.05	-0.99
应收账款	1.35	1.69	2.08	3.90	4.94	3.99

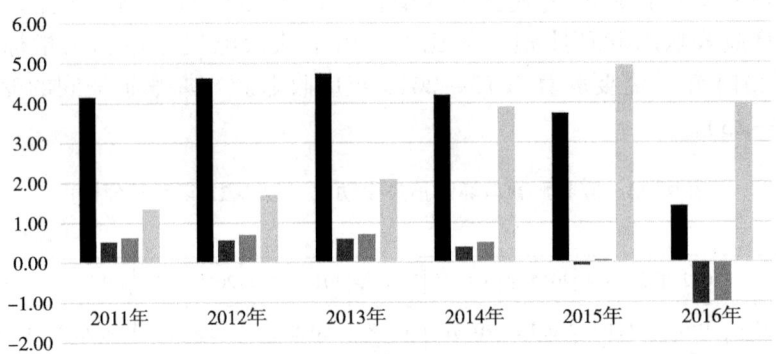

图 9-11　2011—2016 年欣泰电气收益对比

由表 9-25 及图 9-11 可见，如果拉长时间轴，不难发现 2011—2013 年该公司主营收入和应收账款均在快速增长，且其增幅大于营业利润和利润总额增幅；2014—2016 年该企业应收账款继续保持高速增长，但是收入、利润均萎缩，甚至于 2016 年呈现亏损。结合上述分析，不难发现该公司 2011—2014 年度收入、应收账款存在重大疑点，并且于 2014—2016 年间利用少提资产减值损失的方式虚增企业利润。为了更好地证实这一判断，我们提取了 2011—2014 年相关市场数据进行对比分析。

4. 将 2012—2014 年销售情况与市场环境比较

（1）对于采购成本的质疑。据中国联合钢铁网数据，2013 年硅钢片的最高价超过了 21 000 元/吨，即使按照 19 000 元/吨计算，欣泰电气的采购价也比市场价低 4 000 多元，这样，采购成本至少得增加 2 500 万元。而当年欣泰的净利润为 6 300 万元，可能虚增了 40%的利润。详见表 9-26。

表 9-26　欣泰电气主要原材料采购情况

主要原材料		2014 年度	2013 年度	2012 年度
硅钢片	平均单价（元/吨）	16 160.21	14 905.80	19 969.42
	采购量（吨）	5 778.39	6 310.00	3 263.07
	金额（万元）	9 338.00	9 405.56	6 516.10
	占当期采购总额比例	24.28%	33.21%	32.25%

（2）对原料消耗量的质疑。通过对 2012—2014 年欣泰电气原材料消耗量的分析，发现其在工艺没有显著改进的前提下出现原材料消耗骤减的情况，这也验证了其收入造假的事实。详见表 9-27。

表 9-27　2012—2014 年欣泰电气原材料消耗情况　　　单位：吨

项　目	2014 年	2013 年	2012 年	消耗量同比下降
硅钢片				
上年结余		28.71	169.03	12.42%
本年采购	3 263.07	6 310.00	5 778.39	
本年消耗		6 169.68	5 403.56	
本年结余	28.71	169.03	543.86	
铜材				
上年结余		104.29	11.05	42.76%
本年采购	1 382.77	1 522.41	927.16	
本年消耗		1 615.65	924.73	
本年结余	104.29	11.05	13.48	

（3）对销售量的质疑。节选 2013 年及 2014 年的销售数据，发现其核心产品销量大幅增长，尤其是变压器，同比涨幅高达 56.78%，与同年利润增幅不一致。详见表 9-28。

表 9-28　2013 年、2014 年销售情况统计　　　单位：万元

产品名称	2014 年	2013 年	同比增幅
变压器	1 716 605.00	2 691 346.00	56.78%
智能变电站	145 170.00	181 060.00	24.72%
节能型铁心（吨）	4 226.00	5 408.90	24.74%

可见，收入与利润表数据不匹配，成本与市场价格存在重大差异，无特殊原因原材料消耗量骤降，应收账款快速增加且存在巨额坏账损失，说明该公司 2011—2014 年间存在虚增收入的重大财务风险，2014—2016 年间存在虚减坏账准备调整利润的重大财务风险。

四、造假曝光

（一）左手倒右手，个人借款成公司回款

资金从欣泰电气流入供应商再转至客户，最终回到欣泰电气。经过这么一倒，自己的钱没少一分，却让应收账款大大降低，如此手法让欣泰电气的财务报表好看了不少。除了公司自有资金外，温德乙本人向第三方公司和朋友进行了大量借款，甚至不经过客户的账户就实现了资金的兜兜转。详细来说，总体有两种手法：

一种手法是温德乙向他人借款，出纳人员在银行柜台同时办理现金提取和现金交款，但在填写现金交款单时，在付款人一栏直接填写客户公司名称，算作客户支付给欣泰电气的应收账款。报告期过后，出纳再去银行办理现金提取和现金交款，钱又从欣泰电气还给了借款人。

另一种手法是温德乙向外部第三方公司借款，通过银行汇票来走账。简单地说，就是由温德乙借款的第三方公司开具银行汇票，经过客户盖章背书给欣泰电气，算作收回的应收账款。待到报告期过后，再由欣泰电气开具银行汇票，通过客户盖章背书，转给第三方公司。由此，资金实现了原路转回。

（二）私刻假章

为了隐蔽，欣泰电气尽量把造假部分分散到不同的客户，每单的金额不同，且有零有整，真假混合。譬如，2012年6月，温德乙向丹东一家企业借款9 000万元，后由该公司分数十笔给欣泰电气的51家客户开具银行汇票，再转给欣泰电气。欣泰电气的账上就收回了9 000万元应收账款。过了报告期之后，到当年7月份，欣泰电气开具银行汇票给51家客户，再转回给借款企业，资金由此实现了闭环构建。更令人吃惊的是，欣泰电气多位业务员表示，"银行汇票上用以背书的客户公司章和私章很多都是私刻的"。有的销售人员说，当时上头交代了七八家要盖章的客户，要求3~5天内完成，对于不配合的客户，就自己找地方刻章盖印了。专用章的名称是根据公司提供的客户名称刻的，私章则是按公司给的联系人名字刻的。也就是说，欣泰电气用以造假的银行汇票可能都没有通过客户，甚至有些汇票，一张汇票上的公章和私章都不是一家公司的，同一个私章有时又会出现在不同公司的汇票上。

（三）造假难停步，银行单据也能"自制"

造假需要成本，温德乙的每一笔借款都要支付利息。通过汇票倒账的成本压力越来越大，温德乙也很难及时借到钱。从2013年开始，公司开始自制银行进账单和付款单。公司相关人员讲述的账单"制作"流程似乎十分简单，"先在电脑上制作银行单据的格式，填入相应的客户名称、金额等信息，直接打印出来就可以了"。随后，这些"自制"账单会交给出纳带到银行补盖章、只要保证收款和付款不在同一个会计期内，就可以增加现金流、改善相关指标了。实际上，这部分没有真实的现金在流动。

事实上，欣泰电气在制作假单据时颇费"心思"。所涉及客户都与公司有业务往来，假里有真，真里有假，对冲金额有大有小，最小的也就几万元，有些假数据甚至精细到小数点后面几位。做了假账单后，还必须要有相应的银行流水单。相关财务人员会"根据财务账单的记录，在电脑上重新制作一份虚假的银行流水，再让出纳去银行盖章。"

在 2013 年之后的四份财务报告中,"自制"银行单据的做法频频出现。金额较大的是 2013 年 1 月至 6 月,欣泰电气直接通过伪造银行进账单的方式虚构收回应收账款近 1.29 亿元。

尽管心有不甘,但面对监管部门的调查事实,温德乙全然承认。"认定欺诈发行的结果出来后,公司只能走破产这条路了",温德乙说。

一个值得警醒的问题是,此案中的董事、监事人员并未能起到应有的作用。在调查中,有的甚至表示,"对公司会议只是例行参加,具体内容并不关心,只负责签字"。

五、财务舞弊手段分析

欣泰电气造假的基本思路是:虚减应收账款—减少坏账准备—增加利润—会计差错调整。

(一)外部借款虚减应收账款

大致思路,每当要出年报半年报时,大股东温德乙向外部借款,把借来的钱当作客户的钱还上,自然应收账款减少。出完年报,再把钱取出来还给别人,会计再冲回应收账款,如果还原应收账款,应收账款占资产比例高达 60%。

(二)减少坏账准备

问题来了,应收账款余额变动了,那么为什么要动呢?其目的在于调整坏账准备,虚构收回的主要是两年及两年以上的应收账款,其目的在于减少坏账准备净额(一年内计提5%,两年10%,三年30%比例)。通过调整,其应收账款科目一年内占85%,其少计提的坏账准备是其实际计提数的3倍。

(三)虚增利润

坏账准备的调整影响到资产损失科目金额的大小,如果营业总成本金额减小,净利润自然也就水涨船高了。追溯调整,发现其 2012 年、2013 年分别虚增利润 618 万元、1 054 万元,2014 年虚减利润 255 万元。相应地,2012 年、2013 年分别多缴所得税 109 万元、186 万元,2014 年少缴所得税 45 万元。

(四)会计差错调整

欣泰电气想以会计自查方式逃脱责任,并在证券市场公告会计差错调整。

六、违规被罚

欣泰电气违规相关处罚如下:

(1) 公司及相关舞弊人员被罚款1 900多万元；

(2) 公司董事长和总会计师被处以终身禁止进入证券市场处罚，二者终身不得从事证券业务或担任上市公司董事监事；

(3) 保荐机构及承销商兴业证券及相关责任人也被罚没近5 800万元；

(4) 相关会计师事务所、律师事务所、评估公司也被立案调查。

企业财务分析是由许多相互联系、相互影响的步骤和方面构成的。财务报表分析的每个部分，都不应该被孤立出来单独理解与解释。短期流动性影响盈利能力；盈利能力是从销售额开始的，它与资产的流动性相关联。资产管理的效率影响了企业贷款的成本与可获得性，这就影响了资本结构。企业财务状况、业绩与未来前景的每一方面都影响股票价格。财务报表分析的最后一步，是将所有分离的分析综合在一起，形成对企业的评价结论。本章为大家讲述了三个案例，这三个案例均围绕财务报表造假的事，当然每个案例各有特点：

案例一为九好集团。九好集团是一家互联网服务企业，这种企业的特点是轻资产、利润率高和高成长性。九好集团为了体现其盈利能力匹配其高成长性进行财务造假，然而造假收入却无法形成真实的现金流入，最终通过虚构存款、虚假审计瞒天过海。分析师之所以能发现这一造假切入点，正是对收入、现金流的验证。所以，在财务报表分析过程中，需要关注三张报表之间的关联性。

案例二獐子岛和案例三欣泰电气就像镜子的两面。虽然它们动用了不同的资产负债表科目，但其核心手法均用到了资产减值损失，只不过二者作用的方向截然相反。獐子岛由于虚构了存货，所以利用资产减值损失核销原本就不存在的扇贝，但是这种核销会影响企业利润，使得企业利润在经营环境不变的前提下出现大幅波动，为分析师发现造假提供了窗口；欣泰电气则是滚动利用虚构应收账款来减少应该计提的资产减值损失，从而虚构利润，然而，应收账款增幅与坏账损失增幅的不一致便成为分析师发现问题的突破口。

总体而言，财务报表分析能够成为分析师发现企业舞弊最有效的武器。

练习题

一、单选题

1. 财务报表分析的最终目的是（　　）。

A. 阅读财务报表　　　　　　B. 做出某种判断

C. 决策支持　　　　　　　　D. 解析报表

2. 通过相关经济指标的对比分析以确定指标之间差异或指标发展趋势的方法是（　　）。

A. 比率分析法　　　　　　B. 比较分析法
C. 因素分析法　　　　　　D. 平衡分析法

3. 下列关于财务报表综合分析的表述错误的是（　　）。
A. 财务报表综合分析是对财务报表的综合把握
B. 财务报表综合分析的意义在于全面、准确、客观地揭示与披露企业财务状况和经营情况
C. 财务报表综合分析通过构建简单且相互孤立的财务指标并测算，得出合理、正确的结论
D. 财务报表综合分析是在专项分析的基础上，将企业各方面的分析纳入一个有机的分析系统之中，从而做出更全面的评价的过程。

4. 下列关于财务报表综合分析和专项分析的对比描述错误的是（　　）。
A. 专项分析的重点是财务计划，综合评价的重点是企业整体发展趋势
B. 专项分析通常采用由个别到一般的方法，而综合分析则是从一般到个别的方法
C. 专项分析具有实务性和实证性，综合分析则具有抽象性和概括性
D. 专项分析把每个分析指标视为同等重要，综合分析则认为各种指标有主辅之分

5. 财务预警分析的作用不包括（　　）。
A. 帮助债权人进行风险控制，避免损失
B. 使企业管理者能够在财务危机出现的萌芽阶段采取有效措施改善企业经营
C. 使股东在发现企业的财务危机萌芽后及时转移投资，减少更大损失
D. 使报表分析者了解企业的内在价值

6. 财务报表分析报告的内容必须紧紧围绕分析的目的，突出分析重点，以满足不同分析主体及报告使用者的需求。这体现了财务报表分析报告应遵循的（　　）。
A. 重要性原则　　　　　　B. 相关性原则
C. 清晰性原则　　　　　　D. 客观性原则

7. 将企业的损益划分为经常性损益和非经常性损益的根本目的在于（　　）。
A. 判断各项业务对企业收益的影响程度
B. 判断企业收益的稳定性和可持续性
C. 区分经常性业务和非经常性业务
D. 反映企业的经营管理水平

8. 下列项目中资产减值损失一经确认，在以后会计期间不得转回的是（　　）。

A. 存货跌价准备 B. 无形资产
C. 持有至到期投资 D. 采用成本法核算的长期股权投资

9. 企业根据会计准则规定未在损益中确认的各项利得和损失扣除所得税影响后的净额被称为（　　）。

A. 其他综合收益 B. 综合收益总额
C. 净利润 D. 税后利润

10. 报表使用者通过利润表趋势分析能够（　　）。

A. 评价企业收益的不同来源构成
B. 评价不同业务的盈利水平和获利能力
C. 评价不同业务对企业总盈利水平的影响方向和影响程度
D. 对多个会计期间企业的盈利水平及变动趋势进行评价

二、多选题

1. 财务报表分析的基本资料包括（　　）。

A. 资产负债表 B. 利润表
C. 现金流量表 D. 所有者权益变动表
E. 报表附注

2. 属于财务报表分析程序的有（　　）。

A. 明确分析目的
B. 设计分析要点
C. 收集、整理并核实相关分析资料
D. 选择恰当、适用的分析方法，进行全方位分析
E. 得出分析结论，提交分析报告

3. 相对于专项分析，综合分析具有的特征包括（　　）。

A. 比较基准和角度存在差异 B. 分析问题的方法不同
C. 分析的使用者不同 D. 综合分析更具概括性和抽象性
E. 主副指标的相互关系不同

4. 价值评估的主要用途表现在（　　）。

A. 价值评估可以用于报表分析
B. 价值评估可以用于战略分析
C. 价值评估可以用于以价值为基础的管理
D. 价值评估是对企业资产综合体的整体性、动态性的价值评定
E. 价值评估提供的信息是关于企业价值的数字

5. 在财务预警分析时，从定性分析角度出发，可以通过企业的某些外在情况和财务特征看出危机的端倪。这些外在情况和财务特征包括（　　）。

A. 财务预测在较长时期内不准确
B. 过度大规模扩张

C. 过度依赖贷款

D. 企业上市

E. 财务报表不能及时公开

6. 在现代企业制度下，科学地评价经营者业绩的意义在于（   ）。

A. 可以为出资人行使经营者的选择权提供重要依据

B. 可以有效地加强企业经营者的监管与约束

C. 可以为有效激励企业经营者提供可靠依据

D. 可以为政府有关部门、债权人、企业职工等利益相关方提供有效的信息支持

E. 可以为委托人对其代理人受托责任的评价提供载体和方法

7. 经常性损益和非经常性损益的区别是（   ）。

A. 有预定目的
B. 与经营业务相关
C. 反映企业的获利能力
D. 与经营管理水平密切联系
E. 带来收入和利润

8. 下列有关"营业收入"的理解正确的是（   ）。

A. 在日常活动中形成的

B. 会导致所有者权益增加

C. 与所有者投资资本相关

D. 营业收入是影响企业财务成果的最重要的因素

E. 营业收入是企业利润形成的基础

9. 营业外收入和营业外支出属于非常项目，必须同时具备以下特征（   ）。

A. 引起业务发生的主要原因高度反常

B. 业务的发生极其偶然

C. 业务的发生具有重大性

D. 业务涉及的金额较大

E. 与日常活动无关

10. 同业比较分析的两个重要前提是（   ）。

A. 如何获得数据
B. 如何鉴别数据可靠性
C. 如何确定同类企业
D. 如何确定行业标准
E. 如何进行比较

三、判断题

1. 财务报表分析是以财务报表为主要依据，运用科学的分析方法和评判方式，对企业的经营活动状况及其成果做出判断，以供相关决策者使用的全过程。（   ）

2. 财务报表分析的基本资料就是资产负债表、利润表、现金流量表三张

主表。   (   )

3. 偿债能力分析、运营能力分析和获利能力分析是财务报表分析的主要内容，也是企业三大基本经济活动的综合结果的体现。   (   )

4. 财务报表分析时，将所测算比率与本企业的历史水平或计划、定额标准相比，只能看出本企业自身的变化，很难评价其在市场竞争中的优劣地位。
                                                              (   )

5. 净资产收益率反映企业所有者投入资本的获利能力，但较高的净资产收益率会阻碍所有者权益最大化的实现。   (   )

6. 现金流量折现模型是一种全面而简明的方式，囊括了所有影响企业价值的因素。   (   )

7. 为实现财务预警分析系统，健全及时的会计信息系统是指健全及时的企业会计核算报告系统。   (   )

8. 资产负债表描述了企业经营战略和财务战略之间的平衡关系。   (   )

9. 持有一定量的短期借款，表明企业具有良好的商业信用，获得了金融机构的有力支持。   (   )

10. 资产负债表趋势分析是指资产负债表的每一个项目以某一期数据为基期数据，以本期或多期数据与其进行比较编制出资产负债表。   (   )

四、案例分析

W公司主要从事小型电子消费品的生产和销售，产品销售以W公司仓库为交货地点。W公司日常交易采用自动化信息系统（以下简称系统）和手工控制相结合的方式进行。系统自20×6年以来没有发生变化。W公司产品主要销售给国内各主要城市的电子消费品经销商。A和B注册会计师负责对W公司20×7年度财务报表进行分析。

资料一：A和B注册会计师所了解的W公司及其环境的情况，部分内容摘录如下：

（1）在20×6年度实现销售收入增长10%的基础上，W公司董事会确定的20×7年销售收入增长目标为20%。W公司管理层实行年薪制，总体薪酬水平根据上述目标的完成情况上下浮动。W公司所处行业20×7年的平均销售增长率是12%。

（2）W公司财务总监已为W公司工作超过6年，于20×7年9月劳动合同到期后被W公司的竞争对手高薪聘请。由于工作压力大，W公司会计部门人员流动频繁，除会计主管服务期超过4年外，其余人员的平均服务期少于2年。

（3）W公司的产品面临快速更新换代的压力，市场竞争激烈。为巩固市场占有率，W公司于20×7年4月将主要产品（C产品）的销售下调了8%至10%。另外，W公司在20×7年8月推出了D产品（C产品的改良型号），市场表现良好，计划在20×8年全面扩大产量，并在20×8年1月停止C产品的生产。为了加快资金流转，W公司于20×8年1月针对C产品开始实施新一轮的降价促销，平均降价幅度达到10%。

（4）W公司销售的产品均由经客户认可的外部运输公司实施运输，运输由W公司承担，但运输途中风险仍由客户自行承担。由于受能源价格上涨影响，20×7年的运输单价比上年平均上升了15%，但运输商同意将运费结算周期从原来的30天延长至60天。

（5）除了于20×6年12月借入的2年期、年利率6%的银行借款5 000万元外，W公司没有其他借款。上述长期借款专门用于扩建现有的一条生产线，以满足D产品的生产需要。该生产线总投资6 500万元，20×6年12月开工，20×7年7月完工投入使用。（假设不考虑利息收入。）

资料二：A和B注册会计师记录了所获取的W公司财务数据，部分内容摘录如下：

表9-29　相关数据表　　　　　金额单位：万元

	20×7年		20×6年	
	C产品	D产品	C产品	D产品
产成品	2 000	1 800	2 500	0
存货跌价准备	0	0		
主营业务收入	18 500	8 000	20 000	0
主营业务成本	17 000	5 600	16 800	0
销售费用——运输费	1 200	1 150		
利息支出	300	25		
减：利息资本化	250	25		
净利息支出	50	0		

要求：针对资料一（1）至（5）项，结合资料二，假定不考虑其他条件，请逐项指出资料一所列事项是否可能表明存在重大错报风险。如果认为存在，请简要说明理由。

参考文献

[1] 财政部会计资格评价中心编. 财务管理 [M]. 北京：中国财政经济出版社，2021.

[2] 中国注册会计师协会编. 财务成本管理 [M]. 北京：中国财政经济出版社，2021.

[3] 王化成. 财务报表分析 [M]. 北京：北京大学出版社，2014.

[4] 刘淑莲主编. 财务管理 [M]. 大连：东北财经大学出版社，2013.

[5] 王淑萍、王蓉. 财务报告分析 [M]. 北京：清华大学出版社，2016.

[6] 张凤全. 公司财务报表分析 [M]. 北京：北京理工大学出版社，2016.

[7] 池国华. 财务分析 [M]. 北京：中国人民大学出版社，2015.

[8] 马忠. 公司财务管理及案例分析 [M]. 北京：机械工业出版社，2015.

[9] 张先治、王玉红. 财务报表分析 [M]. 北京：北京交通大学出版社，2014.

[10] 刘文国、王纯. 上市公司财务报表分析 [M]. 上海：复旦大学出版社，2015.

[11] 张先治、陈友邦. 财务分析 [M]. 大连：东北财经大学出版社，2017.

[12] 张新民、钱爱民. 财务报告解读与分析 [M]. 北京：电子工业出版社，2014.

[13] Stephen H. Penman. Financial Statement Analysis and Security Valuation [M]. 5th ed. New York：McGraw-Hill Higher Education, 2013.

[14] Higgins, Robert C. Analysis for Financial Management [M]. New York：McGraw-Hill Education, 2015.

[15] SinhaG. Financial Statement Analysis [M]. PHI Learning Pvt. Ltd., 2012.